梁劲泰 著

经典如是说

齐家卷

河南大学出版社
HENAN UNIVERSITY PRESS
·郑州·

图书在版编目（CIP）数据

经典如是说．齐家卷 / 梁劲泰著．— 郑州：河南大学出版社，2017.4
ISBN 978-7-5649-2832-2

Ⅰ．①经… Ⅱ．①梁… Ⅲ．①国学－通俗读物 ②家庭道德－通俗读物 Ⅳ．① Z126-49 ② B823.1-49

中国版本图书馆CIP数据核字（2017）第097399号

责任编辑　韩　琳
责任校对　霍晓玉
封面设计　翟淼淼

出版发行　河南大学出版社
　　　　　地址：郑州市郑东新区商务外环中华大厦2401号
　　　　　邮编：450046
　　　　　电话：0371-86059712（高等教育与职业教育出版分社）
　　　　　　　　0371-86059701（营销部）
　　　　　网址：www.hupress.com
印　　刷　河南瑞之光印刷股份有限公司
版　　次　2019年11月第1版　　　印　次　2019年11月第1次印刷
开　　本　889mm×1194mm 1/32　　印　张　8.625
字　　数　224 千字　　　　　　　　定　价　38.00 元

（本书如有印装质量问题，请与河南大学出版社营销部联系调换）

绪　论

中国传统社会的基础是广大乡村，以家族为单元进行乡村事务的管理，是几千年来的历史传统，"为政以德"的齐家思想便是在这样一种社会传统中产生出来的，它主要以儒家伦理纲纪来调节家庭关系、家族关系及邻里关系，处理日常生活中的问题，解决各种矛盾冲突，维护乡间的正常秩序。其中是否公平合理，则基本上是由道德意识规范来进行制约的。毛泽东曾经描述过以家族的形式进行乡间管理的现象，并称之为与政权有所区别的"族权"："（一）由一国、一省、一县以至一乡的国家系统（政权）；（二）由宗祠、支祠以至家长的家族系统（族权）。"[1] 这种"族权"的管理状态一直维持到20世纪40年代末才基本结束。中国传统社会与西方传统社会的不同之处在于，中国历史上没有形成西方传统社会中完备的宗教系统，所以，中国的家族实际上也要完成许多西方宗教的社会职能，例如教育、精神慰藉、道德裁决、救济贫弱等，而这些职能都是社会结构中不可缺少的部分。家族在社会的发展中起着重要的凝聚作用，在社会出现危机时也能够发挥化解矛盾的作用。

---

[1] 《毛泽东选集》第一卷，人民出版社1991年版，第31页。

中华人民共和国成立以来，毛泽东所说的"族权"，从表面上是废止了，但是家族对于社会所产生的影响仍然是隐性存在的，就目前情况看，家族所起的积极作用并没有完全发挥出来，其消极作用却产生了不小的影响，例如近年来一些被揭露出来的贪官，在他们的罪行中或多或少都有些家族的影子。"族权"是从政治层面上说的，家族在腐败中的作用是从文化层面上说的，而齐家思想是从道德核心层面上说的，这三者之间有内在的逻辑联系。因此，阐述和发扬齐家思想中的积极因素，对于当前社会的道德建设，制约家族在社会、政治及文化作用中的负面影响，进一步完善社会制度和政治体制，具有重要的现实意义。

习近平指出："家庭是社会的基本细胞，是人生的第一所学校。不论时代发生多大变化，不论生活格局发生多大变化，我们都要重视家庭建设，注重家庭、注重家教、注重家风，紧密结合培育和弘扬社会主义核心价值观，发扬光大中华民族传统家庭美德，促进家庭和睦，促进亲人相亲相爱，促进下一代健康成长，促进老年人老有所养，使千千万万个家庭成为国家发展、民族进步、社会和谐的重要基点。"[1]

可喜的是，中共中央纪律检查委员会在弘扬传统齐家思想的积极方面做了很好的示范工作。2015年5月22日，中纪委监察部网站首页醒目位置推出专栏"中国传统中的家规"，其中明太祖朱元璋亲赐的"江南第一家"、孝义传家900多年的浦江郑义门首期入选。郑氏一家以清廉家风扬名于世。自南宋至明代中叶，15世同居共食，和睦相处，立下了"子孙出仕，有以脏墨闻者，生则削谱除族籍，死则牌位不许入祠堂"的家规。郑义门从家庭的角度去约束族

---

[1] 习近平:《在2015年春节团拜会上的讲话（2019年2月17日）》,《人民日报》2015年2月28日，第2版。

人，使之做到为官清正。从宋、元到明、清，郑义门约有173人为官，尤其是明代，出仕者达47人，最高者位居礼部尚书。令人惊叹的是，郑氏子孙中没有一人因贪腐而被罢官。

郑氏家族用以齐家的《郑氏规范》，将儒家的"孝义"理念制定为操作性极强的具体行为规范。历经几代人的创制、修订、增删，它最终定格为168条，涉及家政管理、子孙教育、冠婚丧祭、生活学习、为人处世等方方面面，堪称世界上最齐全的家庭管理规范。它甚至将大家庭的管理成员分为18种职务共26人，形成了一个网络式的多层结构，建立了一个严密的家族秩序准则。郑氏一族齐家思想的体系中还有一个突出的主题，就是关心自己的同时也应关心他人，和睦乡邻。这也体现了儒家思想中的本于家族、超越血缘的内圣外王精神。

目前中国经过40年的改革开放，经济上取得的巨大进步是有目共睹的。我们要进一步实现中华民族伟大复兴中国梦，就一定要在经济建设的基础上，树立起良好的社会风气。家庭的教育、家规的培养对于建立良好的家风乃至良好的社会风气，都是至关重要的。

要通过传统齐家思想对社会产生影响，应当明确以下三点：

第一，应当系统地对传统齐家思想进行完整的解读，还原这一思想的真实本义。例如在儒家经典的论述中，齐家与修身、治国、平天下是不可分割的，儒家强调齐家，但没有停留在家庭的水平，而是要求超越血缘关系，把对于家庭成员的感情和责任扩大到整个社会。因此，齐家思想本身就含有反对"家天下"及"家长独裁"的积极因素。

第二，正视社会中家族的存在。家庭或家族是社会中的基本单位，也是社会历史传承的主要载体，国与家是不可以分割的，这已经成为整个民族的共识。因此，齐家思想是几千年来对于传统社会中人与人之间合理关系的概括，至今仍有积极意义。以齐家思想中的"忠孝"为例，对于国家和人民事业的忠诚依然是需要倡导的，在反腐败及廉政建设上要发挥其积极的内涵；孝道依然是处理社会中父母子女长幼关系的基本准则，尤其在中国老龄化社会即将到来之际，倡导孝道对于社会的和谐与稳定更是具有深远的影响和不可替代的作用。

第三，着眼于当前社会的道德建设。齐家思想凝聚了中国传统道德的精华，也是人类文明的宝贵财富。社会中的每个人最早受到的教育就来自于家庭，家庭中发生的事情会对其一生的发展留下永久烙印，道德的建设应当从家庭中开始，要以家族对社会、民族及国家的贡献为荣，以败坏家族的名声和荣誉为耻。无论过去还是未来，家庭的存在对于社会的变革和发展都具有重要的作用。因此，家庭道德建设的作用是不容忽视的，全社会都有必要共同倡导和进行家庭伦理道德建设。

本书将从理论、历史、民俗、事例四个方面来阐述齐家思想的丰富内容，以飨读者。

梁劲泰
2018年1月22日
于北京东四寓所

目 录

第一章　齐家思想的形成及基本内涵 / 001

　　一、社会秩序开始于家族秩序 / 003
　　二、齐家思想的核心内容是孝道 / 016
　　三、齐家思想体现了"内圣外王"的宗旨 / 030

第二章　齐家思想在社会中的发展及影响 / 051

　　一、道、佛两家对齐家思想的贡献 / 053
　　二、家庭是社会整合过程的重要环节 / 086
　　三、文化习俗中的齐家思想 / 112

第三章　齐家思想的具体内容 / 129

　　一、严父 / 131
　　二、教子 / 144
　　三、兄弟 / 153
　　四、勤俭 / 167

五、修养 / 179

六、和睦 / 195

第四章　古今体现齐家思想的事例 / 209

一、正气篇 / 211

二、品行篇 / 230

三、风范篇 / 241

四、和睦篇 / 251

参考文献 / 268

第一章 齐家思想的形成及基本内涵

一、社会秩序开始于家族秩序

1. 齐家思想的社会根源

家庭是指在婚姻关系、血缘关系或收养关系的基础上产生的亲属之间所构成的社会生活单位。齐家的思想来源于中国农业社会的渊源,从地理上看,中国是一块相对封闭的大陆,属于季风区,其降风、降水情况具有明显的季节性,而且每年也会相对发生不同变化,因此在生产生活中对于灌溉、防洪、贮水的建设有着特别的需求。中国传统的农业往往是以家族作为基本单位的,通过家长或者族长的调配将人力与物力资源集中起来,用于生产以及水利建设,必要时还要集中一些资源用于开发与战争。

恩格斯曾经描述过这种家长制的特点:"父权支配着妻子、子女和一定数量的奴隶,并且对他们握有生杀之权。"[1] "他们住在一起,共同耕种自己的田地,衣食都出自共同的储存,共同占有剩余产品。公社处于一个家长(domaćin)的最高管理之下,家长对外代表公社,有权出让小物品,掌管财务,并对财务和对整个家务的正常经营负责。他是选举产生的,完全不一定是最年长者。"[2]

人类学家米德也说过:"就我们所找到的人类最早期活动的记录来看,我们的祖先总是以家庭为生活据点的。我们从未发现过任何民族在毁坏家庭并以别的方式取代它之后能够持久兴盛。尽管有

---

[1]《马克思恩格斯选集》第四卷,人民出版社2012年版,第67页。
[2]《马克思恩格斯选集》第四卷,人民出版社2012年版,第68页。

人一次又一次地倡导改革并且付诸实践，人类社会却仍旧肯定非依靠家庭为人类生活的基本单元不可，即由父亲、母亲与子女所组成的家庭。"[1]

中国古代社会中生产出来的农产品大都是自给自足的，对于所收获的农产品，必须通过家长分配下去。反映古代生活的《诗经》中曾经有这样的描述：

> 倬彼甫田，岁取十千。我取其陈，食我农人。……曾孙不怒，农夫克敏。曾孙之稼，如茨如梁。曾孙之庾，如坻如京。乃求千斯仓，乃求万斯箱。黍稷稻粱，农夫之庆。报以介福，万寿无疆。(《诗经·小雅·甫田》)

意思是：那片田地多么宽广，每年能收千万担粮。我拿出其中的陈谷，来把我的农夫供养。……曾孙见了非常满意，不时将农夫们的勤劳夸奖。曾孙的粮食堆得高高，就像屋顶和桥梁。曾孙的粮仓装得满满，就像小丘和山冈。快快筑起谷囤千座，快快造好车马万辆。把收下的谷物全都装上，农夫们相互庆贺喜气洋洋。这是神灵回报曾孙的大福，祝愿他长命百岁万寿无疆。其中有两方面的含义：一是形容收获的粮食之多，需要将其集中起来，用千仓万箱来盛放；二是粮食集中之后，也是不能够长期储藏的，还必须在一定时间内由家长（曾孙）根据不同的用途和需要将这些农产品分配下去。

这样便决定了古代农业社会分配管理机制中的两个基本原则：一是家长应当在一定时间内将这些农产品分配下去；二是因为每年

---

[1] [美] 米德：《家庭》，转引自《家庭社会学》，中国社会科学出版社2002年版，第77~78页。

的收成以及农业部落中的人口状况都在不断变化，所以分配的数量与方式又不可能是固定的。因此，对于资源的分配管理便成了重要的问题，必须由农业氏族社会中的"家长"通过权力先将资源和财富集中起来，然后按照一定的等级先后次序分配下去，维持农业部落中老人、儿童及妇女的生活，同时还要有一定的剩余，以备水利和战争的需要。

这种来自家族的基础模式进而推广至整个社会，农业生产及排水灌溉体系的规模化也促使以家族为核心的村落共同体进行联合并逐步扩大为"国家"（领土国家），也出现了权力更大的"家长"（共主）对各部落的资源进一步集中控制和分配，这时维持群体生存所必需的资源由农产品扩大到土地，最高的"家长"（君主）仍然要将土地作为重要资源来进行控制和分配，即"普天之下，莫非王土；率土之滨，莫非王臣"（《诗经·小雅·北山》）。

中国古代的君主是在农业资源分配管理的基础上，由农业社会家族中的家长发展而来的，历史上的三皇五帝其实也都是一些对其子民做出了杰出贡献的农业部落家长，所以中国传统社会的政权必然带有氏族、宗族制的特点。例如在西周初建时，周王朝将大批宗室亲戚分封到各地，以便统治。先由周天子分封诸侯，再由诸侯分封卿大夫，顺此等级向下延伸到士等，逐层地往下分配资源和财富，如同一个大家族的分支繁衍，而周天子就是这个大家族系列的最高家长。

《尔雅》是公元前最早的一部汉语词典，其中表示各种家族关系的名词有100多个，而且大多数在英语里没有相应的词汇，这么多的家族名词其实也就是说明了家族辈分关系的重要性。在不同的辈分中，对财富的占有及消费也相应有着不同的标准，国君有国君的标准，大夫有大夫的标准，平民有平民的标准。周代的各地统治者就是由姬姓宏大家族分布出去的，荀子说在周代71个诸侯国中，

53个都属于姬氏家族。"（周公）兼制天下，立七十一国，姬姓独居五十三人……"（《荀子·儒效》）例如公、侯、伯、子、男五等爵位，《白虎通·爵篇》对"子"的解释是子孙繁生："子者，兹也，兹兹无已也。"可见，"子"本义是指从王、公家族中分化出来的后代子孙，最后演化成为爵位。

但是，到了春秋时期（约前770～前476），铁器普遍替代了青铜器的使用，铁器与牛耕的结合使农业生产力达到了新的水平，促进了资源和财富的扩大，也引起了社会的急剧分化，分化的结果破坏了原有的宗族秩序，对资源的控制、分配和使用出现了失序现象。例如诸侯及大夫非法扩大自己的权力，垄断并占有了更多的资源，这一结果严重地瓦解了原有的社会格局，导致了社会动荡。在春秋时期出现的这一局面被称为"礼崩乐坏"。

后来唐代的柳宗元（773～819）形象地描述了宗法秩序被破坏的过程：

> 陵夷迄于幽、厉，王室东徙，而自列为诸侯矣。厥后问鼎之轻重者有之，射王中肩者有之，伐凡伯、诛苌弘者有之，天下乖戾，无君君之心。余以为周之丧久矣，徒建空名于公侯之上耳。得非诸侯之盛强，末大不掉之咎欤？遂判为十二，合为七国，威分于陪臣之邦，国珍于后封之秦，则周之败端，其在乎此矣。（柳宗元：《封建论》）

柳宗元说，经过了周幽王、周厉王时代，后来周平王将国都向东迁移到洛邑，就把自己置于与诸侯等同的地位上了。从那时起，问周天子传国九鼎（国家权力的象征）轻重的"犯上"事件出现了，用箭射伤天子肩膀的事件出现了，讨伐凡伯、杀死苌弘这样的事件也出现了，天下大乱，再也没有人把周朝的君主视为天子了。

柳宗元认为，周王朝丧失中央集权权威的时间已经很久了，只不过一直在诸侯之上保存着一个空名罢了！这难道不是诸侯势力太强大而导致失控，就像动物的尾巴太大以至于不能行走一样吗？这种过失造成的影响实在太大了，于是周王朝的统治权被分裂为十二个诸侯国，后来又合并为七个强国，王朝的权力被分散到陪臣掌政的国家，最后都被封侯很晚的秦国灭掉了，周王朝败亡的根本原因就在这里。

2. 孔子对齐家思想的贡献

孔子认为，社会失序是从家族失序开始的。按照古代礼乐的规定，家族中舞蹈的人数是有严格区分的，八人一排，共有八排人数的舞蹈，称为"八佾"，是周天子一级才能享用的；诸侯之邦属于晚辈，只能是六人一排，称为"六佾"；而大夫之家则是更小一辈了，只能用四人一排，称为"四佾"。鲁国季氏的身份是大夫一级，按规定他只能用"四佾"，但他却按照周天子的"八佾"待遇而舞于私宅，不仅超越了诸侯的等级，也触犯了天子的名分。所以孔子愤怒了，认为这是一件不能容忍的失序事件。

> 天子用八，诸侯用六，大夫四，士二。（《左传·隐公五年》）
> 八佾舞于庭，是可忍，孰不可忍也。（《论语·八佾》）

鲁国的季氏三家不仅仅在舞蹈中失序，使用了"八佾"，而且在宴席中竟然奏起了周天子才能够使用的礼乐。

> 三家者，以雍彻。子曰："相维辟公，天子穆穆。奚取于三家之堂？"（《论语·八佾》）

孔子认为，只能是天子在君臣面前演奏的严肃礼乐，怎能在大夫的"三家之堂"出现呢？"彻"就是撤宴，"雍"是《诗经·周颂·臣工之什》中的一篇，是古代天子祭祀时演奏的。孔子认为，"八佾""雍彻"这些事件不仅仅是形式上的问题，而是反映了家族失序导致的社会失序，家族关系乱了，社会关系也随之混乱了，即"君不君，臣不臣，父不父，子不子"，君主不像君主，臣民不像臣民，如同父亲不像父亲、儿子不像儿子一样。齐景公曾经问政于孔子，孔子回答说："君君，臣臣，父父，子子。"齐景公听了之后说：

善哉！信如君不君，臣不臣，父不父，子不子，虽有粟，吾得而食诸？（《论语·颜渊》）

如果每个人都能够按照"君、臣、父、子"的秩序去约束自己，管理下层的同时也服从上层的管理，那么大家便不会相互争夺，都可以获得一份属于自己的资源；如果做不到这一点，恐怕连吃饭都不能保证了。因此，社会秩序及家族秩序的核心就是对利益和财富等资源的分配。朱熹也对这句话给予了高度评价，认为这句话是处理社会和政治关系的根本准则。"此人道之大经，政事之根本也。"（朱熹：《论语集注·卷六》）

齐家对于社会的重要性，可以通过孔子的思想体现出来。

天下有道，则礼乐征伐自天子出；天下无道，则礼乐征伐自诸侯出。自诸侯出，盖十世希不失矣；自大夫出，五世希不失矣；陪臣执国命，三世希不失矣。天下有道，则政不在大夫；天下有道，则庶人不议。（《论语·季氏》）

孔子认为，天下有道，表现为礼乐教化与军事行动都由天子来决策和指挥；天下无道，则表现为由诸侯来决策和指挥。而由诸侯来决定大权的，很少能够使其家族保持十代；大权如果决定于大夫，家族则保持不了五代；如果由大夫以下的官员掌握大权，则过不了三代。所谓"天下有道"，就是大权不应掌握在下层官员手里，这样百姓们也就不会有议论了。

孔子认为，在"礼崩乐坏"的局面下，恢复社会秩序及家族秩序，是维护社会稳定的关键。因此，他明确提出了以"君君，臣臣，父父，子子"为核心的社会秩序与家族秩序相统一的思想，目的是要恢复君（父）权以限制臣（子）权，以此解决诸侯的权力高于天子、大夫的权力高于诸侯的失序现象。孔子秩序思想的核心，是将原始农业氏族社会中的家族基本原则扩大到政治社会中，并且通过"君臣父子"的表述体现出来，要求相对独立的上层官员要像农业家族中的父亲、家长一样合理地分配资源，以实现社会的公平与公正；而相对的下层官员也要像子女一样维护整体利益，尊重、服从并积极参与管理。君要有君的全局职责，就像父母作为长辈要承担管理子女的职责；同样臣也要有臣的职责，也要起到家族中子女的作用。可以说，这就是孔子齐家思想的核心，其中有两层基本的含义。一是体现了工具性与价值性的统一，既要合理（尊尊），又要合情（亲亲）。君与臣之间的关系是通过社会制度确定的，是理性的、不可变化的；同时君与臣之间还要合情，体现出父子之间的关系，因为父子之间不应当互相为敌，父亲爱护自己的子女，并根据具体实际情况管理子女，同时子女也要尊重和服从父亲的管理，因此君臣之间要取父子之道，这就是合情。二是体现了双方之间的互动关系，父要慈，子才能孝；与此同理，君臣关系也是君要仁，臣才能忠，这就是"亲亲尊尊"的本义。建立以"君臣父子"为典范的和谐社会，逐步成为传统伦理道德的核心和理想。

孔子所表述的君（父）臣（子）关系是具有相对性的，君不仅是指周天子，也指诸侯。其本质是"家长"的延伸，是要求君主像农业社会中的家长那样合理地分配资源。这样，即使贵为天子的皇帝，相对于他的母亲（皇太后）、父亲（太上皇），他也是子；对于臣民，他就是父。即所谓上有"列祖列宗"，下有"黎民百姓"。诸侯、大夫的地位也是相对的，既是君，又是臣。在周天子面前，他们是臣；在大夫以下的等级面前，他们是君。传统社会中的地方官员，相对于朝廷和上级官员，他是臣民；当面对地方下层民众时，他则是"父母（官）"，是君的体现。马克思曾经说过："就像皇帝通常被尊为全国的君父一样，皇帝的每一个官吏也都在他所管辖的地区内被看作是这种父权的代表。"[1]

孔子认为社会秩序与家庭秩序完全是一致的，这个秩序也就是"礼"。

> 孔子曰："丘闻之：民之所由生，礼为大。非礼无以节事天地之神也，非礼无以辨君臣上下长幼之位也，非礼无以别男女父子兄弟之亲、婚姻疏数之交也。"（《礼记·哀公问》）

孔子指出，人活这一辈子，最要紧的就是礼。没有礼，就无法按照等级规矩敬奉天地之间的鬼神；没有礼，就无法辨明君臣、上下、长幼的地位；没有礼，就无法区别男女、父子、兄弟之间的亲属关系，以及姻亲、朋友之间交情的厚薄。

同样从"礼"的秩序出发，孔子对于当时诸侯、大夫的态度也是相对的。从周王朝的角度看周天子与诸侯的关系，他对诸侯是持

---

[1]《中国革命和欧洲革命》，《马克思恩格斯全集》第九卷，人民出版社1965年版，第110页。

批评态度的,认为他们违反了"礼",是犯上的乱臣贼子;但从诸侯的角度看,他又是维护诸侯统治的,例如他曾帮助鲁国的国君削弱大夫的势力;如果从民众治理的角度看,孔子又充分肯定了大夫有益于民众的政绩。从孔子对管仲(约前723~前645)的评论中,便典型地反映出这种相对性。管仲是一个很有特点的人物,他介乎于法、儒及道家之间,既是官,又是商。他非常实际,反对离开物质基础去空谈礼仪,认为只有仓库充实了,百姓才能懂得礼节;衣食丰富了,百姓才知道荣耀与耻辱。"仓廪实,则知礼节;衣食足,则知荣辱。"(《管子·牧民》)后来的司马迁高度评价了这个观点。

> 故曰:"仓廪实而知礼节,衣食足而知荣辱。"礼生于有而废于无。故君子富,好行其德;小人富,以适其力。渊深而鱼生之,山深而兽往之,人富而仁义附焉。(《史记·货殖列传》)

管仲认为,礼仪产生于富有而废弃于贫穷,所以,君子富有了,便喜欢行仁德之事;小人富有了,就把力量用在适当的地方。潭渊深了,里面就会有鱼;山林深了,野兽就会到那里去;人民富了,仁义也就归附于他们了。

> 子路曰:"桓公杀公子纠,召忽死之,管仲不死。"曰:"未仁乎?"子曰:"公九合诸侯,不以兵车,管仲之力也,如其仁,如其仁。"(《论语·宪问》)

管仲原先在齐国辅助公子纠,而公子纠被其弟齐桓公(公子小白)所杀,管子不但不去为公子纠殉职,反过来却效力齐桓公,子路和子贡都认为是一种"未仁""非仁"的表现,但是孔子立即予以纠正。孔子认为,齐桓公多次联合统一了诸侯,并不凭借战争暴力,这是由于管仲的帮助，（使百姓免于战火）这就是仁，这就是仁呀！

> 管仲相桓公，霸诸侯，一匡天下，民到于今受其赐。微管仲，吾其被发左衽矣。（《论语·宪问》）

孔子充分肯定了管仲对民众及社会的贡献，他说管仲作为相国，使齐桓公称霸于诸侯，让天下的人都听命于他，至今人们还能够感受到他的功绩。如果没有管仲，我们中原民众恐怕都要被蛮族征服，变成披发与左扣衣襟的夷狄了。

当然，从诸侯与大夫的关系上，孔子也批评了管仲的失序（不知礼）行为。

> 子曰："管仲之器小哉！"或曰："管仲俭乎？"曰："管氏有三归，官事不摄，焉得俭！然则管仲知礼乎？"曰："邦君树塞门，管氏亦树塞门。邦君为两君之好，有反坫，管氏亦有反坫。管氏而知礼，孰不知礼？"（《论语·八佾》）

他认为，管仲有三处豪宅，还有自己的一套人马班子，这能够说是节俭么？"塞门"是屏风，"反坫"是在外交礼仪中用的坛，这些都是君主所用的东西，管仲怎么能够用呢？因此，管仲应当知道这样做是不合适的，只是他不安于自己的本分罢了。

在孔子的齐家思想中，家族秩序并不在于绝对的服从，他不认为君、父在等级中对臣、子拥有绝对的权力，而是强调君、臣之间是相互制衡的关系，君主应该按照秩序（礼）的要求去使唤臣子，臣子应该以忠心来侍奉君主。"君使臣以礼，臣事君以忠。"（《论语·八佾》）

季康子问:"使民敬忠以劝,如之何?"子曰:"临之以庄,则敬;孝慈,则忠;举善而教不能,则劝。"(《论语·为政》)

季康子曾经问孔子:"君王率领人民,如何能使百姓恭敬、尽忠呢?"孔子回答说:"对待百姓庄重守礼,百姓自然会对君主恭敬;君主真心对待民众,对百姓仁慈,视之如子,人民就会尽忠。树立好的典范去教导不好的人,人民自然会相互勉励。"

父要慈,子才能孝,要求是对双方而言的。以此同理,身居高位的人不骄横跋扈,下面的人便不会背离他。"居上不骄,为下不倍。"(《中庸·第二十七章》)当君主自身端正、做出表率时,不用下命令,民众就会跟着行动起来;相反,如果君主自身不端正而要求民众端正,那么,纵然三令五申,民众也不会服从的。"其身正,不令而行;其身不正,虽令不从。"(《论语·子路》)孟子后来发挥了孔子的这个思想,他说:"无罪而杀士,则大夫可以去;无罪而戮民,则士可以徙。"(《孟子·离娄下》)君主滥杀无辜的士人,那么卿大夫就可以离开这个国家;君主滥杀无辜的民众,那么士人就可以移居远去。

君与臣、父与子之间是相互制约的。"忠"不是对臣的否定,"孝"亦不是对子的否定。君主合乎道义,臣下履行职责;父亲慈爱,儿女孝顺;兄爱弟,弟敬兄——这就是孔子齐家思想的根本精神。"君义、臣行、父慈、子孝、兄爱、弟敬,所谓六顺也。"(《左传·隐公三年》)父亲慈祥而子女孝顺,哥哥善良而弟弟敬爱,丈夫公道而妻子温顺,长辈宽惠而晚辈遵从,君主仁爱而臣下忠诚。儒家者将这些双向制约的关系也概括为十义:"父慈、子孝、兄良、弟悌、夫义、妇听、长惠、幼顺、君仁、臣忠,十者,谓之人义。"(《礼记·礼运》)因此,后来将二者之间关系绝对化的解释,所谓"君要臣死,臣不得不死;父要子亡,子不得不亡"的观点,完全是对儒家思想的曲解,也是任何儒家经典和学者从未表述过的语句。

曾子是孔子的学生，是著名的孝子，一次曾子有了过失，他的父亲就拿棍子把他打昏在地上，曾子苏醒过来后，却关心父亲是否气得生病了，鲁国人知道此事后都赞扬曾子是个孝子，并且告诉了孔子，孔子却不表示赞赏，反而批评了曾子。孔子说，大家难道没有听说过舜的故事吗？舜也是个孝子，但是他的做法就不同了。他父亲拿鞭子抽他的时候，他是不逃的，但是拿大棒打他的时候，舜就逃了。舜的父亲要使唤他的时候，舜随叫随到；但要杀舜的时候，就找不到他了。曾子被父亲用大棒打却不逃，这样做就不对了。

曾子有过，曾晳引杖击之，仆地。有间乃苏，起曰："先生得无病乎？"鲁人贤曾子，以告夫子。夫子告门人："参来！汝不闻昔者舜为人子乎？小棰则待笞，大杖则逃。索而使之，未尝不在侧；索而杀之，未尝可得。今汝委身以待暴怒，拱立不去。非王者之民，其罪何如？"（韩婴：《韩诗外传》卷八）

孔子认为尽孝也是有节度的，如果任由自己的父亲把自己打死，其实对谁都不利，最终是违背孝道的。

曾子曰："若夫慈爱恭敬，安亲扬名，则闻命矣。敢问子从父之令，可谓孝乎？"子曰："是何言与！是何言与！昔者天子有争臣七人，虽无道，不失其天下；诸侯有争臣五人，虽无道，不失其国；大夫有争臣三人，虽无道，不失其家；士有争友，则身不离于令名；父有争子，则身不陷于不义。故当不义，则子不可以不争于父，臣不可以不争于君；故当不义，则争之。从父之令，又焉得为孝乎！"（《孝经·谏诤章》）

曾子问孔子，关于孝敬父母的那些道理，他已经得到老师的教诲了，但是还想大胆地问一句，尽孝是不是要（绝对地）听从父亲的命令和意见呢？孔子一听就很生气，连说了两遍："这是什么话！这是什么话！"孔子接着又说：过去天子设置三公、四辅等七位大臣，就是为了向天子直言利弊的，这样即使天子无道，也可以得到七位大臣的及时纠正，而不至于失去天下。诸侯设置有孤卿、三卿和上大夫等五位大臣以谏诤来纠正错误，即使无道，也不至于失去邦国。大夫也设置有家相、宗老和邑宰这三位谏诤家臣，即使无道也不会失去家族。一个人如果有敢于向自己直言的朋友，就不会做出丧失名声的坏事。当父亲的，如果儿子能够时时用直言规劝自己，就不会做出不合适的行为。当出现不义的行为时，当儿子的不能不去用直言规劝父亲，为臣的也不能不去用直言奉劝君主。如果只是绝对地服从父亲的命令，怎么能够称得上是孝呢！

由此可知，齐家的思想源于对社会秩序的调整，而社会秩序的调整又是以家族秩序为根据的。后来的司马迁对此进行了中肯的总结：

> 夫不通礼义之旨，至于君不君，臣不臣，父不父，子不子。夫君不君则犯，臣不臣则诛，父不父则无道，子不子则不孝。此四行者，天下之大过也。（《史记·太史公自序》）

司马迁认为，如不明了社会秩序（礼义）的要旨，就会沦落到君不像君，臣不像臣，父不像父，子不像子的地步。君不像君，就会被臣下抵制；臣不像臣，就会被诛杀；父不像父，就会昏聩无道；子不像子，就会忤逆不孝。这四种恶行，是天下最大的罪过。

这种家庭秩序与社会秩序的家国一体特点，也决定了中国几千年来历史变化的规律，凡是大家都能够安居乐业的时代，家庭兴旺，社会必然稳定，国家也随之强盛；如果家道衰败，家业败亡，社会必然会四分五裂，道德也随之沦丧，国家也会走向衰弱。

二、齐家思想的核心内容是孝道

1. 血缘是孝道的出发点与落脚点

正因为社会秩序开始于家族秩序,由此推理,对于社会的治理也必须从家族的治理开始,这就是齐家思想的宗旨,而家族的治理又是以什么为根本呢?这个根本就是孝道。进一步问,孝道的出发点又是什么呢?《孝经》给出了回答:"身体发肤,受之父母,不敢毁伤,孝之始也。"(《孝经·开宗明义章》)从字面上解释,孝道的出发点就是要注意保全自己,身体发肤都是来自父母的,不要使其受到伤害。朱熹引用"尹氏注"的解释是,因为父母完整地将子女生育下来,所以子女也应当完整地保护自己。"父母全而生之,子全而归之。"(《四书章句集注·卷四》)显然这也是对于《孝经》的早期解释。

汉代的经学家孔安国(约前156~前74)对这种"完整保护自己"的观点提出了疑问:

> 忠臣赴君难者,不避水火兵刃;节妇有断发截鼻者,彼皆为不孝矣?是说不通也。(《古文孝经孔氏传》)

忠臣为国家赴死,上战场去拼杀,不惜自己的性命;节妇为了保存自己的贞节,不惜断发毁容,这难道是不孝吗?这是说不通的。所以,仅仅从不伤害自己身体的角度去解释《孝经》的出发点是错误的。后世更有人引申为"千金之子,不立危墙之下"的观点,俨然成为保命哲学,谬以千里了。南宋的思想家吕祖谦(1137~1181)直接驳斥了将"不可毁伤"解释为"全身远害"的保命观点,指出如果为了苟且偷生,满足个人私利,不顾全体及全局的"全身远害",是为世人不齿的。"至于偷生、狥私、养小失大,如是而全身远害,则君子贱之耳。"(吕祖谦:《吕氏家塾读诗记·卷二十七》)

那么应该怎样理解"不敢毁伤"的准确含义呢?《礼记》中记载的一个故事有助于我们理解这个问题。

> 乐正子春下堂而伤其足,数月不出,犹有忧色。门弟子曰:"夫子之足瘳矣,数月不出,犹有忧色,何也?"乐正子春曰:"善如尔之问也!善如尔之问也!吾闻诸曾子,曾子闻诸夫子曰:'天之所生,地之所养,无人为大。父母全而生之,子全而归之,可谓孝矣。不亏其体,不辱其身,可谓全矣。故君子顷步而弗敢忘孝也。'今予忘孝之道,是以有忧色也。一举足而不敢忘父母,一出言而不敢忘父母。一举足而不敢忘父母,是故道而不径,舟而不游,不敢以先父母之遗体行殆。一出言而不敢忘父母,是故恶言不出于口,忿言不反于身,不辱其身,不羞其亲,可谓孝矣。"(《礼记·祭义》)

乐正子春(春秋时鲁国人,孝子)下台阶时,不小心扭伤了脚,好几个月不出门,面带忧色。他的弟子对此不解,就问道:"老师的脚伤已经好了,几个月不出门,还面带忧色,这是为什么呢?"乐正子春回答说:"你问的太好了!你问的太好了!我听曾子说过,而曾子也是从孔子那儿听到的:'上天所生的,大地所养的,只有人才是最高贵的。父母完整地把孩子生了下来,做孩子的一定也要保持这一完整性,这样做才能称为孝。不要使这个完整性受到亏损,更不能使其受到玷污,这才叫作完整的孝道。所以君子一举一动都不能忘记孝道。'现在我不小心扭伤了脚,也是忘掉孝道的表现,所以我才面有忧色啊。每抬一次脚都不敢忘掉父母,每说一句话都不敢忘掉父母。因为每抬一次脚都不敢忘掉父母,所以一定走大道而不走小路,坐大船而不乘小筏,因为自己的身体是父母的一部分。由于每说一句话都不敢忘掉父母,所以伤害他人的话不出于口,别人的辱骂也不会回击到自己身上。不让自己的身体受辱,也就等于不让自己的父母受辱,做到这一点,才可以称得上孝了。"

从《礼记》的这个故事可以看出,"不敢毁伤"的含义是很丰富的。首先,说明在宇宙自然万物中,人是最为宝贵的生命。"天之所生,地之所养,无人为大。"其次,人的宝贵生命是通过父母的血缘关系得以继承而存在的,即"身体发肤"都体现了"受之父母"血缘遗传的特点,正因为有这样的血缘遗传特点,所以儿女其实就是父母的一部分("遗体"),"亲生之膝下","父母全而生之,子全而归之,可谓孝矣"。因此一定要保全好这种血缘关系的完整性,"不亏其体,不辱其身",才能称得上是尽孝。最后,要高度重视并且时时考虑这种血缘关系,在一举一动如"举足""出言"时都要考虑到血缘关系,想着自己与父母是一体的,荣辱不仅关乎自身,同样也关乎父母,即"不辱其身,不羞其亲,可谓孝矣",说明孝必定是建立在血缘关系上的,也正因为有了血缘关系,才更要尽孝。在尽孝道时,要注意维护父母的荣耀,要如同爱惜自己肢体一样去爱惜父母的名誉。否则,乐正子春仅仅只为了伤足而忧伤,不就成了顾影自怜的小人吗?

从生物进化的意义上说,"孝道"是人类摆脱动物性,具有了社会性的一个重要特征。在动物的行为中,亲子(慈)的行为是常见的,例如所谓"虎毒不食子";但是动物中没有出现自觉的"反哺父母"(孝)的行为。因此,"孝"是以人类生命通过血缘关系的延伸为起点的,是个体生命的扩大,同时也是由个体进入社会活动的重要环节,慈爱反映了天性,孝道则体现着人性。古人牢牢地抓住了一个孝字,认为孝在各种伦理范畴中是最明确和具体的,同时也是不具有相对性和条件性的,因此是"诸德之本""百善之首"。这样,《孝经》这段话的准确解释应当是,"身体发肤,受之父母(的血缘关系),不敢毁伤,孝之始也。立身行道,扬名于后世,以显父母(的血缘关系),孝之终也"。因此,"不可毁伤"的是家族血缘关系,在这里,孝子个人的身体是不存在的,它仅仅是父母血缘的表现,"受之父母"才是这句话的核心。用现代的通俗话语解释就是:既然身上流淌着祖先的血,就要为祖先的荣耀和事业奋斗。

> 子曰:"父母之年,不可不知也;一则以喜,一则以惧。"(《论语·里仁》)

孔子指出,到了当父母的年纪(即理解父母、"懂事"的年龄),要经常将父母考虑的事记在心里,一种是让他们高兴的事,另一种是让他们担忧的事。因此,古人讲"身",除了身体和操守的基本含义之外,还有一个很重要的内涵就是认为身体也代表了所继承的血缘关系。

> 孟子曰:"事,孰为大?事亲为大;守,孰为大?守身为大。不失其身而能事其亲者,吾闻之矣;失其身而能事其亲者,吾未之闻也。孰不为事?事亲,事之本也;孰不为守?守身,守之本也。"(《孟子·离娄上》)

孟子说:哪一种侍奉最重要?侍奉父母最重要;哪一种守护最重要?守护自身(的血缘关系)最重要。不丧失自身(的血缘关系)而能侍奉好父母的,我听说过;丧失了自身(的血缘关系)而能侍奉好父母的，我从来没有听说过。哪个长者不该侍奉？侍奉父母是侍奉的根本；哪种好品德不该守护？守护自身（的血缘关系）是守护的根本。

> 曾子曰："身也者，父母之遗体也。行父母之遗体，敢不敬乎？居处不庄，非孝也；事君不忠，非孝也；莅官不敬，非孝也；朋友不信，非孝也，战阵无勇，非孝也。"（《礼记·祭义》）

曾子认为，子女的身体即是父母延续的"遗体"，所有的行为都继承、体现着父母的血缘关系，（想到这一点后）怎么敢不处处小心谨慎呢？居住时不恭敬，就是不孝；侍奉君主时不忠诚，就是不孝；居官时不谨慎，就是不孝；交友时不诚实，就是不孝；临战时不勇敢，就是不孝。

古人高度重视宗族的血缘关系，认为只有真正具备了这种血缘关系的孝子才能主持祭祀，"孝子之丧亲也"（《孝经·丧亲章》）。并认为延续这种血缘关系是非常重要的，如果不重视血缘关系就是一件"悖德""悖礼"的事情，因此有了"不孝有三，无后为大"（《孟子·离娄上》）的提法。"父母生之，续莫大焉。"（《孝经·圣治章》）"故亲生之膝下，以养父母日严……故不爱其亲而爱他人者，谓之悖德；不敬其亲而敬他人者，谓之悖礼。"（《孝经·圣治章》）其中，"无后""续莫大焉""亲生之膝下"，都是关于延续血缘完整性的描述。古人往往也用"亲亲"来表达这种血缘关系。孔子回答鲁哀公问政时说："仁者人也，亲亲为大。"（《礼记·中庸》）在儒家看来，"仁"就是讲以人为本，而讲为人之道最基本的一条就是"亲亲"。一个人如果连最基本的血缘亲情关系都不讲了，还谈其他什么感情。因此血缘是最基本的爱，是爱的出发点，是不可以否定的，否定了血缘的爱，就等于是否定了人性中最基本的内容。孟子也同意孔子的观点，认为"亲亲，仁也"（《孟子·告子下》）。人必须做到热爱自己的亲人，才算是符合仁的标准。总之，从亲人的感情出发，不忘亲情，是做人的大事，也是对人最基本的道德要求。《诗经·小雅·鹿鸣·伐木序》中也有"亲亲以睦"之语，意思是只有不忘记亲情，做到亲亲，才能家庭和睦。

通过维护家族秩序的方法来解决当时社会秩序的混乱，墨子也是赞同的，但是他否定了血缘的亲亲关系，提出要用一种无差别的"兼爱"来处理。墨子说：

> 视人之国，若视其国；视人之家，若视其家；视人之身，若视其身。是故诸侯相爱，则不野战；家主相爱，则不相篡；人与人相爱，则不相贼；君臣相爱，则惠忠；父子相爱，则慈孝；兄弟相爱，则和调。天下之人皆相爱，强不执弱，众不劫寡，富不侮贫，贵不傲贱，诈不欺愚。凡天下祸篡怨恨，可使毋起者，以相爱生也。是以仁者誉之。（《墨子·兼爱中》）

墨子说，要把别人的国家看作自己的国家，把别人的家族看作自己的家族，把别人的身体看作自己的身体。这样诸侯之间相爱，就不会发生战争；家族宗主之间相爱，就不会发生掠夺；人与人之间相爱，就不会相互残害；君臣之间相爱，就会相互施惠、效忠；父子之间相爱，就会相互慈爱、孝敬；兄弟之间相爱，就会彼此融洽、协调。天下的人都相爱，强大者就不会控制弱小者，人多者就不会强迫人少者，富足者就不会欺侮贫困者，尊贵者就不会傲视卑贱者，狡诈者就不会欺骗愚笨者。世界上所有的祸患、掠夺、埋怨、愤恨，可以使其不产生的办法就是相爱，所以仁者称赞它。

孟子批评了墨子的学说，认为无差别（否定血缘）的"兼爱"会导致道德上的悖论，即什么人都爱，也就等于什么人都不爱了；

道德的作用就是在差别之中保持公平，如果一切差别都没有了，不就退化到文明之前的状态了吗？"墨氏兼爱，是无父也。无父无君，是禽兽也。"（《孟子·滕文公下》）孟子在这里说的"禽兽"丝毫没有骂人的意思，"禽兽"在春秋时的概念是广义的，孟子在这里所说的"禽兽"是指当时尚未进入文明阶段的"蛮夷"或者"戎狄"的氏族部落。"戎，禽兽也。"（《春秋·左传·襄公四年》）

墨子提倡的无差别的"兼爱"从表面看上去是很不错的，但实际上是无法实践的。所以庄子批评他说：

> 以此教人，恐不爱人；以此自行，固不爱己。未败墨子道。虽然，歌而非歌，哭而非哭，乐而非乐，是果类乎？其生也勤，其死也薄，其道大觳。使人忧，使人悲，其行难为也，恐其不可以为圣人之道。反天下之心，天下不堪，墨子虽独能任，奈天下何！离于天下，其去王也远矣！（《庄子·天下》）

庄子认为，以此（兼爱）来教导人，恐怕不是爱人之道；自己去实行，实在是不爱惜自己。墨子的学说尽管看上去很博大，然而（对于自己的亲人）应该歌唱而不歌唱，应该哭泣而不哭泣，应该作乐而不作乐，这合乎人情常理吗？生前辛勤劳苦，死后简单薄葬了事，这种主张太苛刻了。使（亲）人忧虑，使（亲）人悲伤，这种主张实施起来是很困难的，恐怕不能够成为圣人之道。违反了天下人的心情，天下人是很难接受的。墨子虽然自己能够做到，但奈何于天下的人无法接受（兼爱的思想）！背离了天下的人，也就远离了王道。

老子对于这种完全舍弃掉个体自我差别，提倡泛爱天下的理论也进行了批评。他说，圣人要想治理天下，就要保护民众个体的生命和安全；但是，一个完全无私的，甚至可以达到连自己的身体（及血缘关系）都完全不爱惜的人，天下的人怎么能够去信任他，并且将治理天下的重任交给他呢？"故贵以身为天下，若可寄天下；爱以身为天下，若可托天下。"（《老子·第十三章》）

2. 孝道的基本具体内容

"孝"在金文中是会意字，字的上部像一位老人，下部是"子"，表示子孙搀扶着长辈，引申为"善于侍奉父母的人"。"善事父母者，从老省，从子，子承老也。"（许慎：《说文解字》）儒家认为，从狭义上说，"孝"主要是指具有血缘关系的亲子之间、亲属之间乃至家族之中长幼辈分之间的道德行为准则；广义上则指所有长幼辈分之间的关系。孝的行为主要表现在对长辈的生养、死葬及祭祀三个方面。"生事之以礼，死葬之以礼，祭之以礼。"（《论语·为政》）

据考证，在青铜铭文中已经有了较多关于"追孝""享孝"和"孝祀"的记载。在三代时，孝的概念主要体现在祭祀中，西周时期有文献专门记载丧葬祭祀时具体实行的仪式，还设有专门典司丧事的官职和殡仪机关，如"冢人""基大夫""职丧""丧祝"等，礼仪的形式也有专门的规定，如："孝孙某，来日丁亥，用荐岁事于皇祖伯某，以某妃配某氏。尚飨！"（《仪礼·少牢馈食礼》）

父母去世后，丧后的祭祀在古代是非常重要的活动，孟子也肯定了这一点："养生不足以当大事，唯送死可以当大事。"（《孟子·离娄下》）丧葬祭祀时举行各种仪式，都是为了表达对祖先的敬奉和子女思念长辈的孝心，正如《礼记·檀弓下》所记："丧之朝也，顺死者之孝心也，其哀离其室也，故至于祖考之庙而后行。"《孝经》中也把"守其宗庙""守其祭祀"列为孝的内容。追祭祖先，是行孝表现的重要方面。

"孝"作为祭祀中的重要表现，经历了很长的历史过程。到了春秋的时候，以孔子为代表的儒家赋予了"孝"更丰富的内涵，增添了更多的内容，并且与"忠"的概念密切地结合起来。"孝"与"忠"的结合，主要表现在孔子的"君臣父子"理论中。在反映更早历史的"三礼"（《周礼》《仪礼》《礼记》）中，"孝"基本上还是一个比较狭义的概念，直到《论语》和《孝经》中，"孝"的内涵才扩大到政治领域，出现了与"君臣父子"并用的语句。由此可知，孔子对于周礼是有所创新的，其创新的特点就在于借用家族的伦理关系，赋予宗教精神基础上的"礼"以人文精神，并以此来和谐社会的等级关系。

孔子对孝行的重要贡献，还在于他扩大了孝行的内容。孔子认为赡养老人，不仅要有物质上的支持，更要有心理上的关怀。他认为行孝道难在精神上，难在子女在父母面前必须一直保持和颜悦色（色难）。

子夏问孝。子曰："色难。有事，弟子服其劳；有酒食，先生馔，曾是以为孝乎？"（《论语·为政》）

孔子指出，做事由年轻人效劳，酒食让长辈先享用，（仅仅这样）就以为尽孝道了吗？这是远远不够的。

《论语·为政》中还有这样一句话："孟武伯问'孝'。子曰：'父母唯其疾之忧。'"怎样理解这句话呢？这里的关键是怎样解释句中的"其"字，如果"其"是指父母本身，那么就有了以下的解读一：对父母尽孝最主要的是关心他们是否生病了，能够做到这一点就是尽孝了。然而这个解读显然是矛盾的，因为孔子认为尽孝不仅包括"礼"和"敬"，还有对父母的态度（"色难"），所以不能这样简单地理解尽孝。这就产生了进一步的解释，认为孔子此说只是对孟武伯个人而言的。汉代的王充就持此观点，他认为这句话是有针对性的，"攻其短言"，这样就有了解读二：对孟武伯这种人来说，他只要能够做到关心父母的疾病就算是尽孝了。

汉代的马融（79～166）则认为"父母唯其疾之忧"的"其"是指子女，这样一来意思就完全不同了。马融认为："父母唯其疾之忧，言孝子不妄为非，唯疾病，然后使父母忧。"（何晏：《论语集解义疏》卷一）他的意思是说：如果要尽孝，就要尽量让父母放心，不去做那些让他们担忧的事，只有疾病（因为是难以避免的）才会引起父母的担忧。马融的话中增加了一些内容，这样就有了解读三：当子女的不要去做坏事，使得父母除了疾病之外不再担忧其他事情，这就是尽孝。

这个解释获得了许多人的支持，如林之奇（1112～1176）、夏僎（生卒年未详，宋淳熙五年即1178年进士）都认为："盖子有疾，必贻父母之忧故。"（夏僎：《尚书详解》卷十八）钱时（约在世于1200年前后）还对此进行了发挥：

> 孟武伯问孝，子曰："父母唯其疾之忧。"自疾之外，略无一事贻亲之忧，亦可谓孝矣。虽然无妄之疾，乃有所以致之，其为毁伤一也。故曰唯其疾，"唯"字与"其"字不可不深体。（钱时：《融堂四书管见》卷一）

他认为除了生病之外，也要尽量做到不发生任何能够引起父母担忧的事情，这样才算孝。而且即使是生病，也不应当是由于自己的原因引起的，因为疾病是对自己的"毁伤"，这种毁伤也会对父母的精神造成伤害，这是尽孝者不能不考虑的。所以，"身体发肤""不敢毁伤"的根本目的是为了尽孝，不使父母担忧。

但是按照马融对"父母唯其疾之忧"的解释，"其"是指子女，那么这句话又出现了歧义。子女对父母是"孝",而父母关心、忧虑子女的疾病则属于"慈"的范围,那么这句话究竟是说"孝"还是说"慈"呢?明代的刘宗周(1578~1645)回答了这种质疑:

> 孟武伯问孝,是人子身上事;子曰父母唯其疾之忧,是父母身上事。问是"孝",答是"慈",有何关涉?岂知人子于父母,其初只一人之身,父母的痛痒,便是人子的痛痒,若于此漠不相关,更有何孝可言?唯疾之忧,非徒以慰亲之为孝也,知乎此者,必能以其身为父母之身,以其心为父母之心,而终身孺慕之情有,无所不至者矣。(刘宗周:《论语学案》卷一)

他认为父母与子女之间的痒痛是不能截然分开的,尽孝就要用自己的身心来体会父母的身心,只有这样才能做到无微不至。朱熹对上述的解释进行了概括:

> 言父母爱子之心,无所不至,唯恐其有疾病,常以为忧也。人子体此,而以父母之心为心,则凡所以守其身者,自不容于不谨矣,岂不可以为孝乎?旧说,人子能使父母不以其陷于不义为忧,而独以其疾为忧,乃可谓孝,亦通。(胡炳文:《四书通·论语通》卷一)

朱熹也认为父母与子女的关系是不可分割的,子女时时体会着父母的心,不去做那些违背父母心情的事,就是孝。

> 父母之爱其子,无所不至,唯其爱之,是以忧之也。以苟警取危,是所忧也;以苟笑取辱,是所忧也。而况于好勇斗狠乎,苟不念此,则亲之不忘我者有矣,我之所以不忘亲者,未

之有也，岂非不孝？（朱熹：《论孟精义·论语精义》卷一下）

朱熹强调了做父母的心情是时时惦记着子女的，但是子女能不能时时惦记着父母呢？尤其是那些好勇善斗的子女，他们理解父母内心的担忧吗？

刘宗周与朱熹的看法，与曾子认为子女是父母的"遗体"的观点是一致的。这样就有了解读四：子女要充分理解体会父母的心情，最大限度地做到使父母不为自己担忧，这样才是尽孝。

所以，不仅仅要做到让父母不担忧，还要让父母在精神上得到支持、鼓励和满足，这样子女的行为就不仅仅是自己家庭中的行为，而是将社会行为与对父母的尽孝紧密联系在一起了。只要牢牢遵循着孝道，不仅不去做坏事，而且还要去做好事，将孝道的亲情进一步与社会的善恶行为结合起来，从孝道出发并且使之成为人们从善去恶的重要制约因素，孝与忠就成了一个不可分割的整体，这就是孔子思想的本义。孝的行为不仅仅是从物质上赡养老人，还包括从精神上给予父母照顾和支持，使之保持人格上的尊严；孝还进一步包括了个人努力和社会成就等可以"光宗耀祖"的事情。这样，《孝经》中的"扬名于后世，以显父母，孝之终也"这句话也得到了完整的解释。

那么孝行的具体内容可以归结为哪些方面呢？

> 孝子之事亲也，居则致其敬，养则致其乐，病则致其忧，丧则致其哀，祭则致其严。五者备矣，然后能事亲。(《孝经·纪孝行章》)

《孝经》认为孝子侍奉父母主要表现在五个方面：一、让父母安居，充分尊重父母；二、赡养父母，并且要让他们在精神、心理上感到愉快；三、父母生病后要有发自内心的焦虑和忧愁，并以这样的心情来关怀和照料父母；四、父母去世后要妥善办理好各种后事，并且表现出由衷的悲痛；五、日后祭祀和怀念父母的时候，必须表现出恭敬和肃穆的态度。这五个方面都做好了，才能称得上是侍奉父母的孝子。

《礼记》对孝行的内容则归结为三个方面：

> 孝子之事亲也，有三道焉：生则养，没则丧，丧毕则祭。养则观其顺也，丧则观其哀也，祭则观其敬而时也。尽此三道者，孝子之行也。（《礼记·祭统》）

《礼记》与《孝经》的内容是基本一致的，只是从礼的角度更强调了对父母的祭祀和怀念：一、父母在世的时候要照顾他们的生活，这时要看子女的赡养方式是否合乎亲情；二、父母去世时要看后事办理的情况，此时要看子女是否表现出由衷的悲哀；三、父母丧事办完后要按时举行祭祀怀念父母，此时要看子女祭奠父母的态度是否恭敬。

通过《礼记》与《孝经》的对比，可以概括出孝的内容具体表现在四个方面：父母在世时，要对父母在物质和精神两方面进行照料；父母去世后，要对父母进行安葬及缅怀两方面的活动。《孝经》还特别强调了在父母生病后要尽心照料，这也是很有意义的，但仍然可以归入物质和精神的需要之中；《礼记》则将父母在世时的物质和精神两方面的需要合并了。因此，《礼记》《孝经》两者在内容上是一致的。

从不孝的角度看，同样可以从反面说明孝的内容，主要是指父母在世时，在物质及精神上所受到的伤害。

孟子曰："世俗所谓不孝者五：惰其四肢，不顾父母之养，一不孝也；博弈好饮酒，不顾父母之养，二不孝也；好货财，私妻子，不顾父母之养，三不孝也；从耳目之欲，以为父母戮，四不孝也；好勇斗狠，以危父母，五不孝也。"（《孟子·离娄下》）

孟子说，通常认为不孝的情况有五种：四肢懒惰，不赡养父母，这是第一种；酗酒聚赌，不赡养父母，这是第二种；贪吝钱财，只顾老婆孩子，不赡养父母，这是第三种；放纵声色享乐，使父母蒙受羞辱，这是第四种；逞勇好斗，连累父母，这是第五种。

孝有三：大孝尊亲，其次弗辱，其下能养。（《礼记·祭义》）
孝有三：小孝用力，中孝用劳，大孝不匮。思慈爱忘劳，可谓用力矣。尊仁安义，可谓用劳矣。博施备物，可谓不匮矣。（《礼记·祭义》）

儒家认为，"孝"的行为不仅是在物质上赡养长辈，更重要的是从精神上给予其照顾和支持，使之保持人格上的尊严。因此，精神上的支持首先是不能让父母蒙受耻辱，如果由于子女的丑行而使父母蒙受耻辱，便是最大的不孝。进一步引申，"孝"的内容还包含了子女的个人努力及成就等可以"光宗耀祖"的事业和行为，这就是"大孝不匮"。

"孝"的内容扩大之后，儒家便进一步认为"孝"是"忠"的本源，如同"君臣"源于"父子"关系，要求君主对国家的管理模式取法并借鉴于家族管理模式，强调"君"要像"父"一样爱护、支持和管理自己的臣子。"天子作民父母，以为天下王。"（《尚书·洪范》）在这一点上，儒家并没有扬弃亲情，而是借亲情来发扬具有人道主义的博爱精神。孝是情，忠是理；情是出发点，理是落脚点。

三、齐家思想体现了"内圣外王"的宗旨

1. 孝道的核心在于超越血缘关系

"内圣外王"最早出现于《庄子·天下篇》。其中说到，圣贤道德来自于人自身，同时也是通过政治治理来完成的，它们都来自于同一个根本道理。"圣有所生，王有所成，皆原于一。"（《庄子·天下篇》）此后便简称为"内圣外王"之道。虽然"内圣外王"一词不是直接出自儒学和孔子之说，但《庄子·天下篇》所阐述的"内圣外王"之道与孔子儒家思想有相通之处，于是成为儒家表述自己主张的一个重要概念。"内圣"指修身养德，要求人做一个有德性的人，达到人格完善的境界；"外王"就是齐家、治国、平天下，达到社会和谐的境界。那怎样才能做到内圣外王呢？齐家就是这个过程中的重要环节，而孝道的核心也不在于简单地停留在对父母的尽孝上，而是要以此作为起点，进一步超越血缘关系，将对父母的孝心扩大到社会中去。"行成于内，而名立于后世也。"（《孝经·广扬名章》）这样的思想可能由来已久，在《尚书》中就有这样的字句：

> 立爱惟亲，立敬惟长，始于家邦，终于四海。（《尚书·伊训》）

意思是树立友爱要从亲人做起，树立恭敬要从长者做起，从家族开始将善行最终推广到四海。因此，齐家不是善行的目的，道德实践不能够止步于家族之中，一定要走出去，才能够完成这个过程。

《周易》中有大畜卦，卦辞是："利贞，不家食吉，利涉大川。"意思是：利于坚持下去，不食用家里的粮食吉利，利于涉越大江大河。"大畜"是家底很厚的意思，这里也可以指一个人具有很厚实的潜能和基础，当具备了这样的条件，这个人就应当走出家门，到社会中去获得更大的发展空间（至今民间仍然有"好男儿志在四方"的观念），这也体现了儒家"外推"的精神。

《孝经》中的孝道强调人处理事情首先要从血缘出发，基于血缘关系去完成父母所要完成的事情，如果个人的能力比父母强，完成了更大的事业，最终也体现为血缘关系扩张，为祖先添加光荣，即光前裕后、彰显父母。孝道的最高境界包括了所有个人对于血缘家族及社会和国家有利的事情，即所谓的"大孝不匮"。汉代的《忠经》说得更为明白：

> 夫忠，兴于身，著于家，成于国，其行一焉。是故一于其身，忠之始也；一于其家，忠之中也；一于其国，忠之终也。（马融：《忠经·天地神明章》）

由此可见，对国家的忠心耿耿是从修身开始，通过齐家表现出来，在为国家效力的过程中完成的。

《孝经》在孝道的核心上体现了孔子的思想，"亲亲"强调的是血缘关系，是道德伦理人文的出发点；但是道德不能局限于个体的血缘家族，还要将家族中的基本原则推向社会和国家，即"移孝作忠"。将家庭与国家看成是同质同源的不同实体，只存在着规模大小的差别，家庭是缩小的国家，国家是放大的家庭。君主是最大的家长，故称为君父，忠君孝父本为一体。这样，家庭的基本准则就进一步演变成为社会政治的基本原则。因此，孝道开始于血缘关系，在为社会和国家的工作过程中体现出来，最终体现为个人的自我完

善。"夫孝，始于事亲，中于事君，终于立身。"(《孝经·开宗明义章》)

孝道也体现了儒家哲学"推"的思想。所谓推，就是由小推大、推己及人、由低到高。"由小推大"就是通过自然最简单的阴阳变化推及人性的善恶（阳善阴恶），社会的治乱（阳治阴乱），家庭中的夫妻（夫阳妻阴）。"推己及人"是由个人推及他人的过程，曾子总结老师孔子的思想时，认为可以将之概括为"忠"和"恕"两个字。"夫子之道，忠恕而已矣！"(《论语·里仁》)朱熹又解释"忠""恕"二字为："尽己之心为忠，推己及人为恕。"(《四书章句集注》)"忠"侧重于对自己的要求，自己要确立和通达的事情，也要努力地去帮助别人确立和通达。"夫仁者，己欲立而立人，己欲达而达人。"(《论语·雍也》)"恕"侧重于对别人的尊重，自己不愿意接受的事情，也不要强加于别人。"其恕乎！己所不欲，勿施于人。"(《论语·卫灵公》)尽己，即是"内圣"；推己及人，即是"外王"。换句话说，"忠"即是"内圣"，"恕"即是"外王"。孔子之道也可以说是"内圣外王"之道。

孔子认为，一个人如果具有了爱心，就必定会为这个爱心而出力；在待人过程中，如果你诚恳地（忠）对待一个人，难道不会时时去劝导他吗？"爱之，能勿劳乎？忠焉，能勿诲乎？"(《论语·宪问》)

后人苏轼的解释是：

> 爱而勿劳，禽犊之爱也；忠而勿诲，妇寺之忠也。爱而知劳之，则其为爱也深矣；忠而知诲之，则其为忠也大矣。（朱熹：《四书章句集注》）

他认为动物之间只存在简单的爱，是不会为彼此出力的；忠

（诚恳地对待）于一个人，发现他有错时就必然会去纠正；如果明知有错而故意不去劝导他，这是小人的行为。可见，（推己及人）既体现了爱的深刻，也体现了诚恳（忠）的博大。

儒家哲学"推"的思想还表现在由低到高，表现为个人道德修养境界的升华，即从自身个体、家庭、家族推及集体、国家、民族乃至全社会的高度。这就是《大学》中所说的"修身，齐家，治国，平天下"，说明传统道德价值的认同是通过由个体、宗族推至群体，由血缘关系推至无血缘关系，由家庭推至整个社会而实现的，最后形成了对整体的认同，并且升华到天地之间的大德、大义及大爱的境界，这也正是中华民族凝聚力的根源。"推"也是双向的，一方面是由个人、家族推及整个社会；反过来，国家和社会的大事也会涉及个人荣辱，例如在传统社会中一个犯了罪的高官，他除了要受到国家法律的制裁之外，还要在道德上受到谴责——违反国家法律，是不忠；让父母蒙受耻辱，是不孝；辜负了师长的栽培、朋友的期望，是不义；不能保持道德的底线而导致犯罪，从修身的角度说也是失节。

"推"就是要将血缘关系的原则推广到非血缘的社会关系之中，在传统社会中，国家的根本是家庭和家族，家庭和家族的根本是自己对待亲人的态度，仁就是将对亲人之爱扩展到对所有人的爱，而不仁则是以不爱去对待所有的人。"故人不独亲其亲，不独子其子。"（《礼记·礼运》）孟子的"仁政说"既体现了孝道齐家的精神，也体现了内圣外王之道。孟子指出，仁政就是要将家族的道德善行推广到社会中。尊敬自己的长辈，进而也尊敬别人家的长辈；爱护自己的孩子，进而也爱护别人家的孩子。如果这样做，管理天下（施仁政）就能成为轻而易举的事情了。"老吾老，以及人之老；幼吾幼，以及人之幼。天下可运于掌。"（《孟子·梁惠王上》）

"仁政"从家族的道德善行出发，最后要将恩惠落实到帮助失去家族的最弱势、最无助的群体中,他们是"鳏"(失去妻子的老男人)、"寡"(失去丈夫的妇女)、"独"(没有子女的老人)、"孤"(没有父母的幼儿)。

> 老而无妻曰鳏,老而无夫曰寡,老而无子曰独,幼而无父曰孤。此四者,天下之穷民而无告者。文王发政施仁,必先斯四者。(《孟子·梁惠王下》)

孟子认为"仁政"就是要保证黎民不饥不寒,五十岁以上的老人有棉袄穿,六十岁以上的老人由国家养起来,七十岁以上的老人有肉吃,享受与"侯"相同的待遇。

> 五亩之宅,树之以桑,五十者可以衣帛矣。鸡豚狗彘之畜,无失其时,七十者可以食肉矣。百亩之田,勿夺其时,数口之家可以无饥矣。……七十者衣帛食肉,黎民不饥不寒,然而不王者,未之有也。(《孟子·梁惠王上》)
> 天下有达尊三:爵一,齿一,德一;朝廷莫如爵,乡党莫如齿,辅世长民莫如德。(《孟子·公孙丑下》)
> 凡养老,五十养于乡,六十养于国,七十养于学,达于诸侯。(《礼记·王制》)

具体怎样施仁政?孟子指出:

> 王如施仁政于民,省刑罚,薄税敛,深耕易耨,壮者以暇日修其孝悌忠信,入以事其父兄,出以事其长上,可使制梃以挞秦楚之坚甲利兵矣。彼夺其民时,使不得耕耨以养其父母。父母冻饿,兄弟妻子离散,彼陷溺其民,王往而征之,夫谁与

王敌？故曰：仁者无敌。(《孟子·梁惠王上》)

即要少用刑罚，减轻赋税，提倡深耕细作、勤除杂草，让年轻人在耕种之余学习孝亲、敬兄、忠诚、守信的道理，在家时侍奉父兄，外出时敬重尊长，这样可以让他们即便拿起木棍，也能够打赢盔甲坚硬、刀枪锐利的秦、楚两国的军队了。如果用兵役和劳役去剥夺百姓务农的时间，使百姓不能进行耕作来奉养父母。父母受冻挨饿，兄弟妻儿各自逃散。秦、楚两国已经使百姓陷入了痛苦之中，如果大王前去讨伐他们，谁能跟大王对抗呢？所以说，有仁德的人天下无敌。

孟子的仁政，也是要求执政者如同家长承担家族的责任一样，要承担起社会的责任：

> 为民父母，使民盼盼然，将终岁勤动，不得以养其父母，又称贷而益之，使老稚转乎沟壑，恶在其为民父母也？(《孟子·滕文公上》)

孟子认为，国君作为百姓的父母（家长），却使百姓一年到头劳累不堪，结果不能养活自己的亲父母，还得靠借贷来补足赋税，使得老人、孩子四处流亡，死于沟壑，这样的国君怎么能够算是百姓的父母（家长）呢？

现代人一般认为，所谓"父母官"，是指地方官员为百姓的父母，可以妄自为尊、颐指气使，这完全是错误的理解。荀子在《礼论》中指出：

> 《诗》曰："恺悌君子，民之父母。"彼君子者，固有为民父母之说焉。父能生之，不能养之；母能食之，不能教诲之；

君者，已能食之矣，又善教诲之者也。(《荀子·礼论》)

《诗经》上说：和乐平易的君子（执政者），就是人民的父母。这种关于君子（执政者）是民众父母说法的本义是：父亲能生下自己，但是不能养育自己；母亲能养育自己，又不能教诲自己；而君子（执政者）是既能养育自己，又能教诲自己的人。因此，这里说的"为百姓父母"，实际上指的是要成为对百姓能够承担起"养育"和"教诲"责任的家长。

孟子与孔子一样，也强调了家族秩序对国家秩序的重要性，他说：

人有恒言，皆曰："天下国家。"天下之本在国，国之本在家，家之本在身。(《孟子·离娄上》)

意思是：人们有句口头禅，叫作"天下国家"。天下的基础是国，国的基础是家，家的基础是个人。

在中国这样一个具有悠久历史文化传统的独特社会中，家族对于社会的影响是不可能去除也不可能回避的，必须正视它的历史地位及作用，并引导其向积极和正面的方向发展。齐家思想是儒家道德体系中的重要组成部分，是对儒家民本思想的补充，家族无法完成的事情，则由国家通过仁政来完成，其中民是真正的出发点和回归点。

同样都是治理民众，仁政与暴政的区别在哪里呢？仁政强调恩惠，暴政强调惩罚，其实后来的统治者，两者往往是并用的。从齐家的管理原则上说，它是强调恩惠的，因此与仁政是相通的。孟子认为二者的区别是，仁者把对他喜爱的人的恩惠推及他不喜欢的人（仁政），不仁者把对他不喜欢的人的祸害（惩罚）推及他喜爱的人

（暴政）。"仁者以其所爱及其所不爱，不仁者以其所不爱及其所爱。"（《孟子·尽心下》）孟子认为："民之为道也，有恒产者有恒心，无恒产者无恒心。"（《孟子·滕文公上》）要使国家长治久安，必须保障民众的基本利益及财产收入，有一定的财产收入的人才会有一定的道德观念和行为准则，没有一定的财产收入的人便不会有一定的道德观念和行为准则。

> 无恒产而有恒心者，惟士为能。若民，则无恒产，因无恒心。苟无恒心，放辟邪侈，无不为己。及陷于罪，然后从而刑之，是罔民也。焉有仁人在位罔民而可为也？是故明君制民之产，必使仰足以事父母，俯足以畜妻子，乐岁终身饱，凶年免于死亡；然后驱而之善，故民之从之也轻。（《孟子·梁惠王上》）

没有固定的资产而有一定的道德水准，只有贤士才能做到。一般的民众，只要没有固定的资产，便会丧失道德标准和行为准则。一旦他们失去道德标准，便会放荡无耻，无恶不作，铤而走险去犯罪，这时再将他们治罪，严惩他们，是一种残忍的"罔民"（即坑害民众，"罔"含有张开罗网捕捉之意）行为。哪有仁人做君主会用这种方法治理民众的呢？所以开明的君主会安置民众的产业，使他们对上可以赡养父母，对下可以养活妻子儿女；丰收的年份终年丰衣足食，灾荒的年份免于死亡。然后再教他们向善，这样民众便可以很轻松地服从管理了。

2. 孝道在社会不同层次中的责任

齐家的目的是要扩大"孝"的社会责任，在孔子的思想体系中，

"忠"是对君主及上层的职责和义务，"孝"是对父亲及长辈的职责和义务，从"尽责"的意义上说，忠、孝二者是等价的，这就是"移孝作忠"，同时也体现了"推己及人"的原则。"事父母，能竭其力；事君，能致其身。"（《论语·学而》）这是从家庭扩大至社会及国家。一个人身边的事就是侍奉父母，国家的事就是侍奉君主。"迩之事父，远之事君。"（《论语·阳货》）"出则事公卿，入则事父兄。"（《论语·子罕》）也可以说，忠是大孝，孝是小忠，家族关系是社会关系的缩影，社会秩序是家族秩序的放大；在家族中能够安分守己的人，进入社会以后一般也不会犯上作乱。"其为人也孝弟，而好犯上者，鲜矣；不好犯上，而好作乱者，未之有也。君子务本，本立而道立。孝弟也者，其为仁之本与。"（《论语·学而》）

《孝经》阐述了从庶人、士、大夫、诸侯到天子各级在社会管理中应承担的责任，也规定了每个层次在忠、孝道德上所要承担的义务。"天子至于庶人，孝无终始。"（《孝经·庶人章》）最底层的庶人是财富生产者，所以他们要注意利用自然条件进行耕作，合理开发资源，有节制地利用所生产的物资来供养父母。"用天之道，分地之利，谨身节用，以养父母。"（《孝经·庶人章》）

士是国家的低层官员，同时也是对有才能的男子的通称，由于身为官员，他们对待上级就负有一定责任，要将其对父母的敬爱与身份职责结合起来，以此去对待上级及君主，这样就可以称为忠，以诚恳尊敬的态度对待上级就可以称为顺，按照这样的要求去做，也可以使自己的地位有所保障。"故以孝事君则忠，以敬事长则顺。忠顺不失，以事其上，然后能保其禄位。"（《孝经·士章》）做到了忠顺，官位也就能够保住了。士与庶人虽然地位卑下，也不可不守规矩或者以意气相争，否则就会为法律所制裁或者为兵器所伤害。"为下不乱，在丑不争……为下而乱则刑，在丑而争则兵。"（《孝经·纪孝行章》）

大夫是国家的高层官员,已经具有了相当大的权力,所以针对春秋时礼崩乐坏的局面,《孝经》要求卿大夫的孝是要遵守周礼,所做的一切不能违反先王的礼法(周礼),必须严格按照社会秩序来要求自己,这样天下的人就不会指责他们了。"非先王之法服,不敢服。非先王之法言,不敢道。非先王之德行,不敢行。是故非法不言,非道不行,口无择言,身无择行,言满天下无口过,行满天下无怨恶。"(《孝经·卿大夫章》)

诸侯是商、周时代对于分封各国国君的称呼,即"裂土封疆,谓之诸侯",据说周代时分封的诸侯最多,达到一千八百多个。春秋时礼崩乐坏,周天子失去了对诸侯的控制力,诸侯国之间便相互攻伐,争夺土地。孔子认为这种社会失序、诸侯相互争夺的原因是贪欲,从而导致对资源的掠夺。所以诸侯的"孝"是不可以骄奢自大,要节俭自律,"在上不骄,高而不危;制节谨度,满而不溢"。要充满忧患意识,节制自己的欲望和行为,"战战兢兢,如临深渊,如履薄冰"。只有这样,才能保证自己国家的稳定和人民的安全。"然后能保其社稷,而和其民人。"(《孝经·诸侯章》)诸侯也应当是侍奉父母的孝子,所以身居高位也不能骄傲自满,否则就会自取灭亡。"事亲者,居上不骄……居上而骄则亡。"(《孝经·纪孝行章》)

天子是社会管理秩序中的最高层,承担着社会政治、道德的最高责任,因此天子之孝要将天下的人纳入范围,以自己的孝推及对天下人的博爱。如果爱自己的母亲,就不应当拒斥天下的人;如果尊敬自己的父亲,就不会慢待天下的人。天子要做爱敬父母的表率,并且要作为道德的楷模来教化天下的万民。"爱亲者,不敢恶于人;敬亲者,不敢慢于人。爱敬尽于事亲,而德教加于百姓,刑于四海。"所以,作为最高层的天子的孝行,是为天下人所关注的,故"一人有庆,兆民赖之"(《孝经·天子章》)。

《孝经》强调了社会管理秩序,同时也反对专制独裁,要求最高层的为政者应以家族中的家长为楷模，处处考虑底层和弱势群体的利益。治国如同治理家族一样，不要慢待那些丧偶独居无助的人，也要尊重自己的下属和妻妾。"治国者，不敢侮于鳏寡……治家者，不敢失于臣妾，而况于妻子乎？"（《孝经·孝治章》）"失"在这里是指"失礼"。明白了治理家族与治理天下的道理的一致性之后，就可以成就一番事业了。"君子之事亲孝，故忠可移于君。事兄悌，故顺可移于长。居家理，故治可移于官。是以行成于内，而名立于后世矣。"（《孝经·广扬名章》）

《孝经》对孝的思想体系进行了全面的论述。一是确立了孝的出发点；二是忠孝合一，体现了孔子从"家"到"国"的思想的引申和发挥；三是表现了建立社会秩序的愿望；四是强调以孝为基础的修身。这样，《孝经》便将家庭的道德推广为社会政治准则，将个人的修身推至社会正义行为（立身行道），形成了一个以"孝"为核心的兼有教化作用的理论体系。"立身行道，扬名于后世，以显父母，孝之终也。夫孝，始于事亲，中于事君，终于立身。"（《孝经·开宗明义章》）中国传统社会中一个重要的特点，就是家族模式与社会模式的同源性及同一性，这就说明了社会关系是家族关系的放大，而社会关系的基本准则是通过家族关系折射出来的。这样，治理好家族便是治理好社会的前提，"国"与"家"的关系便这样紧密地结合起来了。进一步说，修身是个人的行为，齐家是个人进入社会（乃至治国，平天下）的重要环节。

何谓"齐家"？对于"齐"字，《说文》释谓："禾麦吐穗上平也。象形。"清人段玉裁对象形的"齐"字做出了合乎情理的解析后，又得出其引申之义——"齐等"的结论。于是，便有了字典、辞书中"平整""整齐""相等""皆也""同力""正也""肃也""齐全""无偏无颇""整治"等对"齐"字的释义。这些解释，其义虽然相近，或者说都有着内在的联系，但"齐家"之"齐"，显然以"正也""肃也"和"整治"之义为最贴切。因此,"齐家"也可释为"整治家庭"或"治理家庭"。经过整治,使家风得到端正,使每一个家庭成员都能成为有道德、有作为的思想与行为肃正无邪的志士仁人。这就是"齐家"的基本内涵。[1]

从个人到家庭,再由家庭到国家、天下的道德实践体系,在《礼记·大学》"修、齐、治、平"的思想中充分地表达出来了:

> 古之欲明明德于天下者,先治其国;欲治其国者,先齐其家;欲齐其家者,先修其身;欲修其身者,先正其心;欲正其心者,先诚其意;欲诚其意者,先致其知。致知在格物。物格而后知至,知至而后意诚,意诚而后心正,心正而后身修,身修而后家齐,家齐而后国治,国治而后天下平。(《礼记·大学》)

古代那些想要在天下弘扬光明正大品德的人,先要治理好自己的国家;想要治理好自己的国家,先要管理好自己的家庭和家族;想要管理好自己的家庭和家族,先要修养自身的品性;想要修养自身的品性,先要端正自己的心思;想要端正自己的心思,先要使自己的意念真诚;想要使自己的意念真诚,先要使自己获得知识,获得知识的途径在于认识、研究万事万物。通过对万事万物的认识、研究才能获得知识,获得知识后意念才能真诚,意念真诚后心思才能端正,心思端正后才能修养品性,修养品性后才能管理好家庭和家族,管理好家庭和家族后才能治理好国家,治理好国家后天下才能太平。

管仲也认同这种由个人、家庭到国家、天下的递进观点,他说:

---

[1] 参见刘玉明:《儒家"齐家"论与和谐社会的构建》,《探索与争鸣》2007年第5期。

> 有身不治，奚待于人？有人不治，奚待于家？有家不治，奚待于乡？有乡不治，奚待于国？有国不治，奚待于天下？天下者，国之本也；国者，乡之本也；乡者，家之本也；家者，人之本也；人者，身之本也；身者，治之本也。（《管子·权修》）

君主若不能治理自身，怎么能治理别人？不能治人，怎能治家？不能治家，怎能治乡？不能治乡，怎能治国？不能治国，怎能治理天下？而天下以国为根本，国以乡为根本，乡以家为根本，家以人为根本，人以自身为根本，自身又以治世之道为根本。

孟子认为，秩序混乱的根本原因还是在自身，他说：

> 夫人必自侮，然后人侮之；家必自毁，而后人毁之；国必自伐，而后人伐之。（《孟子·离娄上》）

一个人必定先有自取侮辱的不当行为，别人才会去侮辱他；一个家族一定是先有了自我毁坏的因素，别人才会去毁坏它；一个国家必先有自取讨伐的根由，别人才会去讨伐它。

由此可见，每个层面都存在着相对的责任，为人子时的责任重在"修身"；为人父时的责任是"齐家"，家长要对家庭乃至家族的管理负责；为臣时则要考虑"治国"，例如地方官员要尽为政一方的责任，即当好"父母官"；为"君"时便上升到国家和天下的高度，"平天下"要有从国家和天下大局出发考虑问题的整体责任感。道德是由低向高的范围越来越大，责任也越来越重的。这种社会责任的逐步提升，也是与齐家孝道一致的。贾谊（前200～前168）从社会责任的角度提出，"为人臣者"（官员）应该做到为了君主而舍弃自己的生命，为了国家而舍弃自己的小家，为了公众而舍弃私利。

"则为人臣者主耳忘身，国耳忘家，公耳忘私，利不苟就，害不苟去，唯义所在。"(《汉书·贾谊传》)因此，随着责任变大，成败、荣辱已经不属于个人或者家族；责任越大，就越具有"公"的社会性质。当"国"与"家"、"忠"与"孝"不能够两全的时候，必须把更高的社会责任放在第一位。

因此，儒家齐家思想规定了在社会不同层次中具有不同的责任是有重要意义的，这样就成为从帝王、诸侯到一般百姓、贩夫走卒都可以履行遵守的普遍道德准则。《大学》对此进行了阐述，指出做君主的最高境界是"仁"，做臣的最高境界是"敬"，做子女的最高境界是"孝"，做父亲的最高境界是"慈"，朋友交往时必须要保持信用。"为人君，止于仁；为人臣，止于敬；为人子，止于孝；为人父，止于慈；与国人交，止于信。"(《礼记·大学》)

在社会责任上，孔子也往往用"小人"与"君子"的概念来表述在道德追求上的差别，他认为君子追求的是道义，而小人追求的是利益。"君子喻于义，小人喻于利。"(《论语·里仁》)"义"与"利"反映了对资源追求的不同基本态度，求"义"者胸襟开阔，能够从大局出发，看到的是全局和长远的利益；为"利"者必斤斤计较，只贪图眼前及局部的利益，追逐实惠而必然招致怨恨，"放于利于行，多怨"(《论语·里仁》)。所以君子是问心无愧、胸怀坦荡的；而小人总是心怀鬼胎，惶惶然不可终日。"君子坦荡荡，小人长戚戚。"(《论语·述而》)广义地讲，"小人"大多表现为对物质、消遣、趣味和实惠的重视，以及对资源不顾身份的贪欲；"君子"则侧重于精神、道德、价值和信仰方面的追求以及对欲望的有效节制。

孔子往往也将从事具体职业、具体事务的人，或者不是很成熟的人，以及家族中的晚辈称为"小人"，这是因为他们在社会中的地位较低，所以较为关注具体的事、眼下的事、小利的事；而社会地位较高的人或者家庭中的长者也往往被称为"君子"，因为他们身居相对高位，更多关注全局的事、长远利益的事，以及抽象和具有超越性的事。由于社会地位不同而产生的一些属性，也被赋予了"君子"与"小人"两种不同类型的特点。

孔子只是用"小人"与"君子"来表述两种道德层次的区别，并不是以社会阶层来划分"小人"与"君子"，因此不存在职业歧视。君子在野，而小人在位，民众的安全就得不到保障了，可见达官贵人中也照样有小人。"君子在野，小人在位，民弃不保。"（《尚书·虞书·大禹谟》）陋室中的平民百姓中亦有君子。"君子居之，何陋之有？"（《论语·子罕》）因此以社会精英的角度来解读孔子的"小人"与"君子"，完全是一个误区。当时作为学生的子夏年龄很小，可塑性还很大，孔子便教导他说："汝为君子儒！无为小人儒！"（《论语·雍也》）你以后一定要成为君子那样的儒者，而千万不要沦落为小人那样的儒者！"君子"与"小人"之间也没有绝对的界限，孔子倡导为人处事时要不断地以"君子"的标准律己，认为人是可以通过后天的教育修养"学而知之"，从而摆脱"小人"习气而努力成为"君子"的。孔子关于"君子"与"小人"的论述也具有家训精神，例如孔子批评樊须（孔子门下七十二贤人之一）是"小人"，他是批评樊须过于关注具体和实用的事物（学稼），轻视了精神和道德的追求。"小人哉，樊须也！上好礼，则民莫敢不敬；上好义，则民莫敢不服；上好信，则民莫敢不用情。夫如是，则四方之民襁负其子而至矣，焉用稼？"（《论语·子路》）

后世的王夫之对此也有类似的见解：

> 然夫子未尝轻以小人斥人，而特斥樊迟，恶之甚、辨之严矣。汉等力田于孝弟以取士，而礼教凌迟，故曰三代以下无盛治。夫以农圃乱君子，而弊且如此，况商贾乎？商贾者，于小

人之类为巧，而蔑人之性、贼人之生为已亟者也。乃其气恒与夷狄而相取，其质恒与夷狄而相得，故夷狄兴而商贾贵。(《读通鉴论》卷十四)

王夫之认为孔子只是严厉了一些，他认为"小人"是指图利的"商贾"以及未开化的"夷狄"，他们只顾眼前利益的特点都是相似的。

关于"家"与"国"的不同社会道德责任的重要性，明末的黄宗羲（1610～1695）阐述得很透彻，他指出设立君主的本意是为人民兴利除害的：

有生之初，人各自私也，人各自利也。天下有公利而莫或兴之，有公害而莫或除之。有人者出，不以一己之利为利，而使天下受其利；不以一己之害为害，而使天下释其害。(《明夷待访录·原君》)

他认为，人类社会开始之后，人都是自私自利的，社会上对公众有利的事无人兴办，对公众有害的事也无人去除。这样便要有一个人（君主）出来，他不以自己一人的利益作为利益，却让天下人得到他的利益；不以自己一人的祸患作为祸患，却让天下人免受他的祸患。如果为一人一姓之利益而愧对天下父老，不仅违背了"老吾老，幼吾幼"的仁义之道，也从根本上违背了"敬天下之为人父者"(《孝经·广至德章》)的孝道。

但是，君主的地位被人们确认之后，就开始出现了违反初衷、本末倒置的情况，对于利益无止境的追逐最终导致了君主的堕落：

后之为人君者不然。以为天下利害之权皆出于我，我以天下之利尽归于己，以天下之害尽归于人，亦无不可。使天下之人不敢自私，不敢自利，以我之大私为天下之公。始而惭焉，久而安焉，视天下为莫大之产业，传之子孙，受享无穷。汉高帝所谓"某业所就，孰与仲多"者，其逐利之情，不觉溢之于辞矣。（《明夷待访录·原君》）

黄宗羲说，后代做君主的有了变化，认为自己可以掌握天下利害的大权，将天下的利益都归于自己，将天下的祸患都归于别人。开始这样做也未尝不可，可以使天下的人不敢自私、不敢自利，而将自己的大私作为天下的公利。一开始君主会为此感到惭愧，时间久了也就心安理得了，将天下看作是广大的产业，把它传给自己的子孙，享受无穷。正如汉高祖说："我所得到的产业和成就与二哥相比，究竟谁多呢？"他这种追求利益的心情，不知不觉已经流露在言辞之中了。

其既得之也，敲剥天下之骨髓，离散天下之子女，以奉我一人之淫乐，视为当然，曰："此我产业之花息也。"然则为天下之大害者，君而已矣！（《明夷待访录·原君》）

黄宗羲认为，如果这样演变下去，（君主）就会敲诈剥夺天下人的骨髓，离散天下人的子女，以供奉自己一人的荒淫享乐，并把这视作理所当然，说："这些都是我的产业的利息呀。"到了这时，成为天下最大祸害的就是君主本人了！

岂天地之大，于兆人万姓之中，独私其一人一姓乎？……摄缄縢，固扃鐍，一人之智力，不能胜天下欲得之者之众。远者数世，近者及身，其血肉之崩溃，在其子孙矣。（《明夷待访

录·原君》）

这样的情况能够长久吗？黄宗羲指出，天下这么大，难道只在千千万万的百姓之中偏爱君主的一人一姓吗？……（即便君主）用绳捆紧，用锁加固（自己的产业），但一个人的智慧和力量，也不能战胜天下要争夺利益的众多民众，远的不过几代，近的就在自身，血肉崩溃的灾祸就会发生在子孙的身上了。

为什么会出现这样的情况呢？黄宗羲在这里实际说明的是，即使是高于一切的皇权，也是不可以家天下的，同时也阐明了齐家在社会责任中的相对地位及变化。"公"与"私"是一个相对的概念，相对个人来说，家族是公而个人是私；相对国家而言，国家是公而家族是私。如果停留在家族层面而不能够升华，甚至将家族利益放在国家利益之上，必定会造成腐败。

同时代的王夫之（1619～1692）也指出：

> 天子失道，以诸侯授大国；诸侯失道，以士授大家。大国有诸侯，而盟会征伐乱矣。大家有士，而政教风俗乱矣。（《诗广传》卷三）

如果天子的权力沦丧，就会由诸侯来管理国家；如果诸侯的权力沦丧，就会出现大家族来管理诸侯国。国家由诸侯管理，就会出现由于利益冲突而导致的相互勾结和讨伐，进而产生战乱。诸侯国如果由大家族来管理和控制，那地方上的风气规矩就乱了。

这也说明在社会关系中，是不能够以家法替代国法的，国法与家法何者至上，正是"公"与"私"的根本分水岭，也是官吏"贪"和"廉"的标志。

黄宗羲明确指出，所谓私天下就是家天下，公天下则是服务于天下百姓：

> 故我之出而仕也，为天下，非为君也；为万民，非为一姓也。(《明夷待访录·原臣》)

他说，臣下做官的责任，是为天下万民去服务，而不是为君主一人服务；是为万民苍生工作，而不是为一家一姓工作。

这样，君臣之间的关系应当以"天下万民为事"，治理天下就像是共同劳动，搬运大木头，齐心合力，有人指挥，有人呼应，君与臣的关系，就是共同搬运木头的人。"夫治天下犹曳大木然，前者唱邪，后者唱许。君与臣，共曳木之人也。"(《明夷待访录·原臣》)

对于公与私，朱熹认为：

> 有公家之政，有私家之政。士君子修一家之政，非求富益之也，种德而已尔，积善而已尔。家政修明，内外无怨，上下无怨，子孙世昌，移之于官，则一官之政修，移之于国与天下，则国与天下之政理。呜呼，有官君子，其可不修一家之政乎？家政不修，其可语国与天下事乎？(《朱文公文集·家政》)

管理可以出于公心，也可以出于私利。君子进行管理，应当是为了体现道德善行，用这样的方式管理家族，大家就不会抱怨了。再以此推及地方和国家乃至整个社会，那么各种事情就都可以理顺了，由此可见家庭管理的重要性。

> 君子之泽，五世而斩；小人之泽，五世而斩。(《孟子·离娄下》)

在传统社会中，家族的存在对于个人的发展是会产生一定影响的，这种对于后代的恩惠和影响在春秋时被称为"泽"，孟子曾经说过：无论小人还是君子，祖上创下的事业，一般经过几代之后便消耗殆尽了。

> 左师公曰："今三世以前，至于赵之为赵，赵王之子孙侯，其继有在者乎？"曰："无有。"曰："微独赵，诸侯有在者乎？"曰："老妇不闻也。"曰："此其近者祸及身，岂人主之子孙则必不善哉？位尊而无功，奉厚而无劳，而挟重器多也。"（《战国策·触龙说赵太后》）

显赫家族对于后代是有社会影响力的，但这种影响力也是有限的，孟子总结说，无论他们是君子还是小人，其影响力最多也只能延续五世。

为什么家族的影响力是短暂的呢？战国时的赵国大臣触龙问："从现在算起往上推三代，一直到赵氏建立赵国的时候，赵王的子孙凡被封侯的，他们的继承人还有在侯位的吗？"赵太后回答："没有。"触龙又问："不仅是赵国没有，其他诸侯国子孙被封侯的，其继承人有在侯位的吗？"太后说："我没有听说过。"触龙说："这些被封侯的家族，近的灾祸及于自身，远的灾祸及其子孙。难道是国君的子孙就一定不好吗？根本的原因是他们的地位高贵却没有功，俸禄优厚却没有劳，而且拥有的贵重宝器太多了。"

这些显赫家族之所以没落，是因为他们的权力、财富和地位都不是经过自己的努力得来的，因此也是不道德的，因此也被称为"德不配位"。

《周易》中坤卦的卦辞说："积善之家，必有余庆；积不善之家，必有余殃。"(《周易·坤卦》)修善积德的家族,必然会有更多的吉庆和福报;而作恶坏德的家族,则必然会出现更多的灾祸。"门第高,可畏不可恃,一或失检,得罪重于他人。"(柳玭:《家训》)由此可见,家族的发展存在着消极与积极的两方面,如果一人得道,鸡犬升天,为家族谋利,这是不道德并且可耻的;如果是为了继承和发扬家族为民族和国家奉献和牺牲的精神,不断为社会和国家做出贡献,这就是光荣的。因此,不要轻易地否定家族发展的意义,而是要将其引导到为国家、民族及社会做贡献的有利方向,这个精神与传统的"内圣外王"思想也是一致的。

第二章

齐家思想在社会中的发展及影响

一、道、佛两家对齐家思想的贡献

1. 道家对齐家思想的贡献

道家同样关注春秋战国时期家族秩序和社会秩序的混乱，以及社会道德的重建。道家通过哲学的思辨，深刻地揭示了齐家道德实践的本质。老子认为对于孝道的强调，实际上表明已经普遍存在着不孝的行为。他按照道的本义，指出真实的孝道应当是一个无需强调的自然过程。老子说：

> 大道废，有仁义。智慧出，有大伪。六亲不和，有孝慈。国家昏乱，有忠臣。(《老子·第十八章》)

老子指出，正是因为人们背离了"道"，才开始用仁义去纠正错误；家族中已经出现了不和，才会出现对孝慈的强调；正因为国家已经动乱了，所以才强调忠臣的重要性。所以"礼"正是"忠信"已经崩溃的标志，是祸乱开始的表现。

> 故失道而后德，失德而后仁，失仁而后义，失义而后礼。夫礼者，忠信之薄，而乱之首。(《老子·第三十八章》)

但是，道家并没有否认齐家思想的基本价值，而是在道德实践上强调了"道法自然"，认为只有出于自然的行为，才能获得真正的德行。老子说：

修之身，其德乃真；修之家，其德有余；修之乡，其德乃长；修之于国，其德乃丰；修之于天下，其德乃普。故以身观身，以家观家，以乡观乡，以国观国，以天下观天下。吾何以知天下之然？以此。(《老子·第五十四章》)

值得注意的是，老子对"身、家、乡、国、天下"的叙述顺序与儒家"修、齐、治、平"的顺序几乎是一样的。老子认为，把这个道理付诸自身，其德行就会是真实纯正的；把这个道理付诸自家，其德行就会是丰盈有余的；把这个道理付诸自乡，其德行就会受到尊崇；把这个道理付诸自邦，其德行就会丰盛硕大；把这个道理付诸天下，其德行就会无限普及。所以，要以自身的修身之道来观察别身，以自家的治理之道观照别家，以自乡的治理之道观照别乡，以平天下之道观照天下。为什么我会知道天下的情况是这样呢？就是因为我用了以上的方法和道理。

道家之所以强调"自然"，是因为他们看到了儒家齐家思想中存在的道德困境。庄子指出：

孝子不谀其亲，忠臣不谄其君，臣子之盛也。亲之所言而然，所行而善，则世俗谓之不肖子；君之所言而然，所行而善，则世俗谓之不肖臣。而未知此其必然邪？世俗之所谓然而然之，所谓善而善之，则不谓之道谀之人也。然则俗故严于亲而尊于君邪？谓己道人，则勃然作色；谓己谀人，则怫然作色。……而今也以天下惑，予虽有祈向，不可得也。不亦悲乎！(《庄子·天地》)

人主莫不欲其臣之忠，而忠未必信，故伍员流于江，苌弘死于蜀，藏其血三年而化为碧。人亲莫不欲其子之孝，而孝未

必爱，故孝己忧而曾参悲。(《庄子·外物》)

庄子认为，真正忠孝的表现，应当是孝子不去奉承父母，忠臣不去谄媚君主。但是，怎样才能真正做到"不谀""不谄"呢？如果父与君所言正确，子臣按照他们的吩咐去做，则有可能被人们称为"谀谄"的"不肖子臣"。但什么是"谀谄"呢？难道世俗的判断就一定是对的吗？世俗的意见难道比自己的君父还值得尊敬吗？然而人们一旦被世俗指责为"谀谄"，他们的脸色马上就变了……可见这一道德困境由来已久，我虽然一直祈求答案但又不可得，实在是可悲呀！所以，真正忠诚的人未必能够得到君主信任，真正孝敬的人未必能够为父母所爱。

因此，道家的庄子认为，儒家提出的"忠孝"齐家道德实践是无法用固定的客观标准来衡量、判断的，所进行的考核也是难以实施的。说到底，正如老子指出的那样，忠孝实际上是现实社会的矛盾到了无法解决、无法调和的时候才被提出来的。庄子说：

> 且以巧斗力者，始乎阳，常卒乎阴，泰至则多奇巧；以礼饮酒者，始乎治，常卒乎乱，泰至则多奇乐。凡事亦然。始乎谅，常卒乎鄙；其作始也简，其将毕也必巨。(《庄子·人间世》)

那些以技巧角力的人，开始的行为还是很光明正大的，但往往到了后来就使用阴谋了，发展到极点时就诡计百出；以礼饮酒的人也是这样，开始的时候规规矩矩，但后来就沉醉昏乱，发展到极点就放荡不堪。任何事情都是这样，起初时可以彼此谅解，但最后就互相欺诈了；开始的时候很简单，到后来就变得艰巨复杂了。

因此，庄子认为真正符合"大道"的治世道德是无形的：

> 至德之世，不尚贤，不使能；上如标枝，民如野鹿；端正而不知以为义，相爱而不知以为仁，实而不知以为忠，当而不知以为信，蠢动而相使，不以为赐。是故行而无迹，事而无传。(《庄子·天地》)

在这种真正的大道大德的社会中，不崇尚贤能的人，也不任用有才之士；君主只是象征性的标志，百姓如同野鹿一样顺乎自然。行为端正却不知道这就是义，互相爱护而不知道这就是仁，做事诚实却不知道这就是忠，举止得当却不知道这就是信，人们出于本能而互相帮助，而不认为这是恩赐。因此这样的行为没有留下遗迹，事情也没有通过文字流传下来。

早期道家的老、庄虽然没有对齐家思想提出具体的方法和措施，但是产生了深远的历史影响。

春秋战国之后，秦王朝统一了国家，"书同文，车同轨"，同时统一了法度。但也出现了错误偏失，"以法为教""以吏为师"，去除了社会道德体系，这样的做法显然是有悖常理的。因此《史记》指出：

> 法家不别亲疏，不殊贵贱，一断于法，则亲亲尊尊之恩绝矣。可以行一时之计，而不可长用也，故曰"严而少恩"。(《史记·论六家要旨》)

法家不分辨关系的亲疏，不区分地位的尊卑，一切用法律来判断，这样亲属、尊长之间的道德亲情关系就断绝了。这或许可以作为一时的措施来实行，但不能作为管理国家的长久方针，因为它可以说是过于严厉而缺乏人性的。

《淮南子》也指出：

无法不可以为治也；不知礼义，不可以行法。法能杀不孝者，而不能使人为孔、曾之行；法能刑窃盗者，而不能使人为伯夷之廉。(《淮南子·泰族训》)

法治不是万能的，虽然治理国家不能没有法，但是缺乏礼义道德就不能有效地实行法治。法可以杀掉不孝之徒，但不能使人拥有孔子、曾子那样高尚的言行；法能够惩罚盗贼，但不能使人获得伯夷、叔齐那样廉正的品行。

这样，秦王朝被推翻后，道德重建就成为汉代的重要历史任务，在《孝经》的齐家传统以及董仲舒（前179~前104）的思想体系下，逐步形成了"以孝治天下"的国家政策。

其为人也孝弟，而好犯上者，鲜矣。(《论语·学而》)
事亲孝，故忠可遗（移）于君，是以求忠臣必于孝子之门。(《七纬》卷三十七)

"以孝治国"的理论基础来源于孔子的思想，孔子认为一个人在家里如果能够孝顺父母，同时与兄弟们的关系和顺，那么这个人到了社会上也不会是一个"犯上作乱"的人，因为他能够将对父母的孝心转移到君主身上。这个基本观点就成为治理国家的重要理论根据。

由此便影响了汉代的政治，产生了从孝子之中选拔忠臣的制度。在汉代，以"以孝治国"为基础的社会管理体系已正式形成：（1）确认"孝"是一切道德的出发点，"夫孝，德之本也"(《孝经·开宗明义章》)；（2）从"移孝为忠"进而"忠孝一体"，说明孝与忠本质一致，仅仅是对象不同而已，用侍奉父亲的方式去侍奉君主就是忠,"资于事父以事君而敬同"(《孝经·士章》),"以孝事君则忠"(《孝经·士章》);(3)将孝纳入教化及选拔官员的活动中,"圣人因严以教敬,因亲以教爱"(《孝经·圣治章》),使"圣人之教,不肃而成,其政不严而治"(《孝经·圣治章》)。

《吕氏春秋》对于"以孝治国"的指导思想也有详细的阐述:

> 凡为天下,治国家,必务本而后末。所谓本者,非耕耘种植之谓,务其人也。务其人,非贫而富之,寡而众之,务其本也。务本莫贵于孝。(《吕氏春秋·孝行览》)

书中指出,治国必须治本。治本并不是仅仅指农业的耕作,治本就是以人为本。所谓以人为本,也不仅仅是对贫穷的人进行资助,对寡弱的人进行扶持。所谓本,就是孝。

这时"孝"的概念被提到国家意识形态的地位,通过"孝"实现了天、地、人的一致性。天上不能有两个太阳,一国不能同时有两个君主,一个家庭也不能同时有两个家长,至尊的地位是不能够两者共享的。"天无二日,土无二王,家无二主,尊无二上。"(《礼记·曾子问》)

> 高祖五日一朝太公,如家人父子礼。太公家令说太公曰:"天无二日,土无二王。今高祖虽子,人主也;太公虽父,人臣也。奈何令人主拜人臣!如此,则威重不行。"后高祖朝,太公拥篲,迎门却行。高祖大惊,下扶太公。太公曰:"帝,人主也,奈何以我乱天下法!"于是高祖乃尊太公为太上皇。(《史记·高祖本纪》)

史书记载,刘邦灭楚称帝后,原本是五天朝见父亲太公一次,如同平常人家父子间的礼节。但是管家告诉太公：天无二日，土无二王，太公虽贵为皇帝之父，实为人臣，是不能让皇帝施行拜见礼的。刘邦再来拜见时，太公拿着扫帚在门口恭敬相迎，刘邦大惊，知道原因后便干脆尊太公为太上皇，以便合法地继续行跪拜礼。

《孝经》对于孝的理论地位给予了很高的评价，文中记载曾子听了孔子关于孝道的道理后的赞美：

> 曾子曰："甚哉！孝之大也。"子曰："夫孝，天之经也，地之义也，民之行也。天地之经，而民是则之，则天之明，因地之利，以顺天下。是以其教不肃而成，其政不严而治。先王见教之可以化民也，是故先之以博爱，而民莫遗其亲。陈之以德义，而民兴行。先之以敬让，而民不争。道之以礼乐，而民和睦。示之以好恶，而民和禁。"（《孝经·三才章》）

曾子惊叹地说："太伟大了！孝道是多么博大高深呀！"孔子又进一步阐述说："孝道是取法于天地的，犹如天上日月星辰的运行，地上万物的自然生长，天经地义，乃是人类最为根本首要的品行。天地有其自然法则，人类从法则中领悟到孝道而遵循它，效法上天的永恒不变规律，利用大地自然四季中的优势，顺乎自然规律对天下民众施以政教。因此这样的教化无须严肃施为就可成功，这样的政治无须严厉推行就能得以治理。从前的贤明君主看到通过教育可以感化民众，所以他首先表现出博爱，人民因此没有敢遗弃父母双亲的；他向人民陈述道德、礼义，人民就会拥护遵行；他又率先以恭敬和谦让垂范于人民，于是人民就不会争斗；用礼仪和音乐引导人民，人民就和睦相处；告诉人民美与丑的区别，人民就理解禁令而不犯法了。"

《吕氏春秋》指出：

> 人主孝，则名章荣，下服听，天下誉；人臣孝，则事君忠，处官廉，临难死；士民孝，则耕芸疾，守战固，不罢北。夫孝，三皇五帝之本务，而万事之纪也。夫执一术而百善至，百邪去，天下从者，其惟孝也！（《吕氏春秋·孝行览》）

君主遵循了孝，做事就有了根据，天下人都会赞扬他、信服他；臣下遵循了孝，就会对君主尽忠，做官就会廉洁，遇到危难时就会献身；士与庶人遵循了孝，就会努力耕作，在战争中能够奋勇作战。所以孝是万事万物的根本和关键，紧紧抓住孝道，就可以去除邪恶，引导人们向善，统一天下民众的意志，这就是孝的作用呀！

在汉代官职中的乡官中设有"孝悌"一职，以此鼓励有品行的人。"孝悌，天下之大顺也；力田，为生之本也；三老，众民之师也；廉吏，民之表也。朕甚嘉此二三大夫之行。"（《汉书·文帝纪》卷四）"三老，尊年也。孝悌，淑行也。力田，勤劳也。"（《后汉书·肃宗孝章帝纪》卷三）根据孝行来选拔官员的制度称为"举孝廉"。"元光元年冬十一月，初令郡国举孝廉各一人。"（《汉书·武帝纪》卷六）所谓孝廉，颜师古注为："孝谓善事父母者，廉谓清洁有廉隅者。""廉隅"本义指棱角，引申为人的品行端正，即所谓"砥砺廉隅"。皇帝作为万人之上的君主，也要成为孝的楷模，所以汉代皇帝谥号前也多冠以"孝"字。"孝子善述父之志，故汉家之谥，自惠帝已下皆称孝也。"（《汉书·惠帝纪》卷二）

《周易》的观点认为：

> 有天地，然后有万物；有万物，然后有男女；有男女，然后有夫妇；有夫妇，然后有父子；有父子，然后有君臣；有君臣，然后有上下；有上下，然后礼仪有所错。（《周易·序卦》）

天地间阴阳二气交合才能化生万物，有万物才能产生男女、夫妇、父子、君臣、上下、礼仪，万物离开天地就无法生存，天地是产生万物的根源，自然、社会及人类都是完全一体的。

董仲舒根据阴阳的学说，对孝道的基本道德标准做了规定，即所谓"三纲六纪"。"三纲"是指"君为臣纲，父为子纲，夫为妻纲"，君是臣的表率，父为子的表率，夫是妻的表率。"六纪"是指"诸父、兄弟、族人、诸舅、师长、朋友"。规定的标准是："敬诸父兄，六纪道行，诸舅有义，族人有序，昆弟有亲，师长有尊，朋友有旧。"（《白虎通义·三纲六纪》）这样，以孝为核心的道德意识形态体系便在汉代建立起来了。

汉代以孝治天下，并且建立了"举孝廉"的制度。这个道德体系的本意是很好的，试图通过孝行来考察人的品德，如果一个人能够真诚地孝顺父母，那么他应当是识大体并且易于相处的，这些品质也是做一名好官员的重要道德条件，将其纳入官员选拔体系中，在当时也不失为一种简明直接、节省成本的考察手段。但是，这个庞大完整的道德体系建立之后很快就出问题了，在实施过程中出现了许多弊端。一个人体现孝行，首先应当是与父母在一起居住，汉律有"不为亲行三年，服不得选举"（《汉书·扬雄传》），在尽孝道的过程中，为人子女者对父母"居""养""病"的照顾都很难进行明确的考察，况且"久病床前无孝子"，因此"丧""祭"就成了相对可以观察到的事迹了。这样，就出现了利用"丧""祭"来作假的事情，使得孝道的本质发生变化，在道德实践中走向虚伪的形式主义。

尽孝必须要以父母的存在，并且在父母身边生活作为条件，而这个条件并非是每个人都具备的。刘向在《说苑》中讲了一个"负米养亲"的故事，这也是"二十四孝"中的一例。故事说，子路早年家境贫困,常年只能吃到野菜、白薯之类的食物,子路为了让父母能够吃到大米,就到百里之外将米背回来。后来,子路做了大官,飞黄腾达了,拥有许多车子、粮食和酒肉。子路在一次宴席上遗憾地说,我想再为自己的亲人去百里外背米已经是不可能了。子路的事例使刘项生出感慨,他说父母亲的寿命是很短暂的,就像是霜露对草木的作用一样,仅是一时的;贤良的人想要对父母尽孝,而父母却可能等不到他尽孝的这一天了。"二亲之寿,忽如过隙!草木欲长,霜露不使,贤者欲养,二亲不待!"(《说苑·建本》卷三)

《韩诗外传》中也讲了一个故事:

> 孔子行,闻哭声甚悲。孔子曰:"驱驱!前有贤者。"至则皋鱼也。被褐拥镰,哭于道旁。孔子辟车与之言,曰:"子非有丧,何哭之悲也?"皋鱼曰:"吾失之三矣。少而学,游诸侯。以后吾亲,失之一也。高尚吾志,间吾事君,失之二也。与友厚而小绝之,失之三矣。树欲静而风不止,子欲养而亲不待也。往而不可得见者亲也。吾请从此辞矣。"立槁而死。孔子曰:"弟子诫之,足以识矣。"于是门人辞归而养亲者十有三人。(《韩诗外传》卷九)

孔子与弟子们在路上遇到了一个叫皋鱼的人,他哭得非常悲伤,孔子问他为什么这样,皋鱼痛苦地回答:"我犯了三个不可挽回的错误:一是年轻的时候游学各国,回来时父母已经不在了;二是为了实现自己的志向,去侍奉国君,反而忽视了自己的父母;三是只重视与朋友的交情而疏远了父母。世间许多事情是不能随意的,就像树想要安静但是风吹不止,子女想要尽孝而父母已经不在了。"说完后竟然极度伤心而死。孔子令弟子们以此为戒,当下就有三成的弟子请假回家看望父母去了。

汉代以孝行来考察并选拔官员，但是如果父母早逝，岂不是被剥夺了进入仕途的机会？一个人如果不能从父事君，又如何尽忠孝之道呢？这必然会成为一个现实难题，因此也开始有了作假、作秀的行为。史书上记载了东汉一名叫丁兰的人，他自幼丧失父母，为了表现"尽孝"，他便雕刻了木人作为父母来侍奉，这就是"二十四孝"中"刻木事亲"故事的原型。后人又增添了情节，说木人因丁兰的妻子不敬而刺指出血，见丁兰后眼中垂泪，使得丁兰休弃妻子。从这个事例中可以看出，丁兰可能是首创此举的人，由于父母早逝，"子欲养而亲不待"，便刻了一个木人以表达自己对父母思念、孝顺的心情，应当是真诚的而且是无可厚非的，但是以后的模仿者便明显有了沽名钓誉的作秀之嫌。明代的沈德符（1578~1642）就指出，丁兰刻木是出于内心的真情实感，绝对不是后人能够效仿的事情。"丁兰刻木，亦一时感发，非后人所宜效颦。"（沈德符：《万历野获编·王上舍刻木》卷二十六）

> 民有赵宣葬亲而不闭埏隧，因居其中，行服二十余年，乡邑称孝，州郡数礼请之。郡内以荐蕃，蕃与相见，问其妻子，而宣五子皆服中所生。蕃大怒……遂致其罪。（《后汉书·陈王列传》卷六十六）

史书上记载说袁绍的父母死时他尚小，三年居丧不算数，便又补上三年。另一位叫赵宣的人为了得到孝道之名，居住在墓道中为父母居丧达二十多年，屡次被请做官而不就，成为名动一时的大孝子，但事后发现他在墓道中生养了五个孩子。

这时，道家的自然观便成为齐家思想的一个重要补充。早在西汉时，《淮南子》一书就坚持了老子的思想，认为崇尚自然无为才是治理国家的根本。

> 古者上求薄而民用给,君施其德,臣尽其忠,父行其慈,子竭其孝,各致其爱而无憾恨其间。夫三年之丧,非强而致之,听乐不乐,食旨不甘,思慕之心,未能绝也。晚世风流俗败,嗜欲多,礼义废,君臣相欺,父子相疑,怨尤充胸,思心尽亡,被衰戴绖,戏笑其中,虽致之三年,失丧之本也。(《淮南子·本经训》)

在上古时代,上层的要求微薄而人民相对自足,君主以德行治理,臣下自然尽忠,父慈子孝,大家都奉献自己的爱心,彼此之间没有什么怨恨。守孝三年不是强加于人的形式,而是出于真挚的感情,无论美妙的音乐还是美味的食物都无法消除对亲人的哀思。然而现在的情况就完全不同了,自然美好的风俗已经败坏了,人们的嗜欲增多,君臣父子之间相互欺骗猜疑,彼此充满了怨恨。虽然仍守孝三年,却嬉戏其中,根本的东西(纯真)已经没有了。因此,人们应当回归本真和自然,虽然它不一定有着忠孝之名,但是却可以保存忠孝的根本。

东汉的王充(27~97?)在《论衡》中也揭露了那些作秀、作假的人:

> 邪伪之人,治身以巧俗,修诈以偶众。犹漆盘盂之工,穿墙不见;弄丸剑之倡,手指不知也。世不见短,故共称之;将不闻恶,故显用之。夫如是,世俗之所谓贤洁者,未必非恶;所谓邪污者,未必非善也。……众好纯誉之人,非真贤也。公侯已下,玉石杂糅。贤士之行,善恶相苞。(《论衡·累害》)

阴险虚伪的人,经常以良好的表象去迎合世俗,玩弄虚假的手段去讨好公众。他们就像是一些做漆器的人，将破损的地方掩盖起来，让人们看不见；也像一些耍杂技的人，使用一些机巧来掩人耳目。公众看不到这些人的阴险虚伪，便一齐去赞美他；由于没有人听说他们有什么劣迹，他们也就得到重用了。因此，公众认为是贤良廉洁的人，未必是好人；被大家称为有污点而非议的人，也不一定是坏人。……大家所公认并赞誉的人，不一定是真正的贤人。如今公侯的人品已经下降了，好坏掺杂，读书人的行为也是善恶兼有。

> 今操与古殊，朝行与家别。考乡里之迹，证朝廷之行，察共亲之节，明事君之操，外内不相称，名实不相副，际会发见、奸为觉露也。（《论衡·答佞》）

王充认为，只能通过加强考察来防止人们弄虚作假。他们现在的操行与过去的操行是否一致，在朝廷、家中和在乡里的表现以及赡养父母时的表现是否一致。如果内外不相称，名声与实际不相符，那么他们的伪装就会暴露。

但是，问题在于这种考察是否有效可行呢？对于人的道德行为是很难建立起一套明确的判断标准的，在现实生活中也往往会有这样的情况：一些子女可能对老人的态度不好，但是所有应当照顾老人的具体事务都完成了；一些子女可能对老人表面上的态度很好，但是什么具体的事务都不做——这两种做法哪种更值得肯定呢？

东汉的另一个学者王符（85？～163？）也揭露了当时在实施孝道方面表现出来的不良风气。

> 尽孝悌于父母，正操行于闺门，所以为烈士也。今多务交游以结党助，偷世窃名，以取济渡，夸末之徒，从而尚之，此逼贞士之节，而眩世俗之心者也。养生顺志，所以为孝也。今

> 多违志俭养，约生以待终，终没之后，乃崇饬丧纪以言孝，盛飨宾旅以求名，诬善之徒，从而称之，此乱孝悌之真行，而误后生之痛者也。忠正以事君，信法以理下，所以居官也。今多奸谀以取媚，挠法以便佞，苟得之徒，从而贤之，此灭贞良之行，而开乱危之原者也。（王符：《潜夫论·务本》）

王符指出，许多人不是真正地实行忠孝道德，而是利用忠孝作为获取名利的工具和手段，他们在父母生时花钱很吝啬，在父母死后却花钱大造声势，目的是为了换取别人的颂扬。在君主面前阿谀奉承、投机取巧，以此获得君主的信任，这些做法已经完全背离了忠孝的本质，这就是社会混乱的开始。

由此可见，齐家的道德品行是不可能用固定的行为标准来进行定性定量裁决的；如果有了这样的标准，必定会被人为地利用从而变质走向形式，导致虚假和欺骗，最终失去其原有的本质要求。这正如庄子说的："为之仁义以矫之，则并与仁义而窃之。"（《庄子·外篇·胠箧》）给天下人制定仁义来规范人们的道德和行为，那么就连同仁义一道盗窃走了。

> 名与利，相违者也；实与名，未相违而始相合也。举世鹜于名，而忠孝之诚薄；举世趋于利以舍名，而君臣父子之秩叙，遂永绝于人心。（王夫之：《读通鉴论》卷九）

开始的时候名与利是不一致的（有名不一定有利），名与实大体也是相符合的，但是到了后来就分离了。大家都开始争名，孝道品德的实质就丧失了；最后大家连名声都不要了，都直接去争利，道德也就崩溃了。

即使一个人在某个时期的道德品行被大家所肯定，口碑很好而且名实相符，也不能够保证此人今后就一定可以继续保持高尚的道德品行。白居易在《放言》诗中说："周公恐惧流言日，王莽谦恭未篡时。向使当初身便死，一生真伪复谁知？"说的就是这种情况，因此便有了"盖棺定论"的成语，即一个人的道德品质不到生命的最后一刻，是不能下定论的。到了汉末，"孝行"的道德实践体系逐渐失去了原意，变得越来越形式化，沦落为追逐名利的工具与手段。"孝治"在道德实践中最终失去了其生活现实性，也随之失去了人文精神的内涵，最终也堵死了人们通过"孝行"进入社会上层的途径。汉代儒学走到这个地步，完全不是当初儒学家们的初衷，所以不能不说是儒学的一种悲哀。

汉末魏晋时的玄学思潮便在这种背景下产生了，道家对于齐家思想的贡献，在于通过自然之道将儒家道德实践从形式主义的束缚中解脱出来，恢复其自然真实的本性和价值，回归人性本然的状态。这时老、庄关于"道法自然"的学说也再次引起了人们的重视，同时也在历史上产生了深远的影响。魏晋玄学以道家思想去反思"情"（人性）的合理性，颠覆了汉代主流道德的传统，提出了"情"就是"自然"，"自然"才是道德实践价值的根本。魏晋玄学的先驱王弼（226~249）提出，道的本质不违背自然。"道不违自然，乃得其性。"（王弼：《老子注·二十五章》）他将道家老子自然无为及圣人治道的思想结合起来，认为圣人是以自然本性作为出发点的，因此他能够顺通万物的道理，能够在治理中做到无所不为，不是强迫而是顺其规律。"圣人达自然之性，畅万物之情，故因而不为，顺而不施。"（王弼：《老子注·二十九章》）王弼指出，形式主义的虚伪既违背了自然，也造成了社会混乱。他说："夫仁义发于内，为之犹伪，况务外饰而可久乎。故夫礼者，忠信之薄而乱之首也。"（王弼：《老子注·三十八章》）在实践仁义道德时违背了"自然"的原则，使之变成了外在的、人为的东西，这样做是不会长久的。这种外在、人为的道德礼治被强调时，说明人们之间已经失去了本质自然的相互信任，社会秩序也由此开始混乱了。

如果违背自然人性去实现道德要求，那么这种道德就不是真正的道德。另一位思想家向秀（227？～272）指出：

> 夫人含五行而生，口思五味，目思五色，感而思室，饥而求食，自然之理也。但当节之以礼耳。今五色虽陈，目不敢视，五味虽存，口不得尝，以言争而获胜则可，焉有勺药为茶蓼，西施为嫫母，忽而不欲哉？苟心识可欲而不得，从性气困于防闲，情志郁而不通，而言养之以和，未之闻也。（《嵇中散集·黄门郎向子期难养生论》卷四）

他认为，人是自然五行（金、木、水、火、土）的组合，所以人的口喜欢自然五味（酸、甜、苦、辣、咸），人的眼睛也喜欢自然五色（青、白、赤、黑、黄），从而产生了食欲乃至性欲，这就是自然之理。对于人的欲望应当用道德礼仪进行节制，但是如果美丽鲜艳的东西放在那里眼睛却不敢看，美味可口的食品摆在面前却不敢品尝；对此或许可以说些空话去压倒别人，但是在现实中，难道真的可以视鲜花为杂草，视美女如丑妇，心中的欲望全然没有了吗？如果心里有欲望而不能实现，为了约束自己从而压抑人性，硬说这样做可以实现道德和谐，这是行不通的。

魏晋时期名士表现出来的道德实践，确实显示出人性自然的特点，同时也不失儒家思想所要求的道德本义，这些实践行为在历史上就被称为"放达"。

> 籍虽不拘礼教，然发言玄远，口不臧否人物。性至孝，母终，正与人围棋，对者求止，籍留与决赌。既而饮酒二斗，举

声一号,吐血数升。及将葬,食一蒸肫,饮二斗酒,然后临诀,直言穷矣,举声一号,因又吐血数升,毁瘠骨立,殆致灭性。(《晋书·阮籍传》卷四十九)

史书上说,名士阮籍(210~263)不拘泥于礼教的表面形式,但是他的见解却很深刻,也从不去议论别人的长短。阮籍是一位孝子,母亲去世时他正在下棋,对弈的人听说他母亲去世了,要求停止这盘棋,但是阮籍不肯,继续下棋。棋下完了便饮酒二斗,放声大哭并且吐血数升。到了安葬的时候,他将祭祀的蒸肉吃了,又喝了二斗酒。最后下葬时,阮籍将心里的话说完了,便又放声大哭,结果又吐血数升。这时他由于居丧过哀而极度瘦弱,快性命不保了。

阮籍孝尽其亲,忠不忘君,明不遗身,智不预事,愚不乱治,自庄周已来,命世大贤,其惟阮先生乎!(马总:《意林·梅子》卷五)

从形式上看,阮籍的行为是不孝的,母亲去世时竟然还在下棋,安葬过程中又是喝酒又是吃肉,然而他却两次"举声一号,吐血数升"。这是孝还是不孝呢?后人还是肯定了他,认为阮籍的行为是出于自然真情的"至孝",他忠心耿耿从不背弃君主,明白事理而不逃避责任,聪明但不干扰事务,大智若愚而不随意乱来,如果说当代还有像庄子这样的贤人,那么除了阮先生之外就不会是别人了。

道家对于齐家思想的纠正,既有理论上的贡献,也有追求真实价值的实践行为,体现了齐家思想既要符合自然人性,同时又不违背儒家礼教的基本原则。公元334年晋成帝死,尚书殷融劝告新登基的皇帝晋康帝：

"臣以为名教兴于义厚，忠孝发于自然，不严而着，不肃而成者也。"晋康帝便下诏曰："孝慈起于自然，忠厚发于天成。"（《文献通考》卷一百二十一）

他说："臣下认为，儒家道德来源于宽厚，忠孝起源于自然，所以不需要采取严厉措施就能被大家接受，也不需要法令就能为大家所奉行。"随后晋康帝便下诏说："孝慈起自于自然，忠诚厚道来自于人性。"

道家对于齐家思想的贡献也影响了宋明理学的建立，宋明理学吸收了道家的思想，将"本于自然"的"道"简化为"理"，其基本的观点也体现在齐家尽孝的事情上。朱熹（1130～1200）说：

如未有此物，而此理已具；到有此物，亦只是这个道理。涂辙，是车行处。且如未有涂辙，而车行必有涂辙之理。（《朱子语类》卷九十五）

忠孝的道德实践不能仅仅看它们的形式，还要看它合理不合理。就算一个人从小失去了父母，也没有任何侍奉君主的机会，但是忠孝这一基本的道理仍然普遍存在于长幼尊卑之中。忠孝的理在天地之间早已经存在了，就像道路上的车辙一样，即使车辙还没有出现，但是车辙的理早已存在。

道者，古今共由之理，如父之慈，子之孝，君仁，臣忠，是一个公共底道理。德，便是得此道于身，则为君必仁，为臣必忠之类……自天地以先，羲黄以降，都即是这一个道理，亘

古今未常有异，只是代代有一个人出来做主。(《朱子语类》卷十三)

礼，即理也。不是天理，便是人欲。(《朱子语类》卷四十一)

宋明理学认为，万事万物中都有理，但是在各种理中，又存在着根本的理。如君仁臣忠、父慈子孝就是根本的理，所谓"德"就是得到这个理并用它来指导行为。表现为君臣父子、长幼尊卑伦理关系的"礼"也是根本的"理"；在这个根本上，不是遵循天理去节制自己，就是放纵人的欲望导致社会混乱。

宋明后来出现的心学在反对形式主义上又更进了一步，他们认为程朱理学所说的"理"仍然是外在的东西，既然是外在的东西就有走向形式主义的可能性，真正出于自然而不受形式主义影响的只有发自内心的东西。因此只有人心是最真实的，齐家的忠孝仁义思想来自人的本心，而这个本心是什么呢？就是"良知"。

> 孟氏"尧、舜之道，孝弟而已"者，是就人之良知发见得最真切笃厚、不容蔽昧处提省人，使人于事君处友仁民爱物，与凡动静语默间，皆只是致他那一念事亲从兄真诚恻怛的良知，即自然无不是道。盖天下之事虽千变万化，至于不可穷诘，而但惟致此事亲从兄、一念真诚恻怛之良知以应之，则更无有遗缺渗漏者，正谓其只有此一个良知故也。(王阳明:《传习录》卷中)
>
> 知是心之本体，心自然会知：见父自然知孝，见兄自然知弟，见孺子入井自然知恻隐，此便是良知不假外求。若良知之发。(王阳明:《传习录》卷上)

王阳明（1472～1529）认为，"良知"就是人心中最真切的、不受蒙蔽的真实感情，对父母兄弟发自内心的爱，就是"良知"，人就是因为有了这个"良知"，看到孩子快掉到井里时，便会不由自主地拉他一把。可见"良知"是不受外在形式规定的，是完全发自内心的。

王阳明认为良知是人人具有的。"夫良知即是道，良知之在人心，不但圣贤，虽常人亦无不如此。"（《王文成公全书·答陆原静书》）"自己良知原与圣人一般，若体认得自己良知明白，即圣人气象不在圣人而在我矣。"（《王文成公全书·启问道通书》）"人皆可以为尧、舜"（王阳明：《传习录》卷上），"满街人都是圣人"（王阳明：《传习录》卷下），"人胸中各有个圣人"（王阳明：《传习录》卷下），"良知之在人心，无间于圣愚，天下古今之所同也"（王阳明：《传习录》卷下），"个个人心有仲尼"（《王文成公全书·咏良知四首示诸生》）。

王阳明曾经对一个名叫杨茂的聋哑人说：

> 你如今于父母，但尽你心的孝；于兄长，但尽你心的敬；于乡党、邻里、宗族、亲戚，但尽你心的谦和恭顺。见人怠慢，不要嗔怪；见人财利，不要贪图。但在里面行你那是的心，莫行你那非的心，纵使外面人说你是，也不须听；说你不是，也不须听。……你口不能言是非，省了多少闲是非；你耳不能听是非，省了多少闲是非。凡说是非，便生是非，生烦恼；听是非，便添是非，添烦恼。……我如今教你，但终日行你的心，不消口里说；但终日听你的心，不消耳里听。（《王阳明全集·谕泰和杨茂》）

王阳明认为，作为一个聋哑人，口不能言，耳不能听，不受语言形式的支配，只用心来体验和行动，发挥的正是"良知"的特点。如果失去了良知，人心就容易被"傲"和"我"（指扩大的、无视他人的自我）所蒙蔽，种种恶行便由此产生。

> 先生曰："人生大病，只是一'傲'字。为子而傲必不孝，为臣而傲必不忠，为父而傲必不慈，为友而傲必不信。故象与丹朱俱不肖，亦只一'傲'字，便结果了此生。诸君常要体此。人心本是天然之理，精精明明，无纤介染着，只是一'无我'而已。胸中切不可'有'，'有'即傲也。古先圣人许多好处，也只是'无我'而已，'无我'自能谦，谦者众善之基，傲者众恶之魁。"（王阳明：《传习录》卷下）

值得注意的是，自宋代灭亡之后，尤其到了明、清时期，孝道的积极内涵又再次遭到扭曲，齐家思想中的一些因素也被统治集团利用，演变为新的形式主义，例如原来"父慈子孝"的双向互动演变为对上的"愚孝""愚忠"，原来的"节制"行为演变为对妇女的束缚、歧视和压制，从而使家庭关系由原来本于自然的互相关爱、和谐相处的血缘亲情嬗变为阴森压抑、封闭保守的对立关系，因此就不可能不失去其应有的生机与活力。应当扬弃历史上一些统治者强加在齐家孝道思想中的负面因素，继承弘扬其真正合理的内核，去构建现代社会的和谐家庭与和谐社会。

道家以自然为本的思想，为道德建设提供了深刻的启示，对于现代社会家庭伦理的宣传和建设具有重要意义。例如对于道德的宣传和建设，应当考虑具体部门及具体地方的情况和特点，因地制宜，根据具体的文化、经济、民情条件进行有效的管理，不可东施效颦，将不适合本部门、本地区的经验方法强行贯彻，其结果很可能会走向形式主义，最终事与愿违。

2. 佛家对齐家思想的贡献

在佛教传入中国的早期历史中，佛、儒之间的冲突直接表现在是否奉行忠孝齐家的礼仪上。东汉三国时期的牟子著有《理惑篇》，其宗旨在于调和佛与儒、道之间的关系。其中记载了当时佛教与儒家冲突的事实。

> 《孝经》言："身体发肤，受之父母，不敢毁伤。"……今沙门剃头，何其违圣人之语，不合孝子之道也！（《弘明集·牟子理惑篇》卷一）

儒家认为《孝经》中明确了人身体上的头发和皮肤都来自于父母，是不能破坏的……但是佛教的僧人出家要剃发，这就违背了圣人的教导，因此是不符合孝道的。当然，佛教界也不断进行辩解，说明在忠孝齐家问题上佛教与儒家是一致的。佛教还从吉凶报应的宗教角度发展了忠孝观："佛与周孔，但共明忠孝信顺，从之者吉，背之者凶。"（《弘明集·正诬论》卷一）

后来，唐代的居士李师政也发挥了这一观点：

> 佛之为教也，劝臣以忠，劝子以孝，劝国以治，劝家以和。弘善示天堂之乐，惩非显地狱之苦。（《广弘明集·辩惑篇》卷十四）

说明佛教不仅不违背忠孝齐家思想，而且是有助于臣下尽忠、子女尽孝的，目的是为了国治家和，并且以天堂的快乐弘扬善行，以地狱的苦难来惩罚恶行。

当时对佛教的批评，除了指责其剃发不合孝道之外，还认为佛教僧人不娶妻子、断绝子孙是极其不孝的行为。另外佛教僧人不行跪拜之礼，穿戴也不合礼制。儒家认为孔子不谈鬼神、生死之事，而佛教违背圣人教诲，以鬼神、生死的事情扰乱心志。

> 夫福莫愈于继嗣，不孝莫过于无后，沙门弃妻子，捐财货，或终身不娶，何其违福孝之行也？（《弘明集·牟子理惑篇》卷一）

佛教也受到了道教的批评，道教的立场和出发点与儒家一致，同样认为佛教是违背孝道的。批评最为激烈的是当时道教界人士假托道士张融之名提出的《三破论》，认为佛教"入国破国，入家破家，入身破身"（《弘明集·三破论》卷八），是灭绝国法和家法的诳言。南北朝道士顾欢指责佛教既抛弃了妻子儿女，也废弃了宗法祭祀。"下弃妻孥，上废宗祀。"（《南齐书·列传》卷五十四）

佛学的核心是人生皆苦，认为所有人无论贵贱贫富都处于生死轮回的无限痛苦中。因此，佛教的宗旨是追求解脱，帮助众生超越现实世界的痛苦，进入涅槃寂静的极乐世界。佛教发展到大乘阶段时，由单纯地追求个人解脱扩大至追求众生解脱（普度众生）。在追求解脱的道路上，要求僧人必须舍家弃国、剃发出家，以表示与世情断绝。从理论上说，佛教僧人作为出世修行者，既然已经断绝世俗之情，就可以不依世俗之礼。因此早期的佛教僧人不跪拜帝王，只是双手合十表示敬意。《梵网经》云："出家人法：不向国王礼拜，不向父母礼拜，六亲不敬，鬼神不礼。"《大般涅槃经》云："出家人不应礼敬在家人也。"在魏之际，佛教在君臣礼仪上的争论还不是很突出，到了晋代时问题就突出了，因为晋代统治者也遵循汉代以孝治天下的政策。依据传统纲常伦纪和君权至尊的观念,出家僧人同样是"率土之滨"的臣民,理应向皇帝行跪拜之礼。这样,儒、佛之间的矛盾就集中在沙门(僧人)敬不敬王者的争论上了,其实质就是遵守不遵守儒家道德礼仪的问题。

东晋咸康六年(340),车骑将军庾冰(296~344)辅政,他为晋成帝作诏书,认为名教不可弃,礼典不可违,佛教不应违背礼教,命令僧人(沙门)见皇帝时应行跪拜礼。"因父子之敬,建君臣之序……名教有由来,百代所不废。"(《弘明集》卷十二)"礼重矣,敬大矣,为治之纲尽于此矣……王教不得不一,二之则乱。斯昔圣所以宪章,体国所宜不惑也。"(《弘明集》卷十二)庾冰认为僧人(沙门)不拜敬王者,破坏了礼制的尊严与统一,会导致尊卑不分、君臣失序,从而动摇儒教的尊贵地位,并进一步动摇君主权威本身。"弃礼于一朝,废教于当世……假服饰以凌度,抗殊俗之傲礼,直形骸于万乘,又是吾所弗取也。诸君并国器也……论治则当重国典。"(《弘明集》卷十二)。

东晋元兴元年(402),桓玄(369~404)总理国家政事之后,再次提出沙门不敬王者的旧事,他认为君主的作用在于"资生通运",功比天地,僧人(沙门)也是王者的臣民,不可忘恩于天子,应守国制,应当遵守敬王之礼。他指出佛教的作用再大,也不能超越王者,"君道兼师,而师不兼君","既不能忘身于彼,何为勿仪于此?"(《弘明集》卷十二)因此,僧人(沙门)敬佛祖是出于情敬,而礼敬王者更是天经地义的事情。

桓玄将他的主张以书信的形式去征求慧远(334~416)的意见,慧远则以佛教界权威的身份回答了桓玄,并且写作了著名的《沙门不敬王者论》,正式回答了佛教与忠孝礼仪之间的关系。慧远在文中指出:

> 佛经所明，凡有二科：一者处俗弘教，二者出家修道。处俗则奉上之礼、尊亲之敬、忠孝之义表于经文，在三之训彰于圣典，斯与王制同命，有若符契。(《弘明集》卷十二)
>
> 佛有自然神妙之法……或为灵仙转轮圣帝，或为卿相国师道士。(《弘明集》卷五)

慧远认为，佛教信徒分为在家和出家两种。在家是因为前世俗缘未尽，所以必须遵循世俗的忠孝礼仪，不能身受世俗的恩惠而不去尽世俗之礼敬，"受其德而遗其礼，沾其惠而废其敬"；而出家人是"方外之宾"，不能用俗礼勉强他们。从根本上说，佛教与儒家礼教是不矛盾的，君主可以化身为佛或者佛化身为君主。

> 是故凡在出家，皆隐居以求其志，变俗以达其道。变俗则服章不得与世典同礼，隐居则宜高尚其迹。夫然故能拯溺俗于沉流，拔幽根于重劫，远通三乘之津，广开人天之路。是故内乖天属之重而不违其孝，外阙奉主之恭而不失其敬。……如令一夫全德，则道洽六亲，泽流天下，虽不处王侯之位，固已协契皇极，大庇生民矣。(《弘明集》卷五)

慧远指出，无论是在家还是出家，佛教与世教之间是大同小异的关系，出家只是从更高和更深远的层次来求道，佛教从根本上说没有违背礼教的宗旨，"不违其孝""不失其敬"；而且佛教还有助于君主的统治，维护王权的利益，"协契皇极，大庇生民"。

慧远以独特的智慧化解了佛、儒之间的矛盾，同时也向儒家传统做出了妥协，承认了帝王的权威及儒家礼教道德的重要性，提出佛教的根本宗旨与儒家思想不相违背，为以后佛教融入忠孝齐家思想的中国化发展奠定了基础。他认为：

> 悦释迦之风者,辄先奉亲而敬君;变俗投簪者,必待命而顺动。若君亲有疑,则退求其志,以俟同悟。斯乃佛教之所以重资生,助王化于治道者也。(《弘明集》卷五)

信仰佛教者要把奉亲敬君放在第一位,如果得不到君亲的同意或者信任,则要退而反省自己的诚意,直到双方都觉悟——这便是佛教重视民众,有助于教化和治理之道的表现。

到了南北朝时期,佛教得到了迅速发展。"南朝四百八十寺,多少楼台烟雨中"(杜牧:《江南春》),但此时反佛之声仍然不绝于耳。南朝梁武帝时,荀济上书请废佛法,指责佛教有损于三纲六纪:

> 济又上书讥佛法……戎教兴于中壤,使父子之亲隔,君臣之义乖,夫妇之和旷,友朋之信绝,海内散乱,三百年矣……君臣夫妇父子三纲六纪也,今释氏君不君,乃至子不子,纲纪紊乱矣。(《广弘明集·辨惑篇》卷七)

北魏熙平元年(516),李玚上书请剪裁沙门:

> 故三千之罪,莫大不孝,不孝之大,无过于绝祀。……既非人理,尤乖礼情,埋灭大伦……(《魏书·李玚传》卷五十三)

这时反对佛教的理由,不再是表面的礼仪之争,已涉及传统"忠孝之道"的理论问题,认为佛教宣扬众生皆苦、出家修行的行为是破坏礼教伦理纲纪的根本大事。

隋唐时期,沙门不敬王者之争仍时有发生。隋大业(605～618)

初,曾下令：诸僧道士等,凡有所请启,均先须致敬,然后陈理。令下,沙门彦琮撰《福田论》,讽刺抗议,沙门明赡还当面进行争辩。结果,其令不行。唐龙朔二年（662）,诏令百司详定沙门致拜君亲,沙门道宣等俱上书反对,百司所陈情理也纷纭不一,最后高宗下敕停拜。玄宗即位,对佛教采取限制政策。即位之初,就有削除佛教舍弃君亲妻子习俗之意,至开元二年（714）,遂定令僧尼致敬父母。以后,沙门不敬王之争渐息。"出家人不拜白衣"的印度佛教戒律在中国经历了差不多一千年的时间才逐步改变,中国僧人最后接受了传统忠孝的伦理原则。从沙门不拜王者到僧人向皇帝跪拜称臣,这些事情在今天看来也许有点小题大做,但它在历史上的确是"一代大事"（桓玄语）,受到了整个社会的关注。因此,关于"沙门不敬王者"的争论,无论对于佛教的中国化发展还是传统忠孝思想的研究都具有重要的意义。

到了唐代,佛教与忠孝思想的冲突仍然是社会中的核心问题。唐高祖李渊曾向僧徒提问：

> 弃父母之须发,去君臣之章服,利在何门之中,益在何情之外？（《集古今佛道论衡·大唐高祖问僧形服利益事》卷丙）

佛教徒削去父母赋予的头发,不穿着世俗中表现君臣等级的服装,这种做法的好处究竟体现在什么地方呢？李渊认为,这种违反父子君臣长幼等级的做法,与周公、孔子宣扬的教义是相违背的,因此他不主张这种教义。"父子君臣之际,长幼仁义之序,与夫周、孔之教,异辙同归,弃礼悖德,朕所不取。"（《唐会要·议释教上》卷四七）唐太宗李世民也表示他所主张的是周公孔子的儒教："朕今所好者,惟在尧舜之道,周、孔之教,以为如鸟有翼,如鱼依水,失之必死,不可暂无耳。"（《贞观政要·慎所好》卷六）唐高宗李治在僧道是否拜君亲的问题上，明确表示要提倡孝道礼仪。"朕禀天经以扬孝，赞地义以宣礼，奖以名教，被兹真俗。"(《制沙门等致拜君亲敕》，《大正藏》卷五二)这就表明了佛教思想与儒学礼制之间还存在着根本的差别。

除了上述三个皇帝的态度，唐代反佛最典型的人物是大臣傅奕（555~639）与韩愈（768~824），他们都指出了佛教与传统忠孝思想的冲突。傅奕认为佛教违背了忠孝之礼：

> 佛使不忠不孝，削发而揖君亲；游手游食，易服以逃租赋……其为害政，良可悲矣……礼本于事亲，终于奉上，此则忠孝之理著，臣子之行成。而佛逾城出家，逃背其父，以匹夫而抗天子，以继体而悖所亲。(《旧唐书·傅奕传》)

他认为僧人削发出家，不仅是形式上的不孝，更重要的是他们逃避君臣父子的社会责任，而且不劳而食，逃避赋税，也危害了社会的经济生活，所以他斥佛教为"无父之教"。

韩愈则从源头上对佛教进行了批评，指出佛教来自西域，言语与衣着都与中国的传统不同，也不懂得君臣父子的道理，因此不符合中国的国情。他说：

> 佛本夷狄，与中国言语不通，衣服殊制，口不道先王之法言，身不服先王之法服，不知君臣之义，父子之情。(《韩昌黎集·谏迎佛骨表》)

他认为如果任由佛教发展，则必然会丧失君臣父子的忠孝之道，"必弃而君臣，去而父子，禁而相生相养之道，以求其所谓清净寂灭者"(《韩昌黎集·原道》)，最终会"伤风败俗，传笑四方，非细事也"(《韩昌黎集·谏迎佛骨表》)。

韩愈以孟子学说的直接继承者自居,并且表示要像孟子批判杨朱、墨翟那样,决心肩负起儒家卫道的重任。他认为佛、老对礼教的危害远远超过了先秦时的杨、墨,因此要与之进行坚决的斗争。

> 其言道德仁义者,不入于杨,则入于墨;不入于老,则入于佛。(《韩昌黎集·原道》)
> 释老之害过于杨、墨,韩愈之贤不及孟子。孟子不能救之于未亡之前,而韩愈乃欲全之于已坏之后。呜呼,其亦不量其力,且见其身之危莫之救以死也!虽然,使其道由愈而粗传,虽灭死万万无恨。(《韩昌黎集·与孟尚书书》)

韩愈反对佛教,是因为佛教不强调忠孝;反对道家,是因为道家的自然无为思想中也含有一定的否定忠孝的因素。

唐代的一项重要政策,是以儒家礼教来规范佛、道二教,将之纳入"周、孔之教"中,要求佛门师徒必须行父子之礼,并以国家法律的形式执行。《唐律·名例》第五十七条第二、三、四项规定:佛、道中弟子对待师父要如同世俗中对待伯叔父母一样,师父对待弟子也要像对待自己的侄子一样;佛、道中的丧葬礼仪也必须与世俗的三纲一致。"若于其师,与伯叔父母同;其于弟子,与兄弟之子同。观寺部典、奴婢于三纲,与主之期亲同;余道士,与主之缌麻同。"对于这项法律条文,律疏的解释是:"师,谓于观寺之内,亲承经教,合为师主者。若有所犯,同伯叔父母之罪。依《斗讼律》(第二十七条第一项):詈伯叔父母者,徒一年。若詈师主,亦徒一年。余条犯师主,释同伯叔父母。"又释:"师主于其弟子有犯,同俗人兄弟子之法。依《斗讼律》(第二十七条第四项):殴杀兄弟之子,徒三年。……兄弟之子是期亲卑幼,若师主因嗔竞殴杀弟子,徒三年。"又释："观有上座、观主、监斋，寺有上座、寺主、都维那，是为三纲。"又称："道士、女冠、僧尼犯奸盗，于法最重。故虽犯当观寺部曲、奴婢、奸盗，即同凡人。"

对于违背忠孝的行为，在《唐律》中也有明确规定：一曰谋反（反抗皇权），二曰谋大逆（毁坏皇宫、宗庙、皇陵），三曰谋叛（背叛朝廷），四曰恶逆（家族中地位低的人殴打和杀害地位高的人），五曰不道（残忍地杀害人），六曰大不敬（对尊者的侵犯），七曰不孝（对父母的不当行为），八曰不睦（家族中长幼无序），九曰不义（对非家族内尊者的侵犯行为），十曰内乱（家族中的奸淫行为）。其中谋反、谋大逆、谋叛、不道、大不敬五项属于直接损害皇帝的人身、威胁和危害皇帝的权力和权威的行为，而恶逆、不孝、不睦、不义、内乱五项则是严重背离礼教和齐家伦理纲常的行为。《唐律疏议·名例律·十恶条疏》说："五刑之中，十恶尤切，亏损名教，毁裂冠冕，特标榜首，以为明诫。其数甚恶者，事类有十，故称十恶。"

可以看出，《唐律》实际上将佛、道教内人与人的关系准则完全按照世俗的伦理关系来规范了。具有历史意义的是，《唐律》的这项条文也为后世所沿袭。宋刑统根本上就是唐律，明、清律也只是将唐律中的有关规定做了删改，其基本内容和解释与唐律大体相同，而且明、清律中还有了更明确的规定："凡僧、尼、道士、女冠，并合拜父母、祭祀祖先；丧服等第皆与常人同。"（《大明律·礼律·仪制·僧道拜父母条》）

唐代在忠孝制度化方面有着重要的贡献，它不像秦代那样只着重于法，也不像汉代那样偏失于德，而是将德治和法治二者结合起来，融会在唐律之中。唐律重等级，规定了不可以逾越的严格的等级次序，同时也很重教化，以教育作为治国之本。唐律的精神在于：德礼为治国之本，刑法为治国之用，二者不可分割。

对于佛教与中国传统礼教的冲突与融合，陈寅恪（1890～1969）先生也有精辟的论述：

> 释氏之教，无父无君，与吾国传统之学说，存在之制度无一不相冲突。输入之后，若久不变易则决难保持。是以佛教学说能于吾国思想史上发生重大长久之影响者，皆经国人吸收改造之过程。其忠实输入不改本来面目者，若玄奘唯识之学，虽震荡一时之人心，而卒归于消沉歇绝……其故非他，以性质与环境互相方圆凿枘，势不得不然也。[1]

陈寅恪认为，传入的佛教在君臣父子伦理方面，与传统思想和制度存在着冲突，因此佛教要在中国继续传播和发展，就必须进行自我改造，才能融入中国文化之中。佛、儒的这场冲突与融合也表明，忠孝伦理是中国传统社会中的主导价值，它具有极强的凝聚力和持久的整合力。佛教要在中国立足和发展，就必须接受忠孝至上的现实道德实践考验。当然，佛教本身也具有博大宽容的适应性，即"圆融"精神，因此得以吸收儒家道德元素并使其成为佛教文化中的一部分，如忠孝与因果报应的结合就可称为一个范例，这样，忠孝就合法地成为佛教修善的重要内容了。

佛教如果要在中国继续发展，就不能完全"忠实输入不改本来面目"，佛教中国化的突出表现就是吸纳了传统礼教的内容。最早将佛教"五戒"与儒家"五常"结合起来的应当是北齐的颜之推，他说：

---

[1] 陈寅恪：《冯友兰中国哲学史下册审查报告》之三，载《陈寅恪史学论文选集》，上海古籍出版社1992年版，第530页。

> 内外两教，本为一体，渐极为异，深浅不同。内典初门设五种之禁，与外书五常符同。仁者，不杀之禁也；义者，不盗之禁也；礼者，不邪之禁也；智者，不酒之禁也；信者，不妄之禁也。……归周、孔而背释宗，何其迷也！（《颜氏家训·归心》）

颜之推认为内外两教的佛教与儒家本来互为一体，经过逐步演变，二者有了差异，境界的深浅也有所不同。佛教经典的初学门径设有五种禁戒，而儒家经典中所强调的仁、义、礼、智、信这些德行都与五禁相符合。仁，就是不杀生的禁戒；义，就是不偷盗的禁戒；礼，就是不邪恶的禁戒；智，就是不酗酒的禁戒；信，就是不虚妄的禁戒。……既然尊崇周公、孔子之道，为什么要违背佛教的教义呢？这是多么糊涂啊！

后来华严宗的宗密（780～841）也提出"佛且类世五常之教，令持五戒"（宗密：《原人论》），将佛教的"五戒"与"五常"相比附，表示佛教徒是拥护儒家"五常"等道德观念的。

忠孝齐家的思想观念也逐步被吸收到佛教之中，早在北朝便开始流行的《提谓波利经》不仅将五戒与五常相对应，而且将忠孝概念引入五戒之中并作为五戒的初门；同时也将忠孝思想观念与佛教的因果报应理论结合起来，认为如果不遵守儒家道德，也会遭到报应从而下地狱。其中有这样的内容：

> 不孝父母，为臣不忠，为父不仁，为母不慈，为君不平，为臣不顺，为弟不恭，为兄不敬，为妇不礼，为夫不贤，奴婢不良，死入地狱。（《提谓波利经》）

因此，《提谓波利经》被后来的经录家认定为疑经，但是它的确体现了佛教中国化对忠孝思想的适应性，所以仍然被后来的佛教著述者经常引用。

唐代之后，佛教开始倡导"忠君孝亲""忠义之心"的观念，在中国化的《六祖坛经》中也出现了儒家思想的内容，认为孝敬父母、尊老爱幼及忍让和睦就是修禅的方式。"心平何劳持戒，行直何用修禅，恩则孝养父母，义则上下相怜，让则尊卑和睦，忍则众恶无喧。"（《六祖坛经·疑问》）在《辅教篇》中，宋代的法师契嵩说：如果一个人具备了五戒十善，那么世俗之仁义忠孝也必定是一应俱全的。"岂有为人弟者而不尊其兄，为人子者而不孝其亲，为人室者而不敬其夫，为人友者而不以善相致，为人臣者而不忠其君，为人君者而不仁其民，是天下无有也。"（《辅教篇·原教》）

二、家庭是社会整合过程的重要环节

家庭的整合作用，突出表现在家庭教育上。人的一生，大部分时间是在家庭中度过的，人的成长、进步也都受到家庭的影响。通常认为的家庭教育是在家庭生活中，由家长（其中首先是父母）对其子女实施的教育，是家长有意或无意地通过自己的言传身教和生活实践，对子女施以一定教育、影响的社会活动。按照现代教育观念，家庭教育是家庭成员（包括父母和子女等）之间相互的影响和教育，而且这个过程是终生进行的。

整合作用所产生的影响并不完全是主观的和自觉的，而大都以潜移默化的方式来改变子女的生活态度及行为，从而进一步在社会的活动中表现出来，然后他们的子女又很可能会以同样方式去影响下一代。在网络信息及知识爆炸的现代社会中，信息和知识改变行为的作用在日益减弱，相对而言，家庭整合对于塑造行为的作用则更显突出了。

家庭在整合上的作用是多方面，有正面的，也有负面的。整合的领域也是多方面的，如人格整合、知识整合、经验整合，等等。我们在这里仅从传统道德的角度讲两个方面：一是价值整合，具体是指家庭对于个人在价值观形成以及价值判断上产生的影响和作用；二是行为整合，指家庭对于道德行为习惯形成的影响，我们说有些人言行一致，有些人表里不一，其实这些都是家庭对于行为习惯整合后的结果。

1. 家庭的价值整合作用

（1）价值观的取舍

社会中的价值取向是多种多样的，在一般情况下，各种价值取向之间并没有太大冲突，大家安居乐业，按照自己的社会地位和规范生活。价值冲突往往出现在社会发展的转型期，或者社会矛盾激化的时候，此时个人的选择就面临着价值判断的问题。那么如何在冲突的价值取向中做出正确的选择，这就要靠价值整合发挥作用。而在中国传统历史社会中，这一整合的过程是与家庭密切相关的。

具体来说，例如在尽孝道的问题上，赡养父母（物质支持）与尊敬父母（精神支持）这两种价值取向如果发生了冲突，哪个更重要？如何进行选择？孔子在这个问题上的态度很明确，仅仅是赡养父母并没有完全尽了孝道，只有恭敬父母才是尽了孝道。

> 子游问孝。子曰："今之孝者，是谓能养。至于犬马，皆能有养。不敬，何以别乎？"（《论语·为政》）

弟子子游向孔子请教孝道的问题，孔子回答得很清楚，他说，现在许多人以为从物质上去赡养父母就是尽孝道了，而这是远远不够的，因为家里养的狗和马，我们都可以喂饱它们，如果仅仅从物质上给予父母温饱，又怎么能够体现出人与动物的差别呢？

孟子的解释就更明白了，他说：

> 食而弗爱，豕交之也；爱而不敬，兽畜之也。恭敬者，币

之未将者也。恭敬而无实，君子不可虚拘。(《孟子·尽心上》)

如果仅仅是喂饱而缺乏关爱，那么就如同养猪一样；如果有了关爱但是缺乏尊敬，那么就如同喂养宠物和牲畜一样。当然，孟子在这里具体是指如何对待贤人的，因为紧接着后面的一段话说，由此可见，恭敬之心是在行动出现之前就产生了。徒具形式的恭敬，君子是不可以当真的。虽然孟子是就对待贤人的态度而言的，但是对父母尽孝道，又何尝不是如此呢？

《孟子》中记载了这样一个故事：

> 任人有问屋庐子曰："礼与食孰重？"曰："礼重。""色与礼孰重？"曰："礼重。"曰："以礼食，则饥而死；不以礼食，则得食，必以礼乎？亲迎，则不得妻；不亲迎，则得妻，必亲迎乎？"屋庐子不能对，明日之邹，以告孟子。孟子曰："于答是也何有？不揣其本，而齐其末，方寸之木可使高于岑楼。金重于羽者，岂谓一钩金与一舆羽之谓哉？取食之重者与礼之轻者而比之，奚翅食重？取色之重者与礼之轻者而比之，奚翅色重？往应之曰：'紾兄之臂而夺之食，则得食；不紾，则不得食，则将紾之乎？逾东家墙而搂其处子，则得妻；不搂，则不得妻，则将搂之乎？'"(《孟子·告子下》)

有个任国人问屋庐子："礼和食哪个更重要？"屋庐子说："礼更重要。"那人问："娶妻和礼哪个更重要？"屋庐子说："礼更重要。"那人又问："如果按照礼节吃就会饿死，不按照礼节则可以得到吃的，那还一定要遵守礼节吗？如果按亲迎礼娶不到妻子，不按亲迎礼则可以娶到妻子，那还么也一定要行亲迎礼吗？"屋庐子答不上来，第二天就到邹国，把这话告诉了孟子。孟子说："回答这个问题有什么难的？如果不比较基础的高低是否一致，只比较顶端，那么一块一寸见方的木头也可以使它高过尖顶高楼。我们说金属比羽毛重，难道是说一个衣带钩上的金属比一车羽毛还重吗？拿吃的重要方面和礼的细节相比较，何止于吃的重要？拿娶妻的重要方面和礼的细节相比较，何止于娶妻重要？你去这样答复他：'扭折哥哥的胳膊去抢夺他的食物，就可以得到吃的；不扭便得不到吃的，难道真的要去扭折哥哥的胳膊吗？爬过东边人家的墙壁去搂抱人家的处女就可以得到妻子，不去搂抱便得不到妻子，难道就要去搂抱吗？'"

这里面便有了一个价值整合上的深刻问题，即价值选择怎样才是合理的。如果事关生死，生命都受到威胁了，还有必要考虑道德问题吗？所以有人就提出了"礼"与"生命"哪个更重要的问题。实际上这是一个伪命题，如同问几个亲人都处于危险时应先救谁，制造人与人之间的矛盾，这种假设其实是没有意义的。所以，孟子也以伪命题来反驳伪命题，用假设来回应假设，提出如果折断哥哥的胳膊就可以有吃的，翻墙去搂抱处女就可以得到妻子，那么会有人这样做吗？答案不言而喻，谁都不会这样做的。因此，从根本价值观上说，孟子表达得很清楚，人之所以为人，是因为人要按照社会道德规范才能够生存，因此社会规范才是最根本的。

孟子还有一段很有趣的对话：

> 周霄问曰："古之君子仕乎？"孟子曰："仕。《传》曰：'孔子三月无君，则皇皇如也，出疆必载质。'公明仪曰：'古之人三月无君，则吊。'""三月无君则吊，不以急乎？"曰："士之失位也，犹诸侯之失国家也。《礼》曰：'诸侯耕助，以供粢盛；夫人蚕缫，以为衣服。牺牲不成，粢盛不洁，衣服不备，不敢以祭。惟士无田，则亦不祭。'"牺杀、器皿、衣服不备，

不敢以祭，则不敢以宴，亦不足吊乎？""出疆必载质，何也？"曰："士之仕也，犹农夫之耕也。农夫岂为出疆舍其耒耜哉？"曰："晋国亦仕国也，未尝闻仕如此其急。仕如此其急也，君子之难仕，何也？"曰："丈夫生而愿为之有室，女子生而愿为之有家。父母之心，人皆有之。不待父母之命、媒妁之言，钻穴隙相窥，逾墙相从，则父母国人皆贱之。古之人未尝不欲仕也，又恶不由其道。不由其道而往者，与钻穴隙之类也。"（《孟子·滕文公下》）

有一个叫周霄的人问："古代的君子要做官吗？"孟子回答说："做官。《传》上说：'孔子三个月没有被君主任用，就惶惶不安，离开这个国家时，必定要带上谒见国家君主的见面礼。公明仪说过：'古代的人如果三个月不被君主任用，那就要去安慰他。'"周霄说："三个月不被君主任用，就要去安慰，不是求官太迫切了吗？"孟子说："士失掉了官位，就像诸侯失掉了国家。《礼》上说：'诸侯亲自耕种，用来供给祭品；夫人养蚕缫丝，用来供给祭服。用作祭祀的牛羊不肥壮，谷米不洁净，礼服不齐备，就不敢用来祭祀。士失掉了官位就没有田地俸禄，也就不能祭祀。'祭祀用的牲畜、祭器、祭服都不齐备，不敢用来祭祀，也就不敢宴请，就像遇到丧事的人一样，还不该去安慰他吗？"周霄又问："离开一国时，定要带上谒见国君的礼物，为什么呢？"孟子说："士做官，就像农夫种田，农夫难道会因为离开一个国家就丢弃他的农具吗？"周霄说："晋国也是个有官可做的国家，却不曾听说想做官这样急迫的。既如此急迫地想做官，君子却又不轻易去做官，为什么呢？"孟子说："男孩一出生就愿给他找妻室，女孩一出生就愿给她找婆家，父母的这种心情，人人都是有的。但如果不等父母的同意、媒人的说合，就钻洞扒缝互相偷看，翻过墙头跟人淫乱，那么父母和世人都会认为这种人下贱。古代的君子不是不想做官，而是厌恶不从正道求官。若非堂堂正正地通过正道来谋取官职，便如同钻洞扒缝之类的行径了。"

周霄问孟子做官的事，在用心上显然是含有一定恶意的，一是想证明儒家所倡导的君子，包括孔子在内实际上都是官迷；二是想说明儒家的君子实质上都是伪君子，既想当官还要端架子。孟子回答得也很妙，他说当官是为了为君主做事，所以孔子当年求官的愿望很迫切，三个月没有为君主做事，就惶惶不安了。为什么要做事呢？这就像祭祀时物品还没有准备好一样，也与农民种田耕作、男婚女嫁一样的自然而然，到社会中去做事，就是身为君子必须要完成的责任。值得注意的是，孟子接着下来说的一段话往往被人忽略了，他说为做事而当官本身不是可耻的，但是如果不按照道德规范做这些事（指做官），才是一件可耻的事情，如同男女不顾廉耻地淫乱一样，必定为"父母国人皆贱之"。"古之人未尝不欲仕也，又恶不由其道。不由其道而往者，与钻穴隙之类也。"孟子对周霄的反驳也是具有现实意义的，一是强调了为国家及社会做事是君子的责任，而不在于是否做官；二是指出如果为做官而不择手段，便如同那些淫乱的男女一样，终究会被人看不起。

由此可见，行为的目的与价值取向之间既可以相符合，也可能不相符；同样的行为，既可以是出于公心，也可以是出于私利。价值取向不能停留在空论上，对国家的忠和对父母的孝，要表现在具体的道德行为上，良好的价值取向如果没有产生相应的行为结果，或者价值取向与行为结果不统一（言行不一），最终也是失败的。同样，真正合乎道德的行为，也必须建立在良好的价值取向之上，没有对"忠""孝"价值观的认同，是很难产生出义行的，而这就需要通过价值整合来完成。

例如，齐家思想强调长幼有序、尊卑有别，从行为上说，强调的是子女对父母、妻子对丈夫的服从行为；但是从齐家价值取向的层面上说，这种服从并不是绝对的、无条件的，而是建立在对父亲有所要求的前提下。孔子讲孝慈，强调"父父，子子"，即做父亲的要像个父亲，否则就是为老不尊；做儿子的要像个儿子，不要"父不父，子不子"（《论语·颜渊》）。父子行为的互动就是"父慈，子孝"（《礼记·礼运》），父亲如果不能够出于爱心，公正、合理地对待自己的子女，那又怎么能够要求子女全心全意地尽孝呢？

王夫之指出：

> 则夫为父兄者，以善柔便佞教其子弟，为子弟者，以谄臣媚子望其父兄，求世之永也，岌岌乎危矣哉。……夫之曰："子也者，亲之后也，敢不敬与！"为父兄者，不以谄臣媚子自居，而陷子弟于便佞善柔之损，敬之至也。尊以礼莅卑，卑以礼事尊。……父兄立德威以敬其子弟，子弟凛只载以敬其父兄，嗃嗃乎礼行其间，庶几哉，可以嗣先，可以启后。（王夫之：《姜斋文集》卷三）

作为家庭中的父兄长辈，试图强迫后辈柔顺，以此来树立长辈的权威，并不是一个好办法，这样只会教育出谄媚之徒，最后也是不利于家庭发展的。作为晚辈，对于长辈必然是尊敬的，因此没有必要再违心地讨好长辈，一切都依照礼的规矩去做，父辈既可以此获得威严，后辈也可以此来侍奉长者。

> 天下甚大，天下人甚多，富似我者，贫似我者，强似我者，弱似我者，千千万万，尚然弱者不可妒忌强者，强者不可欺陵弱者，何况自己骨肉！（王夫之：《姜斋文集》补遗卷）

天下的人千千万万，有的富有有的贫穷，有的强大有的弱小，弱者不应该去忌妒强者，强者也不应该去欺负弱者，何况是在自己的家庭当中。

对父母的尊重和理解不等于完全的服从，这种尊重是与平等相结合的。平等也并非是权利、义务或地位的对等，而是强调人格的平等。无论是父母还是子女，都有自尊的需求，有决定个人选择的权利，有参与家庭事务决策的权利，这些都是以人格平等为基础的。如果父母的行为于理不合，子女有义务提出相应的意见或建议。从这点上说，也符合"据义谏亲"的传统齐家孝道精神。古人据义谏亲，是为了使父母不要陷于不义，不去做得罪大家的事情，从而避免父母受到屈辱；侍奉父母并不是盲从，只是父母不接受意见的时候，不要产生怨恨。

> 事父母几谏，见志不从，又敬不违，劳而不怨。(《论语·里仁》)
> 父母有过，下气怡色，柔声以谏，谏若不入，起敬起孝，说则复谏，不说，与其得罪于乡党州闾，宁孰谏。父母怒，不说而挞之流血，不敢疾怨，起敬起孝。(《礼记·内则》)

劝谏父母时要讲究方式，委婉以谏，以求达到真正劝谏的效果，即使父母拒绝接受，也要在尊重父母的前提下继续进谏。

孟子认为，如果父母有过失，就不能够盲目顺从，而应该帮助父母改正缺点，使父母亲真正成为令子女尊重、受子女敬爱的人。

> 亲之过大而不怨，是愈疏也；亲之过小而怨，是不可矶也。愈疏，不孝也；不可矶，亦不孝也。(《孟子·告子下》)

如果父母过错大而不怨恨，是更加疏远父母；父母过错小而怨恨，这是一点不能受委屈。更加疏远父母，是不孝；不能受（父母）一点委屈，也是不孝。

在价值取向上，齐家思想不仅在父子之间存在着双向互动的行为关系，在夫妻、兄弟之间也是如此，儒家要求"夫妇和"，行为的内容则是"夫义、妇听"（《礼记·礼运》），做丈夫的处事要正当，为人要堂堂正正，做妻子的才会顺从。

> 家人，女正位乎内，男正位乎外。男女正，天地之大义也。家人有严君焉，父母之谓也。父父，子子，兄兄，弟弟，夫夫，妇妇，而家道正。正家而天下定矣。（《周易·家人》）

家政之道，即女子主持内部事务，男子主持外部事务，彼此之间的职责关系必须摆正，明确女子和男子各自的职责地位，也就是体现了天地阴阳的基本法则。家政与国政是有相似之处的，家中的父母犹如国中的严君。子女要尊敬父母，父母也要爱护孩子；弟弟要听从兄长，兄长也要善待弟妹；丈夫要明理，妻子要贤惠。这就是家道端正，做到了家道端正，家庭就会安定；国政也如家政，朝政有序，天下大治。

（2）"节"的价值取向

在价值观整合上，许多传统儒家的观念往往是从家庭的生活关系中引申出来的。齐家思想中最值得一提的是"节"的价值取向，"节"字在传统文化中具有多重内涵，而"节"的价值取向往往是在家庭中整合完成的。"节"与"孝"同样都是人类个体从动物性进化到社会性的重要表现,"孝"是动物所不具备的自觉"反哺父母","节"则是人类独具的自觉节制行为的能力,而动物只能依本能行事。《左传》认为,圣人可以完美地节制自己的行为,一般人只是被动地节制自己的行为,而品质很差的人几乎不能够节制自己的行为。"圣达节,次守节,下失节。"(《左传·成公十五年》)

> 林放问礼之本,子曰:"大哉问!礼,与其奢也,宁俭;丧,与其易也,宁戚。"(《论语·八佾》)

曾经有一个名叫林放的人问孔子什么是"礼之本",孔子回答说,这个问题太重要了!礼的根本就是对行为的控制和管理,因此,为政者或社会高层要以节制为根本,宁可节制也不可放纵;如在葬礼中,要注重悲伤的内容而不要注重其奢侈的形式。"克己复礼为仁。"(《论语·颜渊》)所谓"克己",就是节制。节制自己,一切都照着礼的要求去做,这就是仁。

"节"在节制自己的财物方面,往往解释为"节俭",即"成由勤俭,败由奢"。孔子也是强调节俭的,他认为节俭对于社会的分配是有益的。他说:

> 生财有大道,生之者众,食之者寡,为之者疾,用之者舒,则财恒足矣。(《礼记·大学》)

财富来之不易,要有节制地享用它,减少白吃饭的人,慢慢地消费财富,这样大家的日子就会好过得多。

曾国藩也很崇尚节俭,他把铺张浪费造成的危害说得很清楚。他指出奢侈是渐渐于不知不觉中形成的:

> 俭：凡多欲者不能俭，好动者不能俭。多欲如好衣、好食、好声色、好书画古玩之类，皆可浪费破家。弟向无癖嗜之好，而颇有好动之弊。今日思作某事，明日思访某客，所费日增而不觉。此后讲求俭约，首戒好动。不轻出门，不轻举事。不持不作无益之事，即修理桥梁、道路、寺观、善堂，亦不可轻作。举动多则私费大矣。其次，则仆从宜少，所谓食之者寡也。其次，则送情宜减，所谓用之者舒也。否则今日不俭，异日必多欠债。既负累于亲友，亦贻累于子孙。（《曾国藩全集·书赠仲弟六则》）

因此，节俭并非是一个简单不浪费或者少浪费的问题，其实质在于反对和防止奢侈。

> 纣始为象箸，箕子叹曰："彼为象箸，必为玉杯；为玉杯，则必思远方珍怪之物而御之。舆马宫室之渐自此始，不可振也。"（司马迁：《史记·宗微子世家》）
> 象箸玉杯，必不羹菽藿，则必旄象豹胎。（《韩非子·喻老》）

纣王请人为自己精制了一双名贵的象牙筷子，箕子见了，就十分担忧。他认为，纣王一旦有了象牙筷子，就再也不会用陶罐土碗盛饭菜了，一定要用明犀碧玉做的杯碟来相配；用了玉杯和象牙筷子，便不可能用它们来盛粗米蔬菜，而必须要放置象尾和豹胆一类的山珍海味；吃了美味，就再也不会穿粗布、住茅屋，一定要穿锦衣、居大厦。这样下去，享乐的欲望就会不断膨胀，必然要用民脂民膏来填饱他一个人的欲壑，最后导致亡国。

在现代社会中不也可以看到许多这样的例子吗？许多贪官在刚

参加工作时都是节俭、勤奋、能干的人,开始时可能觉得稍微放纵一下自己也无所谓,可是一旦放纵,贪欲便无止境,而且相互攀比成风,最后便步入万劫不复的深渊。孔子指出:

> 中人之情,有余则侈,不足则俭,无禁则淫,无度则失,纵欲则败。饮食有量,衣服有节,宫室有度,畜聚有数,车器有限,以防乱之源也。故夫度量不可不明,善欲不可不听也。(《说苑·杂言》)

如果放纵自己而奢侈无度,便会导致社会动荡,因此位居高层的人要有节制地利用资源,以便有效地行使"君、父"的职责,这样才能够对下层进行合理的资源分配。

孔子"节"的思想得到了后人王夫之的充分肯定,他指出通过仁义来"节制"、限制人们对于欲望的放纵,可以纠正过度奢侈所产生的偏失。"故救多欲之失者,唯仁义之行。"(《读通鉴论·武帝》卷三)

《左传》中有一段历史记载:

> 季文子卒。大夫入殓,公在位。宰庀家器为葬备,无衣帛之妾,无食粟之马,无藏金玉,无重器备。君子是以知季文子之忠于公室也。相三君矣,而无私积,可不谓忠乎?(《左传·襄公五年》)

季文子仕君33年,侍奉过宣公、成公、襄公三位君主,可以称得上是三朝元老了。季文子去世后,大家发现他身边没有积蓄任何私人的贵重物品,对自己的克制达到如此程度,这正是忠于公室的表现。

最理想的境界是资源人人有份，大家一起共享，这样也就实现了社会和谐。孔子的学生有子说：

> 礼之用，和为贵。先王之道斯为美，小大由之。有所不行，知和而和，不以礼节之，亦不可行也。(《论语·学而》)

礼（等级管理）最重要的功用就是实现（等级之间的）和谐，从前君主有值得称道的治理，就是因为无论大事小事都依照了这个（节制）原则，这也说明了仅仅为了和谐而去和谐是远远不够的，必须要以节制的方式去行事，这样才能真正达到和谐的目的，即俗语所说的"家和万事兴"。

"节"从社会全局关系的角度看，是以"节制自己"去服从大局和长远的利益。

> 礼，不逾节，不侵侮，不好狎……是以君子恭敬、撙节、退让以明礼。(《礼记·曲礼上》)
> 事君敬其事，而后其食。(《论语·卫灵公》)

礼就是不要过分，要节制好自己，不要去侵犯别人，也不要不尊重别人……君子总是恭恭敬敬的，克制自己，知道退让。

> 亲而尊，安而敬，威而爱，富而有礼，惠而能散；其君子尊仁畏义，耻费轻实，忠而不犯，义而顺，文而静，宽而有辨。(《礼记·表记》)

在家庭及社会的长幼上下关系中，为上者体现尊严，同时也要注重亲情，维护权威的同时也要爱护臣民，按照具体的差别来调整财富,尽可能让大家都得到实惠。为下者的臣民要尊重道德和敬畏正义,不要过于重视财富,保持诚恳,不越级犯上,公正而顺从,宽容对待事物的同时也保持头脑的清醒。

> 尸子曰:"君臣父子,上下长幼,贵贱亲疏,皆得其分曰理。爱得分曰仁,施得分曰义,虑得分曰智,动得分曰适,言得分曰信,皆得分而后成人。"……做人做事,要晓得自己的本分,要晓得适可而止,这才算成熟了,否则就是幼稚。[1]

南怀瑾(1918~2012)指出,一个人是否具有"节制自己"以服从大局的价值取向,是一个人成熟不成熟,聪明不聪明,乃至识不识大体的一个重要标志。

孔子也将这种"节制"表述为"非礼勿视,非礼勿听,非礼勿言,非礼勿动",而且必须是真正出自其内心的,"在邦无怨,在家无怨"(《论语·颜渊》)。地位高的人不欺负地位低的人,地位低的人也不去巴结地位高的人,大家都正确地对待自己,彼此之间就不会有所怨恨了。"在上位不陵下,在下位不援上,正己而不求于人,则无怨。"(《礼记·中庸》)孔子在教导曾子时说:"不在其位,不谋其政。"(《论语·泰伯》)意思也是要节制安分,不要超越自己的等级去干预属于别人范围的事情。曾子心领神会,便回答说:"君子思不出其位。"(《论语·宪问》)意思是君子思索和考虑事情不超出自己的职责范围。

如果失去了这种"节制",就会造成礼坏乐崩,导致家庭失序乃至社会失序。公元前513年,晋国的范宣子(士匄)铸刑鼎,颁布成文法。孔子抨击了此事,认为这是"乱制"及"失其限制"的

---

[1] 南怀瑾:《历史的经验》,复旦大学出版社1992年版,第53页。

行为，因为诸侯没有铸鼎的权力。

> 晋其亡乎，失其度矣。夫晋国将守唐叔之所受法度，以经纬其民，卿大夫以序守之，民是以能尊其贵，贵是以能守其业。贵贱不愆，所谓度也。……今弃是度也，而为刑鼎，民在鼎矣，何以尊贵？贵何业之守？贵贱无序，何以为国？且夫宣子之刑，夷之蒐也，晋国之乱制也，若之何以为法？(《左传·昭公二十九年》)

当时社会等级失序、混乱的现象可以归纳为六个方面：

> 且夫贱妨贵，少陵长，远间亲，新间旧，小加大，淫破义，所谓六逆也。君义，臣行，父慈，子孝，兄爱，弟敬，所谓六顺也。(《左传·隐公三年》)

低贱的妨害尊贵的，年少的欺凌年长的，关系疏远的离间关系亲近的，新的挑拨旧的，地位低的压着地位高的，淫乱的破坏有礼义的。

"节"对于每个个体来说，是节制自己的欲望和行为；从做事的角度说，是要有分寸，要适度。这样，"节"就具有了哲学中"度"的内涵，所谓"变节""失节"，就是人的行为在"度"上的突破，即发生了"质"的变化，指这个人背弃了原有的价值追求和人生宗旨。所以，对"节"的掌握，也体现在为人处事要把握分寸，适度行事，使自己的行为保持在道德许可的范围之内。

> 喜怒哀乐之未发，谓之中；发而皆中节，谓之和。(《中庸》)

心里有喜怒哀乐却不表现出来，这就是"中"；表现出来却能够有所节制,这就是"和"。人的情感宣泄如果都在适当的范围内,这就体现了中庸之道,也符合和谐的要求。

《礼记》指出:"礼乎?礼,夫礼所以制中也。""先王之制礼也,过之者俯而就之,不至焉者,跂而及之。"(《礼记·檀弓上》)管子也提出"贫富有度"(《管子·五辅》),荀子提出"贫富轻重皆有所称","行之得其节"(《荀子·大略》),等等。所谓"制中""度""称""节"的意义都是很明确的,指人们在占有和享受资源方面要有所节制,适度而有分寸。

> 人道有变,其节乃见;节也者,人之所难处也,于是乎有中焉。(刘基:《尚节亭记》)

在社会动荡时,节制的重要性就更加突出了,这说明掌握好节度是一件不容易做到的事情,所以才有了"适度"的说法。

在现代史中也有典型的范例,如周恩来也曾经提出过"有理,有利,有节"的思想,其中的"节"就是行为适度并且不过分的意思。

儒家思想所强调的"节"对于齐家是有重要意义的,其根本目的是通过"节"来限制人们对资源无限贪婪的掠夺和占有("节用而爱人"),以改变家庭及社会在资源分配方面的不合理局面(礼崩乐坏),从而进一步由此引申出对个人道德行为的制约,这样对于根本道德准则的遵守就被称为"大节""节操"。从这里可以看出,专门针对女性所言的"守节""贞节"概念,并非儒家思想中"节"的本原意义。

《论语》引曾子的话说:

> 可以托六尺之孤,可以寄百里之命,临大节而不可夺也,

君子人与？君子人也！（《论语·泰伯》）

能够做到克制自己，同时做事又适度有分寸的人，可以将幼小的孤儿托付给他，也可以将国家的使命托付给他，即使有生命危险也不会改变他的道德准则（"大节"），这样的人就是君子呀！

后来程颐称这个"大节"为"节操"。"节操如是，可谓君子矣。"（《四书章句集注》）心理学研究认为，发展得最理想的孩子一定是主动性与自制力平衡发展的孩子，其中自制力的养成与家庭教育的整合有着密切的关系。

这种对于自己的节制达到了一定道德境界，体现出人格与尊严的状态，就被人们尊称为有"气节"。

> 子思居于卫，缊袍无表。二旬而九食。田子方闻之，使人遗狐白之裘，恐其不受，因谓之曰："吾假人，遂忘之。吾与人也，如弃之。"子思辞而不受，子方曰："我有子无，何故不受？"子思曰："伋闻之，妄与不如弃物于沟壑，伋虽贫也，不忍以身为沟壑，是以不敢当也。"（刘向:《说苑·立节》卷四）

子思是孔子的孙子，他在卫国的时候，穿的衣服破烂不堪，二十天内只吃了九顿饭。贵族田子方听说他的境况后，派使者把一件珍贵的白狐皮裘送给他，但又担心他不肯接受，就让使者告诉子思说："我借给别人的东西经常就忘了，所以送给别人的东西就算是丢掉了。"可是子思仍然不肯接受，田子方又说："我拥有的东西正是先生所缺乏的，您为什么不接受呢？"子思回答说："据说随便给别人东西还不如扔到垃圾沟里，我虽然贫穷，但是不愿意使自己成为垃圾沟，所以不敢接受。"

还有一个关于"节"的生动故事：

> 曾子衣敝衣以耕，鲁君使人往致邑焉，曰："请以此修衣。"曾子不受，反，复往，又不受。使者曰："先生非求于人，人则献之，奚为不受？"曾子曰："臣闻之，受人者畏人，予人者骄人。纵子有赐，不我骄也，我能勿畏乎？"终不受。孔子闻之曰："参之言，足以全其节也。"（刘向：《说苑·立节》卷四）

曾子穿着破烂的衣服在田地里耕作，鲁国的国君派使者要把一块封邑送给他，告诉他可以此解决穿衣的问题。曾子不愿意接受，这样反复了两次之后，使者就说："这不是先生有求于人，而是别人自愿送给你的，为什么不接受呢？"曾子回答说："接受别人的东西必然会对施者产生敬畏，施者也会由此产生自大的情绪。即使你送给我东西时没有表现出看不起人的意思，难道我就会一点顾忌都没有吗？"始终不肯接受。孔子听闻后说："曾子的话真是足以保全他的气节了。"

"节"可以表现为对一定的政治、制度和道德理想矢志不渝的"自我节制"，面对威胁和诱惑仍然不改变自己的行为，能够恪守关键原则或者"立场""底线"，甚至为之牺牲性命，这就被称为具有"节操"或"操守"。"节"又指当国家、民族遭到外来侵略时，能挺身而出，与来犯者斗争到底的精神，体现为恪守国家、社会和民族最高利益的道德行为。"节"也可专用于女子，指对爱情专一、从一而终的行为。"以死全节"是传统社会中道德实践的最高境界，即舍去自己的生命，用以表明追求道德价值的"立场"或坚守道德价值的"底线"。其中文天祥的例子是最典型的，他宁死不屈，以宝贵的生命来确认道德价值追求，并留下了脍炙人口的名句："人生自古谁无死，留取丹心照汗青。"

值得注意的是，这种"节"的价值取向也会被扩张和夸大。有这样一个故事：

> 齐大饥。黔敖为食于路，以待饿者而食之。有饿者，蒙袂辑屦，贸贸然来。黔敖左奉食，右执饮，曰："嗟！来食！"扬其目而视之，曰："予惟不食嗟来之食，以至于斯也！"从而谢焉，终不食而死。曾子闻之，曰："微与！其嗟与，可去，其谢也，可食。"（《礼记·檀弓下》）

齐国出现了大饥荒，富人黔敖好心赈济灾民，在路边摆设了食物，等待饥饿的人来吃。这时有一个人用衣袖遮着脸，拖着鞋子，晕晕乎乎地走了过来，黔敖左手端着食物，右手端着汤，大声朝他吆喝道："喂！来吃吧！"没想到那人却瞪视着黔敖，说："我就是因为不吃嗟来之食（有侮辱人格的饮食）才饿成这个样子的。"黔敖听后马上向他表示歉意，但那个人还是不肯吃，最终饿死了。曾子听说这件事后，也认为这个灾民太固执和过分了，他说："如果别人不客气地招呼你，你可以走开，但当别人已经以礼相待之后，你就应该接受了。"

还有一个故事也说明了在"节"的问题上不能够过分：

> 海忠介有五岁女，方啖饵，忠介问饵从谁与？女答曰僮某。忠介怒曰："女子岂容漫受僮饵，非吾女也，即能饿死，方称吾女。"此女即涕泣不饮啖，家人百计进食，卒拒之，七日而死。余谓非忠介不生此女。（姚士麟：《见只编》卷上）

据记载，海瑞（1514～1587）有一个五岁的女儿，有一天海瑞看见她在吃糕饼，就问糕饼是从哪里来的？女儿回答说是年轻的男仆人给的，海瑞生气地说："一个女孩子怎能够轻易接受男仆人的糕饼呢？恐怕你只有饿死，才能称得上是我的女儿。"于是这个孩子便不进食了，无论家里人怎样劝她都没有用，结果七天之后便去世了。姚士麟感慨地说，恐怕只有海瑞的女儿才能做到这点吧！从这个事例看，海瑞做得真是太过分了，但是一个小孩子竟能做到绝食七日而死，恐怕也是性情刚烈所致。

"节"是一个内涵非常丰富的价值概念，甚至可以说是中国文化的一个基因。李学勤先生曾对汉文字做过生动的诠释，他认为每一个汉字背后都有一个灵魂，都有着深刻的历史文化内涵。而这个"节"字所包含的价值取向就是通过一代一代的家庭沿袭下来的，最终成为齐家道德实践中的重要内容。当然，在家庭对价值的整合方面不是只有"节"这一种价值取向，"礼""仁""义"等都同样具有丰富内涵，这里就不再赘述了。

2. 家庭的行为整合作用

家庭除了对于人的价值判断有着重要的整合作用之外，对于人的行为也有着同样重要的作用和影响。我们经常说有些人言行不一，即是说他们在价值判断上或许是正确的，在是非判断上也没有什么错误，但真正做起事情来则完全是另一副样子，这就是行为习惯形成过程中存在的问题，而这些行为习惯往往也是在家庭中形成的。观察一个人的言行是否一致，首先就是从他在家庭中的行为开始的；培养和引导一个人养成诚实的习惯，也是从家庭教育开始的。历史上"孟母三迁""岳母刺字"的故事都说明了家庭环境对于个人行为方式形成习惯的重要性，这些来自于家庭的行为教育和引导，一般也称为"家教"，如果一个人习惯于用一些不好的行为对待别人，往往就会被认为是"缺乏家教"。

(1) 对父母的尊重行为

传统社会的齐家道德以家庭作为出发点,形成了以孝推及忠的道德实践体系。在现代社会中,家庭仍然是社会中的基本单位,家庭的发展对于社会的发展仍然起着重要的作用,家庭的稳定也是整个社会稳定的基础。因此,在现代社会中提倡孝道行为,必须要有新的科学内涵。现代孝道的最基本要求和前提是尊重父母,只有这样,才能很好地赡养父母,进而推及整个社会的尊老风气,从尊重自己的父母推及尊重社会上的所有老人,发挥齐家思想对于社会的行为整合作用。从这一点看,其着眼点及角度与传统孝道精神是一致的,孝既是中国传统社会中最基本的道德规范行为,也是能够统摄其他伦理行为的根本道德准则,为"百行之首",中国历史上没有出现过类似西方国家那种占统治地位的宗教,因此孝便成为历代统治者用以教化社会民众的至善之德。

尊重父母的行为是传统孝道中的重要内容。儒家认为,孝有三个层次:最高的层次是尊重父母,其次是不让父母遭受委屈和耻辱,最低的层次是仅仅从物质上赡养父母。"孝有三,大孝尊亲,其次弗辱,其下能养。"(《礼记·祭义》)"孝子之至,莫大乎尊亲。"(《孟子·离娄上》)传统孝道认为,孝敬父母的现实基础是报恩,父母亲含辛茹苦,抚育子女成人,孝道源于父母的恩情。在现代社会中,尊重父母不仅仅是出于报恩,还有更合理的根据。做父母的无论能力大小,都曾经为家庭和社会做出过贡献,他们在长期的社会生活中积累了丰富的经验知识,掌握了较多的生存技巧,这些经验和技巧是付出代价得来的,从这一点说,他们也应当受到子女们的尊重。

尊重父母的孝道，不仅仅体现在物质上对老人的关心，还要求子女在精神上给予父母更多的安慰。随着社会物质生活水平的提高和农村城市化进程的加快，老年人的精神需求相对愈加突出。另外由于社会人口流动性的增大，生活节奏加快，社会竞争激烈，青年人大都把自己的精力、时间投入在事业上，这样大部分父母与子女分居两地，代与代之间的沟通不足，导致老年人在精神上更加孤独和寂寞。作为子女要尽孝道，就有必要在满足老年人物质生活的基础上，在精神、感情方面也有一定的付出，满足老人的精神需求，使之有安全感和幸福感。《礼记》中说，孝子赡养父母，要使老人愉悦而不勉强，让其在衣食住行中都感到安乐。"孝子之养老也，乐其心不违其志，乐其耳目，安其寝处。"（《礼记·内则》）因此，注重精神层面的尊重和关爱，应成为现代孝道文化行为的重要方面。

要想真正实现老有所养、老有所依，必须从老年人的需求出发，逐步完善社会保障体系和服务机制，从"社会保障"向"社会福利"过渡。目前，我国已经有部分地区实行"居家养老"，即政府通过购买服务的方式为"空巢老人"提供免费服务。但这些服务多数仍限于生活层面，还不能给予老人精神慰藉，而且部分从业人员缺少培训，服务质量不高。在广大农村，养老偏重于家庭养老，子女必须担负起赡养父母的义务，同时国家以法律的手段来保障老年人的权利和地位，保障老年人的物质生活需要。在城市中，则偏重于社会养老，在城市生活的老年人在物质生活方面多能自给自足，而且城市的社会保障系统也较农村完善，具有社会养老的条件。

无论家庭养老还是社会养老，传统的齐家思想仍然是道德行为的基本准则，家庭养老是子女要尽孝道，社会养老则是齐家孝道精神向社会的延伸。一谈孝道，人们往往就认为这只是子女对父母的道德责任，而没有意识到这是一个全社会的问题，其实对老年人的尊重和照顾不应只局限在当子女的义务上。孟子说过，要从尊重和爱护自己家里的长辈，推广到尊重和爱护别人家里的长辈，这就是"老吾老，以及人之老"的齐家思想原则。

目前中国正面临老龄化社会的到来，倡导孝道对于实现社会和谐更是具有深远且不可替代的作用。随着我国人口老龄化速度加快，空巢老人数量呈明显上升趋势，养老问题迫在眉睫。专家认为，只有在完善养老保障制度体系建设、提高"居家养老"服务等方面狠下功夫，同时在法律上体现孝道精神，才能使我国在即将面临的"人口老龄化"问题中赢得主动。

在最新修订的《宪法》中规定："父母有抚养未成年子女的义务，成年子女有赡养扶助父母的义务"、"禁止虐待老人"。《老年人权益保障法》也明确规定："老年人有从国家得到帮助的权利，也有享受社会发展成果的权利，同时也应遵纪守法，履行义务。"其中第47条规定："对老年人负有赡养义务、抚养义务而拒绝赡养、抚养，情节严重，构成犯罪的，依法追究刑事责任。"这些法律条款，体现着社会对孝亲的要求，并为弘扬传统的齐家美德行为提供了法律依据。另外，这些规定又体现了中国伦理道德思想的一个巨大进步，即指明了人们有爱国的义务，也指明了青年人和老年人的权利和义务，这样，国与家的关系就进一步在法律上明确了。这种权利和义务的一致性，充分显示了社会主义精神文明建设的时代特色，也是对传统孝道的充分肯定。

（2）对社会的博爱行为

孝敬父母是现代家庭美德中的重要内容，孝敬父母不仅能对家庭和睦、老年安居起到积极作用，而且对于整个社会的稳定也有所促进，因为社会中的博爱正是从家庭开始的。法国社会学家迪尔凯姆（1858～1917）在讨论社会中的自杀现象时指出，自杀虽然是个人行为，但主要是由社会造成的，当个体同社会团体或整个社会之间的联系出现障碍或产生离异时，便会发生自杀现象。进一步说，即个体与社会群体整合程度的不同会影响自杀行为的发生，一个人的行为如果与社会整合程度高，如要对老人尽孝，或者要照顾兄弟姐妹，承担着家庭的责任时，就不会轻易地为了个人原因而自杀。在中国传统社会中，一个人如果放弃家庭责任而去自杀，是会受到违背孝道的指责的。个人与家庭的整合在中国往往是进一步与社会群体整合的基础，因此家庭及父母的存在，其实是子女进一步承担社会责任的中介和基础，从而成为有效抑制社会自杀行为的重要因素。

《孝经》说：

> 爱亲者，不敢恶于人；敬亲者，不敢慢于人。爱敬尽于事亲，而德教加于百姓。（《孝经·天子章》）

一个尊敬并爱护父母、具有孝心的人，是不会仇视和怠慢社会上其他人的。用这种关爱父母的心走进社会，就可以发展为造福于广大百姓的博爱行为了。

儒家的道德精神，是有助于人的积极行为及心理健康的，正是这种道德精神才能使爱心得以扩展和升华，推己及人并由此产生善良仁慈的感恩之心。

> 道在迩而求诸远，事在易而求诸难。人人亲其亲，长其长，而天下平。（《孟子·离娄上》）

我们为什么要舍近求远去寻求高深的道理呢？为什么要放弃简单易行的东西，而去追求繁难的东西呢？最简单的道理，就是我们都关爱自己的亲人，用关爱自己亲人的方式去关爱社会上所有的人，这样天下就会太平了。

家庭是社会中的基本单位，同时也是初级社会群体。家庭成员之间相互熟悉，他们富于感情地直接面对面接触，其中每一个角色都是难以替代的。家庭是拥有较高整合度的重要社会群体。在中国传统社会中，初级社会群体的社会职能极其发达，甚至是高于个人而存在的。在传统社会中，由于社会整体的流动性较低，家庭几乎就是每个社会成员生活的全部世界，人们在家庭中建立亲密的感情关系，学习语言，内化道德规范，塑造、完善个性，等等。尤其在传统封闭社会的时代，家庭中的等级地位往往决定着个人的前途与命运、未来与发展。因此，古代中国的初级社会群体对于个体的正常成长与社会化发挥着不可估量的作用。

然而，处于从传统向现代转型期的当今社会，初级群体的地位与性质正悄悄地发生着变化。首先，社会流动的加速、大众传媒的发展、家庭规模的缩小，使人们之间的关系日趋冷漠，交往维系时间短、功利性强。互联网等高科技的发展更减少了社会成员间面对面的交流，广泛的人际网使间接接触更为普遍，次级关系相对发达。于是，一些初级关系早已名不符实——"邻居"只是在空间上接近的陌路人，"村落"也只是散立而居的实体在地理上的聚拢，人与人之间忽视了最基本的情感沟通。再次，即使是勉强存续下来的初级群体，其质量也明显降低，社会分化的现实造成了初级群体功能的逐步弱化。因此，当今初级社会群体的衰退已经成为不可逆转的事实。在这样的情境下，家族关系疏远，人际关系冷漠，感情生活单调，儿童得不到足够的家庭教育与温暖，老人失去了基本的照顾保障与温情，成人之间相互利用，社会面貌纷繁复杂，失意后没有心灵归宿……这些情况都会对人的行为整合带来负面的影响。

　　改革开放四十年来，我国的社会政治经济形势有了巨大的变化，人们的物质生活条件有了显著改善。但是，资本主义思想的侵蚀也增强了，拜金主义甚嚣尘上，享乐主义肆行无忌，极端个人主义猖獗一时，在长期进行社会主义思想道德教育的同时，忽视了突出孝道的问题，以致酿成种种家庭悲剧。为争夺家庭财物，子女毒害父母者有之；兄弟斗殴，对簿公堂者有之；父母衰老无人奉养，有疾苦却无人服侍的现象时有发生；夫妻离异，子女失于教养者屡见不鲜。种种由于家庭道德教育薄弱、孝道沦丧而产生的不良社会现象难以枚举，且有积重难返、日趋严重之势，博爱的行为开始从家庭中逐渐丧失。因此，强化家庭道德教育，重新审视传统的齐家思想，重新发挥齐家思想在家庭行为整合中的积极作用，确实是一个不可等闲视之的问题。

三、文化习俗中的齐家思想

1. 文学的熏陶

由于中国文字的特点,齐家思想和内容或许更适合通过诗歌的方式来表达,以此发挥出汉语言的精妙及丰富想象力。中国最早的一部诗歌总集《诗经》中就有大量关于孝道的表述,其中有许多描写祭祀祖先情景的诗句:"率见昭考,以孝以享。"(《诗经·周颂·载见》)率领诸侯祭祀先王,手持祭品虔诚奉享。又如成王继位时表达出对继承先祖事业的决心:我年幼即位,将日夜勤政求成功。先王灵前发誓言,继承遗志铭心胸。"维予小子,夙夜敬止。于乎皇王,继序思不忘。"(《诗经·周颂·闵予小子》)后来成王也做到了令人信服,足为人间的好榜样。"成王之孚,下土之式。永言孝思,孝思维则。媚兹一人,应侯顺德。永言孝思,昭哉嗣服。"(《诗经·大雅·下武》)孝顺祖宗德泽长,德泽长久法先王。爱戴天子这一人,能将美德来承应。孝顺祖宗德泽长,光明显耀好后辈。《诗经》中被引用最多的关于孝道的一句就是:"孝子不匮,永锡尔类。"(《诗经·大雅·既醉》)孝顺的子子孙孙层出不穷,上天会恩赐福祉给孝顺的人。除此以外,还有许多表达儿女对父母双亲真挚的感恩之心的诗句。

能够充分体现齐家思想的诗歌作品,最著名的莫过于北朝民歌《木兰辞》,讲述了花木兰代父从军的故事:"军书十二卷,卷卷有爷名。阿爷无大儿,木兰无长兄。愿为市鞍马,从此替爷征。"文字平实感人。一个弱女子,在父亲年迈而又无兄弟可以替代出征的情况下，毅然承担起家庭与国家的责任，替父从军。所以千百年来，花木兰这个巾帼英雄的形象一直被人们传颂。《木兰辞》不仅用质朴的文字赞扬了花木兰替父从军、英勇作战的事迹，而且形象地揭示出了她尽齐家"孝道"的思想，她女扮男装及功成之后返故乡的行为，也体现出了"节"的精神。这个故事代代相传，成为人们实践"孝道"的典范。

《木兰辞》对后来的诗歌创作产生了很大的影响，唐代诗人白居易的《戏题木兰花》从古至今也广为传颂，诗云："紫房日照胭脂拆，素艳风吹腻粉开。怪得独饶粉脂态，木兰曾作女郎来。"晚唐诗人杜牧于唐武宗会昌三年（843）时任黄州刺史，畅游黄陂木兰山所作的《题木兰庙》绝句："弯弓征战作男儿，梦里曾经与画眉。几度思归还把酒，拂云堆上祝明妃。"将木兰与昭君相提并论，流芳百世。宋代诗人，淳祐年间工部尚书刘克庄诗："出塞男儿面，归来女子身。尚能降北虏，断不慕东邻。"

齐家思想中的孝敬母亲之情在唐诗中也表达得淋漓尽致，而且完全来自于生活的真切体会和自然情感，因此也成为千古佳句。例如唐代著名诗人孟郊（751～814）的《游子吟》："慈母手中线，游子身上衣。临行密密缝，意恐迟迟归。谁言寸草心，报得三春晖。"描写了慈祥的母亲手拿针线，为即将出门的儿子缝衣服。出门前将衣服缝得结结实实，担心儿子久久不归。母亲的爱就像春天阳光对小草的恩情，做子女的怎能不报答母亲那深重的恩情呢？白居易的《护生诗》："谁道群生性命微？一般骨肉一般皮。劝君莫打枝头鸟，子在巢中望母归。"谁说这群小鸟的生命微小，它们与所有的生命一样都有血有肉。劝你不要打枝头的鸟儿，因为幼鸟正在巢中等候着母鸟回来。后来亦有"劝君莫打三春鸟，子在巢中待母归"语句，看来也是出自此诗之意。孟郊也写过一篇《静女吟》，描述了一位"嫁德不嫁容"的女子："艳女皆妒色，静女独检踪。任礼耻任妆，嫁德不嫁容。君子易求聘，小人难自从。此志谁与谅，琴弦幽韵重。"美艳的女子都相互嫉妒姿色，娴静的女子却独自深居闺阁。她看重的是礼仪而非嫁妆，嫁出的不是容貌而是美德。君子求聘容易答应，小人求亲自难从命。此种志趣又有谁人能懂，唯将幽韵寓于琴声之中。

齐家孝道的内容在戏剧中也有所体现，元代词曲作家夏庭芝（约1300～1375）在其《青楼集》中就指出，戏剧"皆可以厚人伦、美风化"。戏剧中反映君臣关系的有《伊尹扶汤》《比干剖心》，反映母子关系的有《伯瑜泣杖》《剪发待宾》，反映夫妇关系的有《杀狗劝夫》《磨刀谏妇》，反映兄弟关系的有《田真泣树》《赵礼让肥》。正是由于诗歌与戏剧的教化作用，才使得孝道的思想深入民间百姓当中，由此也产生了许多生动的、脍炙人口的民间谚语和格言，如"万恶淫为首，百善孝为先"，"无药可延卿相寿，有钱难买子孙贤"，"不愿金玉富，但愿子孙贤"，"敬了父母不怕天，纳了捐税不怕官"（表达孝敬父母的人心中无愧、胸中坦荡的道德情怀），"在家敬父母，何用远烧香"，"儿不嫌母丑，狗不嫌家穷"，"世上难得事，子孝与妻贤"，"子孝双亲乐，家和万事成"（也有说"家和万事兴"的，说明家庭和谐的首要条件是子女孝顺），"自古妻贤夫祸少，应知子孝父心宽"（《初刻拍案惊奇》卷三），"孝顺还生孝顺子，忤逆还生忤逆儿"（说明了代与代间的复制现象），"好子勿用多，一个抵十个"，"国有宝，忠臣良将；家有宝，孝子贤孙"，"家贫显孝子，国难识忠臣"，等等。

中国古典文学四大名著《红楼梦》《水浒传》《三国演义》《西游记》中也有着丰富的齐家思想内容，而且是从四个不同角度进行阐述，展现了家族因素在社会中的作用，深刻地将传统道德伦理价值观淋漓尽致地融合在生动的故事之中，最后也凝结在中国人的血脉里，成为文化承传的基因。

《红楼梦》写的是家族的兴衰。它通过对贾氏家族的详细描写，刻画了家族地位和身份不同的诸多人物及其心理、情感、行为和价值观，展示了一个显赫家族"三世而斩"的历史宿命。在《红楼梦》第一百二十回的结局中，贾宝玉虽然最后出家，但仍然以"身披大红猩猩毡斗篷"来体现家族败落的无奈。

《水浒传》写的是以家族为形式的凝聚群体，但这又是一个父亲缺席的家族，一百零八位好汉结为兄弟，"八方共域，异姓一家"（《水浒传·七十一回》），演绎了一场纯兄弟哥们的故事。由此也可以看到，如果由于君父不公平、不公正而造成了缺失，齐家的治理就会失去平衡，会进一步造成社会的动荡，即表现为小说中所描绘出的对于君父不公的强烈抗争，并且由此也揭示出兄弟的义气。

《西游记》是另一种家族形式的团队，以唐僧为首的师徒四人，组合成了一个准家族，其中孙悟空、猪八戒与沙僧三人结为兄弟。

> 行者道："师父放心莫虑，我等兄弟三人，性和意合，归正求真，使出荡怪降妖之法，怕甚么虎狼妖兽！"（《西游记·五十回》）

为首的唐僧，不见得比徒弟三人年长，却成了师父，并且也充当了父亲的角色。

> ……正是，师徒即父子也。（《西游记·五十四回》）
> 行者道："你这个泼怪，岂知一日为师，终身为父，父子无隔宿之仇！你伤害我师父，我怎么不来救他？"（《西游记·三十一回》）

这说明如果要很好地完成团队的职能，必须要加上家族因素的亲情。

《三国演义》写的是各大家族之间的谋算。汉代刘氏家族没落之后,群雄并争,一群新的权贵家族纷纷崛起,各自扩张和寻求发展的空间:有资格做皇帝的,处心积虑地扩大势力,苦心经营,以求有一天能够坐上正位;没有资格做皇帝的,便想尽各种方法炒作自己,在各派势力中周旋,以便获得更高的地位。但是,最后谁都不是赢家,的确是心机算尽一场空,只留忠义后人评。

周汝昌(1918~2012)用四个字概括了四大名著,他将《三国演义》的精神宗旨归结为一个"忠"字,将《水浒传》的精神宗旨归结为一个"义"字,将《西游记》的精神宗旨归结为一个"诚"字,将《红楼梦》的精神宗旨归结为一个"情"字。这"忠""义""诚""情"四个字也正是齐家思想所包含的精粹。

2. 民俗的感化

家庭是社会的缩影,同时也以民俗物质文化的形式体现出来,传统的齐家思想不仅广泛存在于人的精神与行为文化中,也深入了物质文明之中,例如北京的四合院建筑文化。

> 长期的传统社会等级观念,构建于四合院的一砖一瓦中,处处体现传统的宗法制度。四合院大体可分为亲王、公侯、品官、百姓四个等级。公侯一级宅第,规定前厅、中堂、后堂各七间,大门三间,大门上有金漆兽面锡环;一、二品官,厅、堂七间,大门为绿油兽面锡环;三品至五品官,厅、堂也是七间,只是大门为黑油锡环;六品至九品官,厅、堂各三间,大门一间,大门系黑色,仅有铁环;一般平民住宅,房屋可建十

所至三十所,但是每一所四合院正房不得超过三间。从公侯下,屋顶不得建歇山式、朱门红窗。有官阶地位或经济实力的社会中上层阶级,可以修建居宇式大门;下层普通百姓则修建墙垣式大门。而上层等级的人家所建之门也有不同级别,分别为王府大门、广亮大门、金柱大门、如意门、蛮子门等。这不同种类的大门不仅是建筑形式上的区别,更为重要的是体现了森严的等级观念。人们只要通过大门就可以了解这家主人的身份和地位。[1]

不仅在四合院外部体现着尊卑不同的等级次序,在四合院的内部结构中也显示出尊卑分殊、等级森严的人与人之间的主从关系,"北屋为尊,两厢次之,倒坐为宾,杂屋为附"。家长住在北房,即正房,正房的东屋、西屋或者是姨太太住,或作书房。儿女子孙住在东西厢房,而西厢房的高度及宽度,都比东厢房略矮小。正房是全院中建筑最高、面积最大的房屋,以基台柱石增加其高度,以便重心突出,主次分明,井然有序。中国伦理的家族制度,主从、嫡庶、长幼关系都在四合院的结构中体现出来。[2] 厅堂的结构和大小,梁栋、斗拱的多少和色彩,大门的面积和门环,都按主人的品级定规格。这是尊卑有等、贵贱有分、男女有别、长幼有序的齐家思想的物化形式,并且通过建筑的功能构成了一个和谐的整体。

齐家思想的延续,在很大程度上也是通过乡村中祠堂的祭祀和私塾中的蒙学教育来完成的。在这个过程中,通过对先祖楷模的供

---

[1] 王兆祥:《北京四合院的历史内涵与文化效应》,《中国房地产》2005年第5期。

[2] 参见任荟、苏健:《四合院的建筑风格与传统文化》,《华夏文化》2001年第4期。

奉和推崇，以一种潜移默化的方式，使传统道德精神的价值得以保存和发扬。祠堂是中国宗法文化特有的综合载体，集中地体现着传统道德的精神。《孝经》认为，孝的最终表现是个人修养和奉行道义两方面都取得成就，为社会、国家和公众所认可，其事迹可以传给后世，也为父母增添荣耀。"立身行道，扬名于后世，以显父母，孝之终也。"（《孝经·开宗明义章》）祠堂则起着"扬名后世，以显父母"的重要作用。

祠堂源于宗庙，即人们在阳间为祖先的亡灵建立的寄居所。宗庙也是有等级的，建制是天子七庙，诸侯五庙，大夫三庙，士一庙，庶人是不准设庙的。宗庙的位置也有等级，天子、诸侯设于门中左侧，大夫则庙左而右寝，庶民不设庙，但可以在寝室中灶膛旁设祖宗神位。宗庙演变为祠堂源于宋代，此时一般家族也允许建造祠堂，开始时祠堂是建造在墓旁以便于祭祀的，后来人们可以根据自己家族的实际情况，设置适合自己祭祀祖先的方式和场所。

祠堂经过宋代的演变之后，至今基本上没有太大变化，这与朱熹当初的大力倡导是分不开的。朱熹说：

> 凡礼有本、有文，自其施于家者言之，则名分之守、爱敬之实，其本也。冠婚丧祭，仪章度数者，其文也。其本者，有家日用之常，礼固不可以一日而不修；其文，尤皆所以纪纲人道之始终，虽其行之有时，施之有所。（《家礼·祠堂》）

礼既有它的根本，也有它的表现。礼的根本是敬爱尊长，长幼有序，安守等级；它在婚丧嫁娶生活中所表现出的伦理纲常，是一天都不能缺少的，如何能够时时体现它，就必须要有一个相应的场所，这个场所就是祠堂。

朱熹在《家礼》中说：

今以报本反始之心，尊祖敬宗之意，实有家名分之首，所以开业传世之本也。故特著此，冠于篇端，使览者知所以先立乎其大者，而凡后篇所以周旋、升降、出入、向背之曲折，亦有所据以考焉。然古之庙制不见于经，且今士庶人之贱，亦有所不得为者，故特以祠堂名之，而其制度亦多用俗礼云。……祠堂之制，三间外为中门，中门外为两阶，皆三级。东曰阼阶，西曰西阶……凡祠堂所在之宅，宗子世守之不得分析。……祠堂之内，以近北一架为四龛，每龛内置一桌，大宗及继高祖之小宗，则高祖居西，曾祖次之，祖次之，父次之……（朱熹：《家礼·祠堂》）

为了追溯自己的本原，尊敬自己的祖宗，了解家族的起源及传脉，所以要将祠堂的作用放在篇首，使人们知道它的重要性，后面还要说明它的具体结构及其依据。古代宗庙的建制并没有在经典中记载，现在庶人都可以建造祭祀祖先的场所，并称之为"祠堂"，也可以根据习俗设置规矩。祠堂一旦建立之后，后代就不能对其分割破坏了。朱熹对祠堂的建制和规模也做了具体的规定。

这样，中国传统的祠堂便成了一个重要的精神纽带。祠堂祭祀之礼不仅仅为了祈祥纳福，还要内则晓之以长幼之序，外则推之以君长之尊。通过祠堂的祭祖活动，加强血缘关系，联络族属之间的感情，强化家族内部的凝聚力和向心力，特别是要通过祭祖活动强化家族中的上下尊卑等级关系，提倡子女对父母、子孙对祖先的孝道。由孝祖先推及孝父母、孝族长，由友爱兄弟推及友爱族中同辈，由慈爱子女推及慈爱族中幼辈，逐渐在全族人中形成尊老爱幼的美德。祠堂制定了详细的祠规和族规来教育家族成员，对违犯族规的家族子弟，要在祠堂中进行惩罚、教育，使之改过迁善。犯法严重者会被逐出宗门，一生蒙受耻辱。祠堂处理犯法的族人时，往往采取公开形式，族众都要去旁听，并引以为鉴。

祠堂中也往往建有私塾，私塾教育一般被称为"蒙学"。在我国历史上，蒙学一直受到极大的重视，历代许多思想家、学者都提倡并重视蒙学教育，一些大学者还常常亲自撰写蒙学教材。秦宰相李斯、晋朝王羲之、南宋王应麟、元代许衡、明朝王守仁等人都写过蒙学教育方面的文章。特别值得一提的是宋代理学家朱熹，他不仅发表了许多关于蒙学的见解，而且撰写了不少蒙学读物，他写的《小学》至今还被许多人奉若神明，被称为"万事养正之全书，培大学之基本者也"[1]。

蒙学最根本的内容就是读书识字与传统道德教育，即"明人伦"（五伦），齐家思想的内容亦贯穿其中。如《三字经》中的"三纲五常"："三纲者，君臣义，父子亲，夫妇顺"，"曰仁义，礼智信，此五常，不容紊"。《千字文》："资文事君，曰严与敬，严当竭力，忠则尽命。"在一些习字书中，也不乏"尊卑长幼、忤慢谨防""孝悌忠信、礼义廉耻、好善恶恶、积德累仁"的道德内容，就连各类韵对中，也夹杂有"忠对信""父子对君臣"的齐家伦理观念。

不过读书识字与道德教育之间并无必然联系。王夫之敏锐地指出：

> 谚有之曰："妇人识字则诲淫，俗子通文则健讼。"诗书者，君子所以调性情而忠孝，小人所以启小慧而悖逆者也。（王夫之：《读通鉴论》卷七）

民间有谚语说，妇人识字后可能会被引诱做淫秽的事，凡夫俗

---

[1] 李贵洁：《略论我国古代蒙学的伦理教育特点》，《教育研究》1998年第5期。

子弄通文章后或许会变得擅长诡辩。所以只有君子能够通过读书学习来调整自己的心性,达到忠孝的境界;小人读书则可能开启小聪明,去做歪门邪道的事情。

他进一步指出:

> 夫忠孝者,生于人之心者也,唯心可以相感。(王夫之:《读通鉴论》卷十九)

忠孝的道德行为,是从人心中形成的,只有通过人心才能体会。按照现代的解释,即道德形成与智商的关系不大,而与情商高低有着密切的关系;因为情商表现在为人处世和待人接物中,表现为情绪、情感、意志、耐受挫折等方面的品质,直接受到道德价值追求的影响。

> 蒙养极大事,亦最难事。盖终身事业此为根本,而混沌初开,非可以旦夕取效者。(沈鲤:《义学约》)

一个人的情商培养和道德形成的关键时期是在儿童启蒙的阶段,因此,传统社会中的学者也意识到了对儿童从小进行教育,特别是进行道德教育的重要性。

蒙学建立在祠堂,在教育效果上就具有了特殊的意义,祠堂中自家供奉的列祖列宗以及他们的事迹能够对后辈孩童起到耳濡目染、榜样垂范的生动作用,德高望重的族长往往也会亲自参与这一教育过程,地方的文化积淀则通过私塾教师完成,这就加强了私塾道德教育的现实权威性。

私塾在传统社会中的普及教育方面起着重要作用。祠堂学校的兴盛,据说在清朝后期及民国初期达到了高峰。法国神父赖里查斯在《客法词典》中描写了当时的嘉应州（梅州）办私塾的状况：

> 我们可以看到随处都是学校。一个不到三万人的城市，便有十余间中学和数十间小学，学校人数几乎超过城内居民的一半。在乡下每一个村落，尽管那里只有三五百人，至多也不过三五千人，便有一个以上的学校，因为客家人每一个村落都有祠堂，而那个祠堂也就是学校。全境有六七百个村落，都有祠堂，也就是六七百个学校，这真是一个骇人听闻的事实。[1]

私塾教育的普及使得受教育的人数大大增加，同时私塾教育还具有很强的灵活性和互动性。孔子曾经有两个重要的教育理念，一是"有教无类"（《论语·卫灵公》），二是"因材施教"（《论语·先进》）。"有教无类"说的是教育应当面向所有人，即任何人都应该获得受教育的机会；"因材施教"则是在承认个体差异的基础上对不同的人进行有区别的针对性教育，即每个人都具有通过教育而发掘出来的潜质。这两个教育理念在普及的私塾教育中实现了，虽然这种教育不够完备也不够专业，但是对于走出私塾之门的人以后从事任何职业或者在学业上深造而言，其良好的道德以及中国文字基础已经建立起来了，这也是许多近代学者、政治家、军事将领及实业家之所以对私塾有着深厚感情，并且充分肯定的重要原因。

---

[1] 宋径文：《客家民族文化侧议》，闽西客家学研究会编《客家纵横》1992年版，第202页。

3. 家训的教诫

家训在传统社会中应当产生于先秦之前,最早恐怕是来自于帝王的遗嘱,例如从五帝禅让的传说看,禅让事件本身就说明帝王家族在继承方面出现了重大问题,因此要记录下来告诫子孙,这就是家训的由来。这时的家训并没有明确的形式,但是在《尚书》的《康诰》《酒诰》、《史记》的《鲁周公世家》《周本纪》、《论语》的《季氏》等典籍中,都可以看到具有家训意义的文字。

家训除了强调传统伦理道德的内容之外,还具有通俗化的特点,尤其汉代尊崇儒术之后,儒家经典在很大程度上被神化了,对典籍的穿凿附会使之距离现实生活越来越远。于是家训形式的文体就出现了,它促进了齐家思想内容及价值取向逐步民间化、世俗化和普遍化,使之成为男女老幼、各行各业的凡夫俗子们都可以理解的道理,并且也成为可以操作和实施的具体事情。除此之外,家训还具有遗传学上的意义,它是针对本家族的历史及成员的共同性格编写的,具体而又生动,在这一点上与孔子"因材施教"的教育精神也是吻合的。

颜之推(531~597?),字介,原籍琅琊临沂(今山东省临沂市),生于建康(今江苏省南京市)的一个士族官僚之家。南齐治书御史颜见远之孙、南梁咨议参军颜协之子。中国古代文学家、教育家,生活年代在南北朝至隋朝期间。他所著的《颜氏家训》在家庭教育发展史上产生了重要的影响,是北朝后期重要的散文作品。《颜氏家训》共二十篇,各篇内容涉及的范围相当广泛,但主要是以传统儒家思想教育子弟,以保持自己家庭的传统与地位,讲如何修身、治家、处世、为学等,其中不少见解至今仍有借鉴意义。如他提倡学习，反对不学无术，认为学习应以读书为主，同时也要注意积累工农商贾等方面的知识；主张"学贵能行"，反对空谈高论，不务实际等。他鄙视和讽刺南朝士族的腐化无能，认为那些贵族子弟大多没有学术，只会讲求衣履服饰，一旦遇到社会动荡，只能转死沟壑，别无他路可走。

《颜氏家训》作为一部系统完整的家庭教育教科书，集家训文化之大成，对后世有着重要影响，被誉为"古今家训，以此为祖"，特别是宋代以后，影响更大。宋代朱熹的《小学》，清代陈宏谋的《养正遗规》，都曾取材于《颜氏家训》。不唯朱、陈二人，唐代以后出现的数十种家训，莫不直接或间接地受到《颜氏家训》的影响。从《颜氏家训》的多次重刻，历千余年而不佚，足见其影响深远，故后世称此书为"家教规范"。

颜之推在论述《颜氏家训》的写作宗旨时指出：

> 夫圣贤之书，教人诚孝，慎言检迹，立身扬名，亦已备矣。魏、晋以来，所著诸子，理重事复，递相模效，犹屋下架屋，床上施床耳。吾今所以复为此者，非敢轨物范世也，业以整齐门内，提撕子孙。（《颜氏家训·序致》）

古代圣贤的著作教育人们要忠诚孝顺，言语谨慎，行为检点，建功立业，已经将道理说得很完备了。但是自魏、晋以来，各家学派撰写的阐述圣贤思想的著作大多内容重复，相互模仿，就像屋下建屋、床上叠床一样多余。现在之所以还要写此书（《颜氏家训》），并不敢以此为世人树立行为的规范，只是为了整饬自家门风，教诲后辈儿孙而已。

颜之推也解释了《颜氏家训》的特点：

第二章 齐家思想在社会中的发展及影响

> 夫同言而信，信其所亲；同命而行，行其所服。禁童子之暴谑，则师友之诫不如傅婢之指挥；止凡人之斗阋，则尧、舜之道不如寡妻之诲谕。(《颜氏家训·序致》)

同样一句话，为什么有的人说出来就不具有说服力，而有的人一说就能使人信服呢？这是因为说话的人是他们亲近的人；同样一个命令，有的人下令人们便会乐意执行，这是因为下命令的人是他们敬服的人。教育儿童不要过分顽皮，可能老师和同伴的告诫就不如侍婢的指挥；要制止人们之间的争斗，用尧、舜之类的大道理可能还不如妻子的劝阻。

诸葛亮（181~234）的《诫子书》也是家训中的名篇。他说：

> 夫君子之行，静以修身，俭以养德。非淡泊无以明志，非宁静无以致远。夫学须静也，才须学也，非学无以广才，非志无以成学，怠慢则不能励精，险躁则不能治性，年与时驰，意与岁去，遂成枯落，悲叹穷庐，将复何及。(《艺文类聚·卷二十三·人部七·鉴诫》)

君子的品行，要靠平静来提高修养，以节俭来支持自己的品德。不在清静寡欲中是不能显现出志向的，做不到静心安稳就实现不了更远大的目标。学习先要静下心来，才能通过学习增长见识，不学习就不可能有广博的知识；但是没有志向的引导，学习也是无法深入的。精神一旦颓靡便难以振作，急躁冒失都不利于修身养性。当一个人年华随岁月流逝，意志随岁月消磨，变得年老力衰时，再后悔和叹息就已经晚了。

家训的风格特点就在于质朴真实，没有矫揉造作，西晋羊祜（221~278）的《诫子书》就写得非常平易贴切。他说：

> 今之职位，谬恩之加耳，非吾力所能致也。吾不如先君远矣，汝等复不如吾。谙度弘伟，恐汝兄弟未能也；奇异独达，察汝等将无分也。恭为德首，慎为行基。愿汝等言则忠信，行则笃敬，无口许人以财，无传不经之谈，无听毁誉之语。(《艺文类聚·卷二十三·人部七·鉴诫》)

我的官职不是自己的能力所能够达到的，我远不如自己的父亲，但是你们兄弟恐怕也不如我，运筹帷幄的能力或者超乎常人的独创见解，我看你们都没有，所以还是应当做好基本的言行，说话要诚恳，行为要恭敬，不要许诺给人财物却失信，不要传播荒谬无据的流言，不要听信议论是非长短的话语。

三国时候的王昶（?～259），字文舒，太原郡晋阳县（今山西省太原市）人，曹魏大臣、将领。少时知名，初为曹丕的文学侍从，曹丕继位之后，王昶由散骑侍郎转任洛阳典农、兖州刺史。魏明帝继位，出任扬烈将军、徐州刺史，封关内侯、武观亭侯。伐吴之后升任征南大将军，晋封京陵侯。死后谥号穆侯。王昶为儿子及侄子取名字都依据谦虚和诚实，以显示他的志趣。所以他一个儿子名浑字玄冲，一个名深字道冲；一个侄子名默字处静，一个名沈字处道。

王昶在教子的方法上是直言不讳，通过点评自己朋友的性格来教育晚辈，这即使在今天也是不容易做到的。他说：

> 颍川郭伯益，好尚通达，敏而有知。其为人弘旷不足，轻贵有余；得其人重之如山，不得其人忽之如草。吾以所知亲之昵之，不愿儿子为之。北海徐伟长，不治名高，不求苟得，澹然自守，惟道是务。其有所是非，则托古人以见其意，当时无

所褒贬。吾敬之重之，愿儿子师之。东平刘公干，博学有高才，诚节有大意，然性行不均，少所拘忌，得失足以相补。吾爱之重之，不愿儿子慕之。乐安任昭先，淳粹履道，内敏外恕，推逊恭让，处不避洿，怯而义勇，在朝忘身。吾友之善之，愿儿子遵之。（《三国志·王昶传·卷二十七》）

郭伯益聪敏通达有学识，但是不够宽容，做事随意，他只重视自己看得上的人，对自己看不上的人则视如草芥，我虽然跟他关系亲近，但并不希望我的儿子成为这样的人。徐伟长不求名利，安贫乐道，也不妄加评论别人，总是引用古人的见解来说明问题，我很敬重他，希望自己的儿子能够以他为师。刘公干学问渊博，也很有能力，在诚信和气节方面都很不错，但是性格不稳定，做起事来不拘礼数无所顾忌，他的优点和缺点可以相互抵消，我很喜欢并且敬重他，但是不愿意让我的儿子以他为榜样。任昭先是实践儒道的模范，聪明而且宽容，谦虚礼貌，不计较别人的议论，看上去柔弱但富于正义感，为了天下大事可以牺牲自己，我视他为很好的朋友，希望我的儿子能够向他学习。

王昶的这种论述在当时就遭到了非议，裴松之批评他说：

然既友之于昔，不宜复毁之于今，而乃形于翰墨，永传后叶，于旧交则违久要之义，于子孙则扬人前世之恶。于夫鄙怀，深所不取。（《三国志·王昶传·卷二十七·裴松之注》）

既然这些人当初都是你的朋友，为什么现在要用文字去诽谤他们呢？一旦形成文字流传后世，不就等于将他们的缺点全部暴露在子孙面前了吗？这样的做法，实在是不可取的。

裴松之的批评代表了中国社会中避讳的传统，直到现在，为尊者讳，为贤者讳，都是普遍存在的。但是王昶敢于用生活中的生动事例去教育儿子的做法也是值得肯定的。

西汉的马援（前13～49）也为两个侄儿写了有著名的家训，对于避讳的问题也有独到的见解。他说：

> 吾欲汝曹闻人过失，如闻父母之名，耳可得闻，口不可得言也。好论议人长短，妄是非正法，此吾所大恶也，宁死不愿闻子孙有此行也。汝曹知吾恶之甚矣，所以复言者，施衿结缡，申父母之戒，欲使汝曹不忘之耳。龙伯高敦厚周慎，口无择言，谦约节俭，廉公有威，吾爱之重之，愿汝曹效之。杜季良豪侠好义，忧人之忧，乐人之乐，清浊无所失，父丧致客，数郡毕至，吾爱之重之，不愿汝曹效也。效伯高不得，犹为谨敕之士，所谓刻鹄不成尚类鹜者也。效季良不得，陷为天下轻薄子，所谓画虎不成反类狗者也。（《后汉书·马援传·卷二十四》）

我希望你们听说别人的过失时，就像听见父母的名字一样，只能用耳朵听而不可用嘴说。议论别人的是非长短是很不好的行为，我非常讨厌这样，宁死也不愿听说子孙有这样的行为。但是为了教育后辈，还是不得不评论他人。例如龙伯高这个人很好，说话谨慎，考虑周到，廉洁而有威望，我希望你们向他学习；而杜季良这个人豪爽仗义，好打抱不平，交朋友不分好坏，我虽敬重他，但是不希望你们效仿他。你们向龙伯高学习，即使学不成，也还是一个老实谨慎的人；可是要学杜季良，倒有可能沦为轻浮公子，画虎不成反类犬了。

第三章
齐家思想的具体内容

一、严父

1. 家风

《史记》记载：

> 会武帝年老长，而太子不幸薨，未有所立，而旦使来上书，请身入宿卫于长安。孝武见其书，击地，怒曰："生子当置之齐鲁礼义之乡，乃置之燕赵，果有争心，不让之端见矣。"于是使使即斩其使者于阙下。（《史记·三王世家》）

当年汉武帝年老时，原先所立的太子去世了，这时另一个儿子刘旦就上书要求领兵进驻都城，目的是为了谋取帝位。武帝看了上书后，气得大骂，说养儿子应当放到礼义之乡的齐鲁，让他接受儒家的忠孝教育，或许就不会这样野心毕露了。随后便把送信的使者杀掉了。可见齐家思想中严父教子家风的重要性，对于君主自身来说，也是具有现实意义的。

曾国藩（1811~1872），字伯涵，湖南湘乡人，道光进士。咸丰二年（1852），他以吏部侍郎的身份回湖南创办团练，后在此基础上扩编为湘军，成为镇压太平天国的主力，官至直隶、两江总督，为晚清王朝的重臣，死后谥为"文正"。他吸收了中华民族历史上齐家思想中的许多积极内容，治家有道，治家有方，并且形成了很有特色的家训。曾国藩生活于乱世之中，各种社会矛盾尖锐突出，但是他从中看到了从严治家对于家族安全的重要性，对家人进行规范要求，端正家风，这些都是使家族子孙免于祸患的重要措施。因此，他的家训是值得后人学习和借鉴的。

在治家的思想中，曾国藩反对官场不良风气对家族的影响，他于咸丰六年（1856）九月二十九日夜，在"在江西抚州门外"给儿子曾纪鸿写信说：

> 家中人来营者，多称尔举止大方，余为少慰。凡人多望子孙为大官，余不愿为大官，但愿为读书明理之君子。勤俭自持，习劳习苦，可以处乐，可以处约，此君子也。余服官二十年，不敢稍染官宦习气，饮食起居，尚守寒素家风，极俭也可，略丰也可，太丰则吾不敢也。凡仕宦之家，由俭入奢易，由奢返俭难。尔年尚幼，切不可贪爱奢华，不可惯习懒惰。无论大家小家、士农工商，勤苦俭约，未有不兴，骄奢倦怠，未有不败。尔读书写字不可间断，早晨要早起，莫坠高曾祖考以来相传之家风。吾父吾叔，皆黎明即起，尔之所知也。（《曾国藩家书·与曾纪鸿书》）

来军营的家人都说你举止大方，我心里略感安慰。普通人大多希望子孙们能当大官，但我不愿自己的子孙当大官，只求你们能成为饱读诗书明白事理的君子就好。勤俭自持，习惯劳苦，可以享受安乐，也可适应俭约，这就是君子。我为官二十年，从来不敢沾染半点官僚习气，饮食起居仍遵循着简朴的家风，特别简朴也可以，稍微丰盛也可以，太过丰盛我就不敢接受了。凡是官宦人家，由简朴到奢侈容易，由奢侈回归简朴则很难。你的年纪还小，千万不可以贪恋奢侈享受，不可养成懒惰的习惯。不论大家庭还是小家庭，士农工商，只要勤苦节俭，没有不兴盛的；若骄奢倦怠，没有不衰败的。你读书不可以间断，早晨要早起，不要败坏我们从曾高祖就传下来的家风。我的父亲叔叔,都是黎明时就起来的,这点你很清楚。

虽身居高位,但曾国藩深知官场会给子女带来负面影响,所以他在给弟弟曾国荃的信中说,大官大贵人家的失败,原因就在于家风上不是骄傲就是懒惰,二者必居其一。"巨室之败,非傲即惰,二者必居其一。"(《曾国藩家书·与曾国荃书》)因此,无论地位多高,也一定要谨慎小心。他在咸丰八年(1858)七月二十一日在给其子曾纪泽的家书中说:

> 至于做人之道,圣贤千言万语,大抵不外敬恕二字。"仲弓问仁"一章,言敬恕最为亲切。自此以外,如"立则见其参于前也,在舆则见其倚于衡也";"君子无众寡,无小大,无敢慢",斯为"泰而不骄";"正其衣冠,俨然人望而畏",斯为"威而不猛":是皆言敬之最好下手者。孔言"欲立立人,欲达达人";孟言"行有不得,反求诸己","以仁存心,以礼存心","有终身之忧,无一朝之患":是皆言恕之最好下手者。尔心境明白,于"恕"字或易著功,"敬"字则宜勉强行之,此立德之基,不可不谨。(《曾国藩家书·与曾纪泽书》)

做人的道理,古代的圣贤已说过许多,根本的道理无外乎恭敬慎重和仁爱之心。孔子回答仲弓问"仁"时说,出门办事时要如同去接待贵宾,使唤百姓时要如同去进行重大的祭祀(都是要认真严肃的),自己不愿意接受的,不要去强加于别人;要做到在诸侯的境内不要怨恨什么,在卿大夫的封地里也不怨恨什么。除此之外,表现出敬重的方式还有许多,如站立的时候要笔直得像棵树,坐车的时候要安安稳稳地倚靠着护栏;君子对任何人,无论他是大人还是小孩,势力庞大还是单薄,都不敢随便怠慢,态度安详舒泰而不骄傲。君子的外表要保持庄重，使人们油然而生敬畏之心，温和而又严厉，威严而不凶猛，庄重而又安详。上述都是讲"敬"最好的方法。要求别人做到的，自己必须也能够做到；想要别人尊重自己，自己首先要尊重别人。做事遇到了麻烦，首先从自己身上多找原因。时刻秉持仁爱尊敬之心，永远保持谨慎低调的作风，就不会有麻烦找上自己。这些都是讲"恕"最好的方法。你的理解力及悟性很好，对于"恕"字或许容易做到，"敬"字则要努力去做到。这就是立德的基础，不能不谨慎考虑。

2. 不可溺爱

宋代的袁采（？～1195），字君载，信安（今浙江常山县）人。宋孝宗隆兴元年（1163）进士，官至监登闻鼓院。《衢州府志》称其"登进士第，三宰剧邑，以廉明刚直称"。著有《政和杂志》《县令小录》《世范》三书，今只有《世范》传世，后人称之为《袁氏世范》。其详细事迹已不可考。袁采的著述中，以治家格言之作《袁氏世范》最受世人推崇。《四库全书提要》曰："其书于立身处世之道反复详尽，所以砥砺末俗者极为笃挚……明白切要，使览者易知易从，固不失为《颜氏家训》之亚也。"时人评此书"行之一时，垂诸后世也"，不仅可以教化百姓，刘镇认为它还可作"万世之范"。成书以来多次刊布，在西方汉学界也引起重视，并有译本。

《袁氏世范》共三卷，分睦亲、处己、治家三门。卷一睦亲，主要讲家庭和睦相处的道理和方法；卷二处己，论述个人修养和为人处世之道，对人一生当中经常遇到的富贵贫贱、成败得失等都进行了哲理性的阐述；卷三治家，讲的是持家兴业的一些道理，亦颇精彩。这本书论述立身处世之道不同于一般著述，其语颇有见地，且深入浅出，极具趣味，极易领会和学习。《袁氏世范》一书的论理并不像其他古代修身齐家的书那样古板正统，相反，袁采思想非常激进，甚至敢于反传统。他是从实用和人性的角度来看待立身处世原则的，而不是像一些老学究那样，将"四书五经"、孔孟之道那套形式化的内容强加在人们头上。譬如，袁采提倡家庭成员之间应该是平等的，父子兄弟之间都是平等的，可以保持各自的性格特点，家中的长辈要以超乎别人的修养来树立自己的威信，不能采取压服别人的方法，子女也没必要屈从长辈的权威。《袁氏世范》里有许多句子确实都是金玉良言，如："小人当敬远"，"厚于责己而薄责人"，"小人为恶不必谏"，"家成于忧惧破于怠忽"，"党人不善知自警"，等等，不胜枚举。《袁氏世范》传世之后，很快便成为私塾学校的训蒙课本。历代士大夫都十分推崇该书，将它奉为至宝。

《袁氏世范》指出，为人父母者还要避免对子女的"曲爱""妄憎"两种错误倾向："曲爱"即溺爱；"妄憎"即把子女的缺点看得过重，因而对子女产生厌恶。他还提出，"曲爱"多发生在子女婴幼时期，"妄憎"多发生在子女懂事之后。"曲爱"时父母对子女失去了应有的严肃，不进行教育，乃至过于随便，最后使子女不再把父母的教育当回事了。而"妄憎"时却只有威严或是威严过度，失去了应有的爱和耐心，使父母和子女之间相互产生怨恨，这时父母的教育已经不被子女所接受了。所以说，威严与慈爱并举才是成功的家庭教育。

袁采认为"曲爱"是由溺爱造成的：

> 人之有子，多于婴孺之时爱忘其丑，恣其所求，恣其所为，无故叫号，不知禁止，而以罪保母。陵轹同辈，不知戒约，而以咎他人。或言其不然，则曰小未可责。日渐月渍，养成其恶，此父母曲爱之过也。(《袁氏世范·卷一·睦亲·父母

不可妄憎爱》)

他指出，人们有了孩子，常常会在其婴孩之时过分溺爱而忽略了他们的坏毛病，满足他们提出的各种无理要求，放纵他们的各种任性妄为，比如在他们无缘无故叫喊胡闹时不加以制止，却以此责怪看护孩子的保姆；在他们欺侮其他小孩时不去管教约束，反而怪罪被欺侮的孩子。有的父母即便承认孩子的所作所为是不对的，但又说孩子小没有必要责备。日积月累，养成了孩子的恶习，这就是父母过于溺爱孩子造成的过错。

父母的另一种偏失是"妄憎"，即对子女的苛求：

> 及其年齿渐长，爱心渐疏，微有疵失，遂成憎怒，摭其小疵以为大恶。如遇亲故，妆饰巧辞，历历陈数，断然以大不孝之名加之。而其子实无他罪，此父母妄憎之过也。(《袁氏世范·卷一·睦亲·父母不可妄憎爱》)

等到孩子渐渐长大，父母的溺爱之心渐渐淡化时，孩子稍有过失，父母便会感到极其厌恶进而大发雷霆，挑拣孩子小小的过错，将其夸大为不可以原谅的大错。如果遇到亲朋故旧，便极尽装饰之能事，设立机巧之辞，历历陈数孩子的过失，并坚决地把大不孝之名加在孩子的身上。但是孩子着实没有其他的罪过，这是父母妄加憎恶的过错。

袁采还指出，家庭成员之间不可以出现一方过强或过弱的极端情况，各方要协调发展，和谐相处，这个见解是值得现代人借鉴的。袁采说：

> 慈父固多败子，子孝而父或不察。盖中人之性，遇强则避，

遇弱则肆。父严而子知所畏，则不敢为非；父宽则子玩易，而恣其所行矣。子之不肖，父多优容；子之愿悫，父或责备之无已。惟贤智之人，即无此患。至于兄友而弟或不恭，弟恭而兄或不友；夫正而妇或不顺，妇顺而夫或不正，亦由此强即彼弱，此弱即彼强，积渐而致之。为人父者，能以他人之不肖子喻己子；为人子者，能以他人之不贤父喻己父，则父慈而子愈孝，子孝而父益慈，无偏胜之患矣。至于兄弟、夫妇，亦各能以他人之不及者喻之，则何患不友、恭、正、顺者哉！（《袁氏世范·卷一·睦亲·父子贵慈孝》）

过于慈祥的父亲容易造就败家子，而儿子的孝顺有时并不被父亲所觉察。大概依平常人之性情来说，碰到强大的事物就会回避，遇到软弱的事物就会放肆。父亲严厉，儿子知道自己该畏惧什么，那么就不敢胡作非为；父亲宽缓，儿子对一切事物都持轻视态度，因而就放纵自己的行为。对于儿子的不肖，父亲多宽容；对于儿子的忠厚诚实，为父的有时却责备不已。只有贤达充满智慧的人才能避免此种祸患。至于那些兄长友爱弟弟，弟弟却不敬重兄长，或者弟弟尊敬兄长，兄长却并不爱惜弟弟的，以及丈夫正派妻子却不和顺，或者妻子和顺而丈夫不正派的，也是由于一方强大了另一方就会弱小，一方弱小则另一方就会强大的缘故，这是逐渐积累而形成的。做父亲的，如果能将他人的不肖子与自己的儿子作比较；做儿子的，如果能将他人不贤达的父亲与自己的父亲相比，那么父亲越慈祥儿子就会越孝顺，儿子越孝顺父亲就会更加慈爱，这样就避免了偏颇的隐患。至于兄弟、夫妇之间，如果也都能以他人的缺点与自己亲人的优点去比较，那么还怕自己的亲人对自己不友爱、不恭敬、不正派、不和顺吗？

袁采在严父思想方面也有一些值得思考的地方，他认为在家庭里面，成员之间不可以太认真地彼此"讲道理"，这里应当理解为不应当太认真计较是非曲直，该讲的道理还是要讲的。他说：

> 子之于父，弟之于兄，犹卒伍之于将帅，胥吏之于官曹，奴婢之于雇主，不可相视如朋辈，事事欲论曲直。若父兄言行之失，显然不可掩，子弟止可和言几谏；若以曲理而加之，子弟尤当顺受，而不当辩，为父兄者又当自省。(《袁氏世范·卷一·睦亲·父兄不可辩曲直》)

他认为，儿子之于父亲，弟弟之于兄长，犹如军队里的小兵之于将帅，官府中的小吏之于官长，奴仆婢女之于雇主一样，彼此之间不可以像朋友一样每件事都要争论个是非对错。如果父亲、兄长的言行失误明显得几乎不可掩饰，儿子、弟弟仅应止于和颜悦色地多次规劝；如果父亲、兄长把歪曲之理加在儿子、弟弟身上，儿子、弟弟也应该顺从地承受，不能当面争辩。同时，做父亲、兄长的也应当经常反省自己。

袁采认为，虽然在家庭中不可以事事计较是非曲直，但是父兄如果有过失，也是要自律自省的。《颜氏家训》在这一点上也持有相同观点。

> 夫风化者，自上而行于下者也，自先而施于后者也。是以父不慈则子不孝，兄不友则弟不恭，夫不义则妇不顺矣。父慈而子逆，兄友而弟傲，夫义而妇陵，则天之凶民，乃刑戮之所摄，非训导之所移也。(《颜氏家训·治家》)

颜之推认为培养教育这件事情，是由上向下推行的，是由先向后进行影响的。所以父不慈便会导致子不孝，兄不友爱便会导致弟不恭敬，夫不仁义则妇就会不温顺。如果父慈爱而子却要叛逆，兄友爱而弟却很傲慢，夫仁义但妇却盛气凌人，那些就是天生的凶恶之人，只能用刑罚杀戮来使其畏惧，而不是用教诲引导所能改变的了。

姚舜牧（1543～1622？），字虞佐，浙江乌程人。生于明世宗嘉靖二十二年（1543），卒于熹宗天启二年（1622）以后。著有《药言》《乐陶吟草》《五经四书疑问》《孝经疑问》等书传世。他在传世家训《药言》中说，教子最重要的就是不能游手好闲。

> 人须各务一职业，第一品格是读书，第一本等是务农，此外为工为商，皆可以治生，可以定志，终身可免于祸患。惟游手放闲，便要走到非僻处所去，自罹于法网，大是可畏。劝我后人毋为游手，毋交游手，毋收养游手之徒。（姚舜牧：《药言》）

他认为每个人都应当从事一种固定的职业，最高雅的当然是读书做官，最实在可靠的是务农，此外无论做工或经商，都可以创立家业，使人心安，终生避免遭受祸患。但是如果游手好闲，就有可能误入歧途，触犯刑律，招来祸端，非常可怕。因此奉劝子孙后代不要游手好闲，不要与游手好闲的人交往，也不要收养、周济游手好闲的人。

3. 治家不易

曹端（1376～1434），字正夫，号月川，河南渑池人。明初著名的学者、理学家。其学以躬行实践为务，而以存养性理为大端，对理学重要命题多有修正、发挥，被论者推为"明初理学之冠"。

曹端在齐家方面指出了家法的重要性，认为仅仅靠家长的严厉管理是不够的，国有国法，家也要有家规，必须要有规矩、准绳作为人们行为的准则。

> 且国有国法，家有家法，人事之常也。治国无法，则不能治其国；治家无法，则不能治其家。譬则为方圆者，不可无规矩；为平直者，不可无准绳。是故善治国、善治家者，必先立法，以垂其后。（《曹端集·家规辑略序》）

所以，在中国历史上的显赫家族甚至皇族中，往往都立有家法。张履祥（1611～1674），字考夫，号念芝，又号杨园，浙江桐乡人，世居清风乡炉镇杨园村，因此也被称为杨园先生。明末清初著名理学家，清初朱子学的倡导者。他认为严父的作用是非常重要的，贤良的人多出自于严格的教育，而放纵式的教育则容易导致败家子的出现，子女的各种恶习往往都是家长纵容的结果。

> 子弟童稚之年，父母师傅严者，异日多贤；宽者，多至不肖，其严者岂必事事皆当，宽者岂必事事皆非，然贤不肖之分恒于此。严则督责答挞之下，有以柔服其血气，收束其身心，诸凡举动，知所顾忌而不敢肆。宽则姑息放纵，长傲恣情，百端过恶皆从此生也。观此则家长执家法以御群众，严君之职不可一日虚矣。（张履祥：《训子语》）

他认为在父子、兄弟、夫妇三种关系中，父子关系是最根本的，如果父子关系处理不当，那么其他的关系也会受到损害。

> 父子、兄弟、夫妇，人伦之大，一家之中，惟此三亲而已。

不可稍有乖张,父子尤其本也。一处乖张,即处处乖张,无或免者,安有缺于此而全于彼者?自古人伦之变,祸败所贻,常及数世,天道然也。(张履祥:《训子语》)

孙奇逢(1584～1675),字启泰,明末清初理学大家。晚年于辉县夏峰村讲学20余年,从者甚众,世称夏峰先生。明朝灭亡后,清廷屡召不仕,不再介入政治争斗,人称孙征君,终年92岁,与李颙、黄宗羲齐名,合称明末清初三大儒。他认为齐家甚至比治国还难,齐家之难,主要难在亲疏关系难以处理。

问:齐家之难,难于治国平天下。家迩天下远,家亲天下疏,何以难?曰:正惟迩则情易辟,正惟亲则法难用。夫家之所以齐者,父曰慈,子曰孝,兄曰友,弟曰恭,夫曰健,妇曰顺。反此则父子相伤,夫妻反目,兄弟阋墙,积渐而往,遂至子弑父,妻鸩夫,兄弟相仇杀,庭闱衽席间皆敌国。从来均平天下之人,每于此多动心忍性,盖法制所不能束,禁令所不能施,以此思难,难可知矣。(孙奇逢:《孝友堂家训》)

由于亲情的存在,处理家庭关系时很难在情感上没有偏差,法律上也很难公正处理。如果父子、兄弟、夫妇之间关系和谐还好办,如果彼此之间出现争斗,甚至发展到相互残杀的地步,这时法制禁令都是难以取得效果的,由此可见,治家的难度是很大的。

传统家训这种教子的严格要求也延续到了现代社会生活中。例如毛泽东作为开国领袖,享有极高的社会威望和地位,他在严格要求子女方面也堪称楷模。从他1941年1月31日给儿子毛岸英、毛岸青的信中可以看到严父教子这一传统的延续,信中提出人家(对子女)的恭维是很危险的。

岸英、岸青二儿:

很早以前,接到岸英的长信,岸青的信,岸英寄来的照片本,单张相片,并且是几次的信与照片,我都未复,很对你们不起,知你们悬念。

你们长进了,很欢喜的。岸英文理通顺,字也写得不坏,有进取的志气,是很好的。惟有一事向你们建议,趁着年纪尚轻,多向自然科学学习,少谈些政治。政治是要谈的,但目前以潜心多习自然科学为宜,社会科学辅之。将来可倒置过来,以社会科学为主,自然科学为辅。总之注意科学,只有科学是真学问,将来用处无穷。人家恭维你抬举你,这有一样好处,就是鼓励你上进;但有一样坏处,就是易长自满之气,得意忘形,有不知脚踏实地、实事求是的危险。你们有你们的前程,或好或坏,决定于你们自己及你们的直接环境,我不想来干涉你们,我的意见,只当作建议,由你们自己考虑决定。总之我欢喜你们,望你们更好。

岸英要我写诗,我一点诗兴也没有,因此写不出。关于寄书,前年我托西安林伯渠老同志寄了一大堆给你们少年集团,听说没有收到,真是可惜。现再酌检一点寄上,大批的待后。

我的身体今年差些,自己不满意自己;读书也少,因为颇忙。你们情形如何?甚以为念。

毛泽东
一九四一年一月三十一日 [1]

毛岸英27岁的时候准备结婚,他去告诉父亲并且希望得到准

---

[1] 《毛泽东文集》第二卷,人民出版社1993年版,第327~328页。

许,可毛泽东听说女方还差几个月才18岁,不到当时结婚的法定年龄,就摇了摇头。岸英辩解说:"不到岁数结婚的多着呢!"毛泽东发了脾气,说:"谁叫你是毛泽东的儿子!这是纪律,你不遵守谁遵守?"

中华人民共和国成立一年后,抗美援朝战争爆发了,毛泽东决定送儿子去参加志愿军,岸英毫不犹豫地奔赴朝鲜,不幸在一次敌机的空袭中牺牲了。志愿军领导决定把他埋葬在朝鲜的国土上。毛泽东得知岸英牺牲在朝鲜的消息后,眼圈红了,沉默了许久,才说了一句话:"唉!谁让他是毛泽东的儿子!"[1]

1960年,正是国家经济最困难的时候,毛泽东也停止了爱吃肉的习惯,与全国人民一起共度困难时期。同时也要求自己的小女儿李讷坚持住校,与大家一样遵守规章制度,周末再回家。毛泽东的卫士李银桥偷偷搞了一包饼干送给李讷,毛泽东知道后,非常生气地说:"三令五申,为什么还要搞特殊化?""别的家长也给孩子送东西……"李银桥低声解释。"别人可以送,我的孩子一块饼干也不许送!"毛泽东拍了桌子,"谁叫她是毛泽东的女儿!"[2]

---

[1] 权延赤:《我所知道的毛泽东》,四川人民出版社2016年版,第232页。

[2] 权延赤:《我所知道的毛泽东》,四川人民出版社2016年版,第238页。

二、教子

1. 戒子书

在教子方面，王昶的《戒子书》是很著名的，其中的内容和道理都很深刻。

> 夫人为子之道，莫大于宝身全行，以显父母。此三者人知其善，而或危身破家，陷于灭亡之祸者，何也？由所祖习非其道也。夫孝敬仁义，百行之首，行之而立，身之本也。孝敬则宗族安之，仁义则乡党重之，此行成于内，名著于外者矣。人若不笃于至行，而背本逐末，以陷浮华焉，以成朋党焉；浮华则有虚伪之累，朋党则有彼此之患。（王昶：《戒子书》）

王昶告诫自己的孩子说，为人子女的法则，最重要的是珍爱自己的身体，保全良好的品行，并以此来显扬父母。这三件事，人人都知道很重要，可还是有人做危害自身、败坏家庭的事情，使自己陷入灭亡的灾祸之中，这是为什么呢？因为他们开始所学习的就不是正道。孝敬、仁义是各种品行当中最重要的，也是立身的根本。讲孝敬，家族内部才会安定；讲仁义，才会受到乡亲邻里们的尊重。这就是说好品行形成于自身，名声就会显扬于社会。人如果不坚定地培养好品德，舍弃孝敬仁义（本）而去追逐各种才艺本领、物质的占有和精神享乐（末），就会导致华而不实徒有其表，还有可能结成各种利益帮派。华而不实的结果是虚伪，结为帮派则会由于利益关系而相互欺诈,制造祸患,累及自身。

  此二者之戒,昭然著明,而循覆车滋众,逐末弥甚,皆由惑当时之誉,昧目前之利故也。夫富贵声名,人情所乐,而君子或得而不处,何也?恶不由其道耳。患人知进而不知退,知欲而不知足,故有困辱之累,悔吝之咎。语曰:"如不知足,则失所欲。"故知足之足常足矣。览往事之成败,察将来之吉凶,未有干名要利,欲而不厌,而能保世持家,永全福禄者也。(王昶:《戒子书》)

王昶指出,这两方面的鉴戒,可以说是非常明显的,但是仍然有很多人重蹈覆辙,舍本逐末的现象日益严重。这都是因为迷惑于一时的虚名,贪图于眼前小利的缘故呀!荣华富贵和显赫声名是人人都喜欢的,但是有德行的人有时候能得到却不愿要,为什么呢?因为他们厌恶那些不是从正道得来的名利。人生值得担忧的事情,就是只知进而不知该退的时候要退,只知道不断追求新的欲望却不知适可而止,所以才会有遭受困顿、招致屈辱的忧患,才会导致令人悔恨的过错。常言道:"如果不知足的话,就会丧失希望得到的东西。"所以知足就是长久的富足。借鉴过去历史中人们的成败,以此来看清未来的吉凶,就会明白人如果追名逐利、贪得无厌,是不能保持家族不衰而长久享有福禄的。

王昶告诫子孙:

  欲使汝曹立身行己,遵儒者之教,履道家之言,故以玄默冲虚为名,欲使汝曹顾名思义,不敢违越也。古者盘杆有铭,几杖有诫,俯仰察焉,用无过行,况在己名,可不戒之哉!夫物速成则疾亡,晚就则善终。朝华之草,夕而零落。松柏之茂,

> 隆寒不衰。是以大雅君子，恶速成、戒阙党也。（王昶：《戒子书》）

我希望你们立身处世要遵从儒家教诲，奉行道家所言，所以用深沉静默、谦和淡泊之意的字来给你们起名字，是想让你们顾名思义，不敢违背逾越圣人的教诲。在古代，人们的盘、盂等器皿上铸有谨言慎行的铭文，茶几和拐杖上刻有诫语，为的是一抬头就能看见，提醒自己不能有越轨行为，更何况这些警言就在自己的名字中，能不随时戒备吗？大凡事物成长快则衰亡也快，成就慢则会善终。早晨开花的草，到晚上就会凋谢，而松柏的茂盛，在严冬也不会枯萎。所以道德高尚的君子不喜欢速成，这是从孔子评议阙党童子的话语中得到的鉴戒。

> 故君子不自称，非以让人，恶其盖人也。夫能屈以为伸，让以为得，弱以为强，鲜不遂矣。夫毁誉，爱恶之原而祸福之机也，是以圣人慎之。孔子曰："吾之于人，谁毁谁誉？如有所誉，必有所试。"又曰："子贡方人。赐也贤乎哉，我则不暇。"以圣人之德，犹尚如此，况庸庸之徒而轻毁誉哉？（王昶：《戒子书》）

所以，君子不自夸其能，不是为了表示谦让，而是不喜欢压倒别人。人如果能够以屈为伸，以让为得，以弱为强，就很少会不顺遂。诋毁和赞誉，是产生爱和恨的根源，也是决定祸与福的关键，所以圣人对此特别谨慎。孔子曾说："我对他人，诽谤过谁呢？赞誉过谁呢？如果有我称赞的人，必定是我对他有过考验的。"又说："子贡品评人。子贡就做得很好吗？我却没有这闲工夫。"像孔子这样有德的圣人都如此谨慎，我们这样的平庸之辈又怎么能随意诋毁或赞誉别人呢？

> 昔伏波将军马援戒其兄子，言："闻人之恶，当如闻父母之名。耳可得而闻，口不可得而言也。"斯戒至矣。人或毁己，当退而求之于身。若己有可毁之行，则彼言当矣。若己无可毁之行，则彼言妄矣。当则无怨于彼，妄则无害于身，又何反报焉？（王昶：《戒子书》）

王昶说，从前伏波将军马援告诫他的侄儿说："听到别人的坏话应当像听到自己父母的名字一样，耳朵可以听，嘴巴却不能说出去。"这个告诫真是至理名言。当遭到别人的诋毁时，首先应当退一步反省自己。如果自己确有可被别人诋毁的行为，那么，别人的诋毁就是恰当的；如果自己没有什么可被诋毁的行为，那么别人的话就是荒谬的。如果所言恰当，就不能埋怨别人；如果所言荒谬，对自己也没有什么危害，何必要去报复呢？

> 且闻人毁己而忿者，恶丑声之加人也，人报者滋甚，不如默而自修也。谚曰："救寒莫如重裘，止谤莫如自修。"斯言信矣。若与是非之士、凶险之人，近犹不可，况与对校乎？其害深矣。（王昶：《戒子书》）

再说，听见别人诋毁自己便发怒，憎恶别人败坏自己的名声，那么与其让人家更起劲地诋毁你，还不如默默地去修养自身。谚语说："要驱除严寒，没有比套上皮衣更好的办法；要制止别人的诽谤，没有比加强自身修养更好的办法。"这话确实很对。如果碰上喜欢搬弄是非、凶狠险毒的人，距离他们近点都不可以，更何况与他们面对面地争论是非曲直呢？这样做的祸害太大了。

王昶对子孙说：

> 若引而伸之，触类而长之，汝其庶几举一隅耳。及其用财先九族，其施舍务周急，其出入存故老，其议论贵无贬，其进仕尚忠节，其取人务道实，其处世戒骄淫，其贫贱慎无戚，其进退念合宜，其行事加九思，如此而已。吾复何忧哉？（王昶：《戒子书》）

如果你们对我讲的道理能加以引申，触类旁通，你们大概就能举一反三了。具体说来，就是在使用钱财时首先应考虑家族其他成员，施舍时要注意周济那些急需的人，出门回乡要挂念看望老年长辈，议论时注意不要贬低别人，做官要崇尚尽忠尽节，衡量一个人要看他是否遵从基本的规律和法则，处世要戒骄戒淫，贫贱时切勿忧愁，进与退要想到是否合宜，做事之前要反复思考，如果你们能做到这些，我还有什么好忧虑的呢？

徐勉（466～535），南朝著名政治家，一代名臣，担任过吏部尚书等重要职位，史称他居官清廉，不营产业，勤于政事，家无积蓄。他在世时，有人看到他家如此清贫，便好心劝他经营产业，为子孙后代着想。徐勉给他的儿子徐崧写家书，回答了这个问题，他说：

> 吾家本清廉，故常居贫素。至于产业之事，所未尝言，非直不经营而已。薄躬遭逢，遂至今日，尊官厚禄，可谓备之。每念叨窃若斯，岂由才致，仰藉先门风范及以福庆，故臻此尔。古人所谓"以清白遗子孙，不亦厚乎"。又云"遗子黄金满籯，不如一经"。详求此言，信非徒语。吾虽不敏，实有本志，庶得遵奉斯义，不敢坠失。……古往今来，豪富继踵，高门甲第，

连闼洞房，宛其死矣，定是谁室？……记云："夫孝者善继人之志，善述人之事。"今且望汝全吾此志，则无所恨矣。（徐勉：《为书戒子崧》）

自己家本来就清廉，因此常常过着贫穷素朴的生活。至于产业的事情，不但从来没有经营过，甚至从未谈起过。我闯荡多年，终于到了今天的地步，尊贵的官职和丰厚的俸禄，可以说是都有了。每次想到这些，哪里是由于自己的才能取得的呢？都是依靠先代的风范榜样和福运降临，才能如此啊！古人说："将清白遗留给子孙，不也是很丰厚的遗产吗？"古人又说："留给子孙满箱黄金，不如传给他们一部经书。"仔细探求这些话，确实不是虚妄之词。我虽然不聪敏，但实有这样的志向，希望能够遵循、奉行古人这个教诲，不敢堕落失误……古往今来，有多少豪宅门第，一旦人不在了，那些财富终究又归谁了呢？……希望你能够理解和成全我的志向，这样我就没有什么遗憾了。

2. 家范

司马光（1019～1086），字君实，号迂叟，陕州夏县（今山西夏县）涑水乡人，世称涑水先生。北宋政治家、史学家、文学家。历仕仁宗、英宗、神宗、哲宗四朝，卒赠太师、温国公，谥文正，为人温良谦恭，刚正不阿。司马光写了一部众所周知的《资治通鉴》，讲的是治国；另外还写有另一部书《家范》，讲的就是齐家，而且他把齐家提到了治国的高度。他认为教子就是要从最基本的孝道规范做起，而且必须是发自内心的，不仅仅是简单的赡养，司马光说：

>《经》曰:"君子之事亲也,居则致其敬,养则致其乐,病则致其忧,丧则致其哀,祭则致其严。"……《礼》:"子事父母,鸡初鸣,咸盥漱,盛容饰,以适父母之所。"(司马光:《家范·子》)

《孝经》说:"君子侍奉父母,日常生活中要尽量做到恭敬,赡养父母时要让父母感到欢乐,父母生病了要忧虑,父母去世时要哀痛,祭祀父母时要非常严肃。"《礼记》说:"子女侍奉父母,在鸡刚叫的时候就要起床洗漱,穿戴整齐去拜见父母。"

司马光认为,当子女的,做事情必须中规中矩,只有这样才能够表现出对长者的尊敬和诚意。

>为人子者,出必告,反必面。所游必有常,所习必有业,恒言不称老。(司马光:《家范·子》)

为人之子,出门必须向父母告辞,回家必须向父母问安。出游必须有规矩,学习必须有所立业,说话不能摆资格。

>为人子者,居不主奥,坐不中席,行不中道,立不中门。食飨不为概,祭祀不为尸。听于无声,视于无形。不登高,不临深,不苟訾,不苟笑。孝子不服暗,不登危,惧辱亲也。(司马光:《家范·子》)

为人之子,住房不能占据尊长休息的位置,坐的时候不能坐在正中间,走路也不能走中间,站立不能站在门的中间,吃饭不能挑三拣四,祭祀时不能充当受祭者而接受别人的礼拜。默默倾听别人的意见,不要多插嘴,察言观色,善解人意。不做登高临深等危险之事，不能胡乱骂人也不能随便说笑。孝子不在暗地里做事，不到危险的地方，怕的就是自己的行为会辱没了父母。

当子女的不能够私心太重，要处处考虑父母的利益。

> 又，"子妇无私货，无私畜，无私器。不敢私假，不敢私与。"又，为人子之礼，冬温而夏清，昏定而晨省，在丑夷不争。（司马光：《家范·子》）

《礼记》又说："儿子和媳妇不能私自积蓄家产，也不能有自己的用具物品。不能私自向别人借东西，也不能私自将家里的东西送给别人。"《礼记》还说：作为子女还应该奉行这样的礼数，冬天要为父母温暖被褥，夏天要为父母扇凉卧席，晚上要为父母安顿好床铺，早晨要向父母问安，而且不能和兄弟姐妹们有所争执。

> 《礼》：父母有疾，冠者不栉，行不翔，言不惰，琴瑟不御。食肉不至变味，饮酒不至变貌，笑不至矧，怒不至詈，疾止复故"（司马光：《家范·子》）

《礼记》说："父母有病的时候，成年子女不能梳头打扮，走路也不能像平日那样轻捷，也不能说闲话，也不能鼓琴弄瑟。吃肉不能讲究滋味，喝酒要少，笑不露齿，怒不能骂人，父母病愈后，子女方能恢复常态。"

有故事说，一次家乡送来一些青核桃，司马光以为是梨子。结果一尝又苦又涩，姐姐告诉他这是青核桃，皮不能吃，需要把皮剥掉，但又不知如何剥掉。姐姐离开以后，一个奴仆把青核桃放在热水中烫了一下，核桃皮就剥下来了。一会儿姐姐回来问他，是谁把核桃皮剥下来的，司马光说是自己剥下来的。父亲司马池知道这件事后训斥司马光："小子何德谩（欺骗）语！"教育他要做一个诚实的人。从此，司马光时时反省自责，立志要做一个诚实的人，并作自勉诗一首，强调"诚实为根本，立德应在前"，而且自取字为君实。

传统齐家的道德实践，正是表现在这些点点滴滴的小事上。

> 子游曰："子夏之门人小子，当洒扫应对进退，则可矣，抑末也。本之则无，如之何！"子夏闻之，曰："噫！言游过矣！君子之道，孰先传焉？孰后倦焉？譬诸草木，区以别矣。君子之道，焉可诬也？有始有卒者，其唯圣人乎！"（《论语·子张》）

子游说："你看子夏的学生们，总在做些洒水扫地、接待客人等周旋进退的杂事，虽然做得不错，但这不过是末节的小事，根本涉及不到礼之类的根本大事啊！"子夏听到这些话后说："唉！你说错了！君子所需要掌握的学问，哪些是要先传授而哪些是该后教导的呢？好比草木一样，虽然要区别门类，但是任何部分都是不能缺少的。君子的学问，怎么能够歪曲呢？自始至终都能够做得很好的人，大概只有圣人吧！"

后来，朱熹对这段话的解释是，生活中的方方面面都可以体现出道理，君子的修养没有"远近""大小""精粗"的区别，关键在于慎独，要严格要求自己，无论是洒扫庭院还是日常应酬，都要以认真的态度对待所有的事情。"君子教人有序，先传以小者近者，而后教以大者远者。非先传以近小，而后不教以远大也。"他还指出："洒扫应对，便是形而上者，理无大小故也。故君子只在慎独。"又说："圣人之道，更无精粗。从洒扫应对，与精义入神贯通只一理。虽洒扫应对，只看所以然如何。"（朱熹：《四书章句集注》卷十）正如民间所言："勿以恶小而为之，勿以善小而不为。"

三、兄弟

1. 手足

孙奇逢非常重视齐家思想中的兄弟之道，并且认为"悌"（弟）是仅次于"孝"的重要概念。他说：

> 汉有孝弟力田科，尔等只读书明农，便是真学真士。孔子曰："幼而不能强学，老而无以教，吾耻之。"今日教尔等以孝弟力田，正老夫不负烛光之一念也。……父慈、子孝、兄友、弟恭，男正位于外，女正位于内，即贫窭终身，而身型家范，为古今所仰，盛莫盛于此。如身无可型，而家不足范，当兴隆之时，而识者已早窥其必败矣。……训人家子弟，只教之以孝弟，则其造福于人也大矣。（孙奇逢：《孝友堂家训》）

汉代时设有"孝弟"和"力田"两个官职，因此一边读书一边务农的才是真正的学问之士。孔子说，他遗憾的事就是小时候没有努力读书，所以老了以后没有学问可以教给别人，为此而感到羞耻。现在以耕读来进行教育，也就不辜负齐家思想中"孝弟"这一宗旨了。……父亲慈祥，子女孝顺，哥哥友爱，弟弟恭敬，如此这般家庭中的男子就可以堂堂正正地面对社会，女子也可以安心于家庭内务，即便家境贫寒，也会为大家所尊敬。如果自己处世不端，家庭中又没有值得称道的事情，这个家庭即便可以兴旺一时，但明智的人早就能看出这个家庭早晚有衰败的一天。……因此，教育学生最重要的也就是"孝弟"这个内容，这是最有益人们的事情。

颜之推也很推崇兄弟之道，他将夫妻、父子及兄弟三种关系视为家庭中的基本关系。

> 夫有人民而后有夫妇，有夫妇而后有父子，有父子而后有兄弟，一家之亲，此三而已矣。自兹以往，至于九族，皆本于三亲焉，故于人伦为重者也，不可不笃。(《颜氏家训·兄弟》)

有了人群然后才有夫妻，有了夫妻然后才有父子，有了父子然后才有兄弟，一个家庭里的亲人，就是这三种关系。由此类推，直推到九族，都源自这三种亲属关系，所以这三种关系在人伦中极为重要，不能不认真对待。

由于血脉相通，又从小一起长大，因此兄弟之间应当是最富有亲情的。

> 兄弟者，分形连气之人也。方其幼也，父母左提右挈，前襟后裾，食则同案，衣则传服，学则连业，游则共方，虽有悖乱之人，不能不相爱也。及其壮也，各妻其妻，各子其子，虽有笃厚之人，不能不少衰也。娣姒之比兄弟，则疏薄矣。今使疏薄之人，而节量亲厚之恩，犹方底而圆盖，必不合矣。惟友悌深至，不为旁人之所移者免夫！(《颜氏家训·兄弟》)

颜之推认为，兄弟是形体虽分而气质相连的人。在他们小的时候，父母左手牵右手携，拉前襟扯后裙，吃饭同桌，衣服递穿，学习用同一册课本，游玩去同一处地方，即使有荒谬胡乱来的，也不可能不相友爱。等到进入壮年时期，各有各的妻子，各有各的子女，即便是诚实厚道的人，在感情上也不可能不慢慢减弱。而妯娌比起兄弟来，就更疏远而欠亲密了。如今让这些疏远而欠亲密的人来决定兄弟之间的亲厚程度，就好比那方的底座要加个圆盖，自然是合不拢了。只有那些兄弟感情很深的，才能够不被其他因素所动摇啊！

在亲人之中，兄弟之间共处的时间往往是最长的，但是也可能会产生裂痕，裂痕如果及时修补还能够恢复，可以影响兄弟之间关系的就是妻子与仆妾。

> 二亲既殁，兄弟相顾，当如形之与影，声之与响，爱先人之遗体，惜己身之分气，非兄弟何念哉？兄弟之际，异于他人，望深则易怨，地亲则易弭。譬犹居室，一穴则塞之，一隙则涂之，则无颓毁之虑；如雀鼠之不恤，风雨之不防，壁陷楹沦，无可救矣。仆妾之为雀鼠，妻子之为风雨，甚哉！（《颜氏家训·兄弟》）

双亲已经去世，留下兄弟相对，应当如同形和影，又像声与响，爱护先人的遗体，顾惜自身的情分，除了兄弟彼此还能挂念谁呢？兄弟之间，与他人可不一样，相互要求高就容易生出埋怨，而感情基础厚则容易消除隔阂。譬如住的房屋，出现了一个漏洞就堵塞，出现了一条细缝就填补，那就不会有倒塌的危险；假如任凭雀鼠横行也不维护，刮风下雨也不修缮，那么就会墙崩柱倒，无从挽回了。仆妾比那雀鼠，妻子比那风雨，恐怕还更厉害些吧！

> 兄弟不睦，则子侄不爱；子侄不爱，则群从疏薄；群从疏薄，则僮仆为仇敌矣。如此，则行路皆踏其面而蹈其心，谁救之哉？人或交天下之士，皆有欢爱，而失敬于兄者，何其能多而不能少也；人或将数万之师，得其死力，而失恩于弟者，何

其能疏而不能亲也！（《颜氏家训·兄弟》）

兄弟之间如果不和睦，必然会影响到下一代，家族也会因此分裂，家族分裂之后，则奴仆之间都会互相视如仇敌了。这样的话，甚至连路人都可以不给面子并且揭露其伤心的事，到了这个地步，还有谁会出面救助这个家族呢？那些能够结交天下的朋友而对兄弟不好的人，是怎样做到能对多数人友好而与少数人不和睦的呢？那些可以统率几万大军为自己拼命却对兄弟不好的人，是怎样做到能号令几万陌生人，却不能团结自己兄弟的呢？

娣姒者，多争之地也。使骨肉居之，亦不若各归四海，感霜露而相思，伫日月之相望也。况以行路之人，处多争之地，能无间者鲜矣。所以然者，以其当公务而执私情，处重责而怀薄义也。若能恕己而行，换子而抚，则此患不生矣。人之事兄，不可同于事父，何怨爱弟不及爱子乎？是反照而不明也！（《颜氏家训·兄弟》）

妯娌之间是很容易产生矛盾的，因此尽量不要让她们在一起，即使是亲姐妹成为妯娌，最好也住得远一点，彼此挂念，等待有好机会的时候再见面比较好，更何况将陌生人放在是非之地，不产生矛盾的可能性实在是太小了。之所以会这样，是因为大家在处理家庭内部事情的时候都有私心，肩负着重大的责任却心怀微不足道的恩义。如果能存着仁爱之心去做事，爱护兄弟家的孩子像对自己家孩子一样，那就不会产生这样的忧患了。有的人不肯像侍奉父亲一样去侍奉兄长，又怎么能够埋怨兄长爱惜弟弟不如爱惜自己的儿子呢？这反而证明自己没有自知之明了！

> 兄弟手足之义，人人所闻，其实未尝深体力求，盍思手足一体，持必均持，行必均行，适必皆适，痛必皆痛，偏废必弗宁，骈枝必两碍，是以为分形连气也。方其幼时，无不相好，及其长也，渐至乖离。古人谓"孝衰于妻子"。孝衰，悌因以俱衰。人能长保幼时之心，勿令外人得以伤吾肢体，庶可永好矣。（张履祥：《训子语》）

张履祥指出，兄弟为什么称为手足呢，因为他们是父母同出，血脉相连，在利益上也是共同的，一损俱损，一荣俱荣。幼时感情很好，随着年龄渐长慢慢变得疏远了。古人说"孝衰于妻子"，意思是许多人娶了妻子，就忘记了对父母的孝道，这同样也会影响兄弟的关系。因此，大家应当长久保持和惦记着兄弟之间儿时的友爱，不让外人伤害兄弟间的感情，将兄弟之情一直持续下去。

司马光也很重视兄弟之间的关系，认为如果兄弟之间的关系都处不好的话，怎么可能谈得上共同对外呢？

> 凡为人兄不友其弟者，必曰：弟不恭于我。……曰："仁人之于弟也，不藏怒焉，不宿怨焉，亲爱之而已矣。亲之欲其贵也，爱之欲其富也。……"……夫兄弟至亲，一体而分，同气异息。《诗》云："凡今之人，莫如兄弟。"又云："兄弟阋于墙，外御其侮。"言兄弟同休戚，不可与他人议之也。若己之兄弟且不能爱，何况他人？己不爱人，人谁爱己？人皆莫之爱，而患难不至者，未之有也。《诗》云"毋独斯畏"，此之谓也。兄弟，手足也。今有人断其左足，以益右手，庸何利乎？虺一身两口，争食相龁，遂相杀也。争利而害，何异于虺乎？（司马光：《家范·兄、弟、姑姊妹、夫》）

大凡为人兄长者，如果不友爱他的弟弟，必定要说弟弟对自己不恭敬。孟子说："仁者对于弟弟，有怒气不藏于心中，也没有长久的怨恨，只是亲他爱他罢了。亲他，便要使他贵；爱他，便要使他富。……"……兄弟之间可以说是至亲之人，他们同出一体，同气异息。《诗经》说："普天下的人与人之间的感情，都不如兄弟那样亲密。"又说："兄弟在家里虽然有矛盾，但在外边却能共同抵御敌人。"这说的是兄弟能够同欢乐、共患难，不能与他人相提并论。一个人如果连自己的兄弟都不爱，又怎么能去爱他人呢？自己不爱他人，他人又怎么会爱你呢？人人都不喜爱你了，这时要想避免祸患和灾难已是不可能了。《诗经》说"怕的就是只有你一个人"，指的就是这个意思。兄弟如同人的手足一样是相互配合的，如果想砍断左脚来延长右手，怎么可能会有好处？虺有一个身子两张嘴，争食相咬，于是自相残杀。如果兄弟之间为了各自的利益而互相残害，这跟虺有什么差别呢？

袁采在《袁氏世范》中也有对于兄弟之道的深刻论述，提出若兄弟性格不同，则不要强求。他说：

> 人之至亲，莫过于父子兄弟。而父子兄弟有不和者，父子或因于责善，兄弟或因于争财。有不因责善、争财而不和者，世人见其不和，或就其中分别是非，而莫明其由。盖人之性，或宽缓，或褊急，或刚暴，或柔懦，或严重，或轻薄，或持检，或放纵，或喜闲静，或喜纷拏，或所见者小，或所见者大，所禀自是不同。父必欲子之性合于己，子之性未必然；兄必欲弟之性合于己，弟之性未必然。其性不可得而合，则其言行亦不可得而合。此父子兄弟不和之根源也。（《袁氏世范·卷一·睦亲·性不可以强合》）

袁采认为，人间最亲近的关系莫过于父子和兄弟。然而，父子兄弟之间也有相处不融洽、不和睦的。父子之间不融洽，或许因为父亲对孩子求全责备，要求太过苛刻；兄弟之间不和睦，或许因为相互争夺家产财物。有的父子、兄弟之间并没有求全责备、争夺财产，却也很不和睦，周围的人看见他们不和，便想从中分辨出是非曲直，但始终找不到任何有说服力的理由。大概人的性情有的宽容缓和，有的偏颇急躁，有的刚戾粗暴，有的柔弱儒雅，有的严肃庄重，有的肤浅轻薄，有的克制检点，有的放肆纵情，有的喜欢闲适宁静，有的喜欢热闹繁华，有的人见识短浅，有的人见识广博，各自的禀性气质不同。父亲想要强迫子女合于自己的脾气，而子女的脾气未必是那个样子的；兄长想要强迫弟弟合于自己的性格，而弟弟的性格也未必如此。如果他们的性格无法相合，那么他们的言语与行动也不可能相合，这就是父与子、兄与弟不和睦的根本原因。

袁采接着说：

> 况凡临事之际，一以为是，一以为非，一以为当先，一以为当后，一以为宜急，一以为宜缓，其不齐如此。若互欲同于己，必致于争论，争论不胜，至于再三，至于十数，则不和之情，自兹而启，或至于终身失欢。若悉悟此理，为父兄者通情于子弟，而不责子弟之同于己；为子弟者，仰承于父兄，而不望父兄惟己之听，则处事之际，必相和协，无乖争之患。孔子曰："事父母，几谏，见志不从，又敬不违，劳而不怨。"此圣人教人和家之要术也，宜熟思之。(《袁氏世范·卷一·睦亲·性不可以强合》)

况且大凡面临一件具体事情的时候，一方认为正确，一方认为错误；一方认为应当先做，一方认为应当后做；一方以为应该急，一方以为应该缓，观点不同竟然可以达到这个程度。如果彼此都想要对方和自己的性格、脾气、观点相同，必然会导致争吵与论辩，争吵、论辩不分胜负，甚至于三番五次，甚至于十次八次，那么不和就会由此产生，甚至可能到了一生失和的地步。如果大家都能领悟到这个道理，做父亲和兄长的对子女与弟弟通情达理，不要苛责子女、弟弟一定要与自己相同；做子女和弟弟的恭敬地追随着父兄，却并不期望父兄必须听取自己的意见，那么在处理事情的时候，必定相互和谐，没有乖离争论的祸患。孔子说："侍奉父母时，如果父母有不对的地方要委婉地劝说他们，即便自己的意见一直不被采纳，还是要对父母恭恭敬敬，不加违抗，无怨无悔地替他们操劳。"这就是圣人教给人们的使家庭和谐的重要方法，我们应该认真地思考。

因此，一个家庭的成员想要彼此相处得很好，关键在于要宽容。袁采指出：

> 自古人伦，贤否相杂。或父子不能皆贤，或兄弟不能皆令，或夫流荡，或妻悍暴，少有一家之中无此患者，虽圣贤亦无如之何。譬如身有疮痍疣赘，虽甚可恶，不可决去，惟当宽怀处之。能知此理，则胸中泰然矣。古人所以谓父子、兄弟、夫妇之间，人所难言者如此。（《袁氏世范·卷一·睦亲·处家贵宽容》）

自古以来的人伦关系就是贤达和不肖相杂。有的父子不能够都做到贤达，有的兄弟不能够都做到美好，有的丈夫随便放荡，有的妻子悍厉粗暴，很少有一家中能免此患，即使圣贤之人也无可奈何。如同身上生有脓疽疮痛，虽然甚为可恶，却不能够全部除去，因此应该以宽怀之心来对待。明白了这个道理，对待此事就会非常坦然。

古人所谓父子、兄弟、夫妇之间难以言说的也就是这些。

2. 公平

袁采认为，兄弟之间的不和往往源于父母的偏爱，这是父母不公，但是父母对孩子有所偏爱也是有原因的，袁采从心理学的角度对此进行了解释，既说明了其合理性及符合人性的方面，也指出了偏爱和放纵对家庭的危害。古人能够这样理解问题，也是难能可贵的。他说：

> 同母之子，而长者或为父母所憎，幼者或为父母所爱，此理殆不可晓。窃尝细思其由，盖人生一二岁，举动笑语自得人怜，虽他人犹爱之，况父母乎？才三四岁至五六岁，恣性啼号，多端乖劣，或损动器用，冒犯危险，凡举动言语皆人之所恶，又多痴顽，不受训诫，故虽父母亦深恶之。方其长者可恶之时，正值幼者可爱之日，父母移其爱长者之心而更爱幼者，其憎爱之心从此而分，遂成迤逦。最幼者当可恶之时，下无可爱之者，父母爱无所移，遂终爱之，其势或如此。为人子者，当知父母爱之所在，长者宜少让，幼者宜自抑。为父母者又须觉悟，稍稍回转，不可任意而行，使长者怀怨，而幼者纵欲，以致破家。（《袁氏世范·卷一·睦亲·父母多爱幼子》）

出于同母之子，年龄大的孩子大多被父母憎恶，年龄小的孩子却大多为父母所厚爱，其中的原因几乎没有人能够理解。我曾经很认真地思考过这个问题，认为对于大多数人来说，一两岁时的孩子，行为举止天然惹人喜爱，即使外人看了也会产生怜爱之心，况且父母呢？长至三四岁或五六岁的孩子，经常大声哭叫，在很多方面乖违恶劣，不听父母的话，有时破坏器物，常常做出危险之举，言语行动都常令人厌恶，又多淘气顽皮的痴性，不听训斥规劝，即使是父母也不由深深地厌恶。当大孩子正处于令人讨厌的年纪，恰恰是小孩子惹人喜爱之时，于是父母便连同厚爱大孩子的心一起都移到了小孩子的身上，憎爱之情从此分得明明白白，并一直延续下来。当最小的孩子到了讨人厌的时候，下面已没有可以移爱的孩子了，父母之爱无处转移，就会自始至终一直喜爱他，其中的大体趋势就是这个样子。作为人子，应当懂得父母的那份爱止泊在何处，大孩子应当稍稍让着小孩子，小孩子也应当学着控制自己。做父母的，又应当自觉地体悟其中的道理，稍稍使自己执拗的爱心回转一下，不能纵任自己的情感来做事。如果任意而行，就会使大孩子心存怨恨，而小孩子则更加放纵，最终将导致家庭破败。

袁采认为，父母偏爱的放纵最后可能会造成兄弟之间的仇恨。例如，曹操是三国时期有名的大政治家、大军事家，甚至也是一位大诗人，在用人上注重"唯才是举"的原则。然而，在对待儿子的问题上，他却表现得极不民主。拿他的两个儿子曹丕和曹植来说，他喜欢曹植，曹植的气质更像一个诗人，"骨气奇高，辞采华茂"。曹操对曹植的偏爱，对于很有政治头脑的曹丕而言是极大的不公平。因为父亲曹操的态度，导致兄弟二人不和，最后曹丕登上君主之位以后，大肆迫害曹植及其党羽。曹植几次在诗中谈到过这种迫害，如他在《野田黄雀行》中写的"利剑不在掌，结友何须多"，"罗家得雀喜，少年见雀悲"，明显是在影射曹丕对他的压迫。更有一首家喻户晓的《七步诗》："煮豆燃豆萁，豆在釜中泣。本是同根生，相煎何太急。"在这样的迫害下，曹植最后抑郁而死。

所以，袁采认为父母应当公平地对待每一个孩子，以成全兄弟之间的和睦相处。他说：

人之兄弟不和而至于破家者，或由于父母憎爱之偏，衣服饮食，言语动静，必厚于所爱而薄于所憎。见爱者意气日横，见憎者心不能平。积久之后，遂成深仇。所谓爱之，适所以害之也。苟父母均其所爱，兄弟自相和睦，可以两全，岂不甚善！（《袁氏世范·卷一·睦亲·父母爱子贵均》）

兄弟不和睦导致家庭破裂的原因，很多时候是因为父母对孩子的偏爱造成的。父母在衣服、饮食、言语、行动方面表现出对偏爱者的丰厚与和蔼，以及对所憎恶者的寡薄与冷淡，于是被厚爱的孩子日益变得意气骄横，而被憎恶的孩子心理愈加不能平衡，久而久之，逐渐结成深仇。所谓的爱，正是害了他们。倘若父母能把爱平均地分给每一个孩子，兄弟间便可以和睦相处，这种两全齐美的做法，不是很好吗？

袁采认为，兄弟之间相处，彼此要公平、公正，不要怀有私心，这样才能保持和睦的关系。

兄弟子侄同居至于不和，本非大有所争。由其中有一人设心不公，为己稍重，虽是毫末，必独取于众，或众有所分，在己必欲多得。其他心不能平，遂启争端，破荡家产。驯小得而致大患。若知此理，各怀公心，取于私则皆取于私，取于公则皆取于公。众有所分，虽果实之属，直不数十金，亦必均平，则亦何争之有？（《袁氏世范·卷一·睦亲·同居贵怀公心》）

袁采说，兄弟子侄生活在一起，产生不和睦的原因，本来就不是什么大的争斗和分歧。大概是由于其中的一两个人私心太重，缺乏公允，总是把自己的利益放在第一位，即便是蝇头小利，也一定要自己单独攫取；或者有时大家一起分配，他自己一定要比别人多拿一点才满意。这样一来，其他的人心中就会感到愤愤不平，进而引起争端，甚至于倾家荡产。贪图小便宜会导致大的祸患。假如人们都明白这个道理，各自持有一颗公允之心，该私人出钱的就从私人那里支取，该公家出钱的就从大家的财物中支取，每个人都能分到相同的东西，即便是果实之类的小东西，价值不过数十文钱，也同样公平分配，那还有什么值得争夺的呢？

兄弟之间不可以长凌幼，幼欺长。

> 兄弟子侄同居，长者或恃其长，陵轹卑幼。专用其财，自取温饱，因而成私。簿书出入不令幼者预知，幼者至不免饥寒，必启争端。或长者处事至公，幼者不能承顺，盗取其财，以为不肖之资，尤不能和。若长者总持大纲，幼者分干细务，长必幼谋，幼必长听，各尽公心，自然无争。（《袁氏世范·卷一·睦亲·同居长幼贵和》）

袁采说，兄弟子侄生活在一起，如果年长的仗着他们年长的优势欺凌年少之人，独断专横地使用大家的财物，自求温暖饱足，不顾虑他人，进而养成自私的习性，家中的收支账目不让年少之人有清楚的了解，甚至使年少的沦落到饥寒的地步，这样必然引发争端。又或者年长之人处理家庭事务极为公正，年少之人却不顺从，暗中偷盗家中财物，干一些鸡鸣狗盗的坏事，这样家庭也是不可能和睦的。如果年长之人能够在总体上把握好治家的大方向，年少之人可以分担着做一些烦琐的家务，年长之人一定要为年少之人打算，年少之人一定要遵从长者的分配，各人都尽量持有一份公允之心，这样自然而然就没有争论和分歧了。

兄弟和睦还表现在如果彼此之间有了贫富差距，应当相济而不相嫉。

> 兄弟子侄贫富厚薄不同，富者既怀独善之心，又多骄傲，贫者不生自勉之心，又多妒嫉，此所以不和。若富者时分惠其余，不恤其不知恩；贫者知自有定分，不望其必分惠，则亦何争之有！（《袁氏世范·卷一·睦亲·兄弟贫富不齐》）

袁采说，兄弟子侄贫富厚薄的实际状况各有不同，如果富裕者只想着自己独占利益，还非常骄横傲慢；贫穷者又不勤奋不想着自力更生，还产生了妒忌之心，结果必然是不和睦的。假如富裕者不时地给穷亲戚分一点多余的东西，并不指望其知恩图报；贫穷者安分守己，不期望意外之财，那么还会有什么矛盾和冲突呢？

袁采尖锐地指出，兄弟之间如果要分家的话，宜早不宜迟，如果出现纠纷后再被迫分家，对彼此的伤害会更大。

> 兄弟义居，固世之美事。然其间有一人早亡，诸父与子侄其爱稍疏，其心未必均齐。为长而欺瞒其幼者有之，为幼而悖慢其长者有之。顾见义居而交争者，其相疾有甚于路人。前日之美事，乃甚不美矣。故兄弟当分，宜早有所定。兄弟相爱，虽异居异财，亦不害为孝义。一有交争，则孝义何在？（《袁氏世范·卷一·睦亲·兄弟贵相爱》）

他认为，兄弟因为尽孝义之道而居住生活在一起，这固然是一件好事。但是如果其中有人早早去世，叔伯与侄儿之间的情感必定会逐渐疏远，彼此的志向也未必一致。于是就可能发生长者欺瞒晚辈、晚辈轻慢长者的情况。明明当初由于孝义而居住在一起，可一旦发生争执后，互相忌恨的程度远比普通人之间更为严重，原来美好的事情就开始变质了。所以,对于兄弟分家这件事,应当尽早做出决定。兄弟之间如果有感情,即使分家了,也不会妨碍孝义。否则,出于照顾孝义的虚名而居住在一起却争执不休,所谓孝义也荡然无存了。

四、勤俭

1. 长久

在传统齐家思想中，很重要的一个内容就是勤俭。一个家庭兴旺富裕之后，就容易变得奢侈，奢侈则容易导致腐败，而腐败又会导致人性的堕落，最终就会使家庭衰败，对于国家、民族来说也是如此。因此，勤俭便成为力戒奢侈、防止腐败的重要措施和方法，同时也是中华民族值得继承和发扬的传统美德。

方孝孺（1357～1402），字希直，一字希古，明浙江宁海人，通儒学，以擅长文章和气节忠烈扬名于世，他拒绝为发动"靖难之役"的燕王朱棣草拟即位诏书，牵连其亲友学生八百七十余人全部遇害，成为中国历史上唯一被"诛十族"的人。福王时追谥"文正"。他在《侯城杂诫》书中提出齐家的关键是明确伦理、区别内外，在内要做好尊祖、修身及生产事务，对外处事要节俭，知礼守法，这样就不容易产生过失。

> 为家以正伦理别内外为本，以尊祖睦族为先，以勉学修身为教，以树艺畜牧为常。守以节俭，行以慈让，足己而济人，习礼而畏法，亦可以寡过矣。（方孝孺：《侯城杂诫》）

方孝孺认为做到勤俭是不容易的，因为大多家庭都是急于牟利的，可是，利就那么容易牟到吗？即便有些财富，是否就能守得住呢？与其为这些事发愁，还不如追求礼义的好。追求利益最大的问题就是容易出现私心，使人心涣散，最终导致灾祸和败落，因此，人们必须对此保持警惕和畏惧，有了畏惧，就容易做到齐家了。

> 古之为家者，汲汲乎礼义。礼义可求而得，守之无不利也。今之为家者，汲汲于财利，财利求未必得，而有之不足恃也。舍可得而不求，求其不足恃者，而以不得为忧。咄嗟乎若人，吾于汝也奚尤。（方孝孺：《家人箴·择术》）
>
> 有所畏者，其家必齐；无所畏者，必怠而瞍。严厥父兄，相率以听，大小祗肃，靡敢骄横，于道为顺，顺足致和。始若难能，其美实多。人各自贤，纵私殖利，不一其心，祸败立至。（方孝孺：《家人箴·崇畏》）

治理天下与治理家庭哪个更难一些呢？方孝孺认为治理天下容易而治理家庭更难。为什么治大容易而治小反而困难呢？原因很简单，是因为家庭中有骨肉之情，往往使得人们置礼义而不顾，家族势力的存在也会造成执法方面的困难。

> 论治者常大天下而小一家，然政行乎天下者，世未尝乏；而教洽乎家人者，自昔以为难。岂小者固难而大者反易哉？盖骨肉之间恩胜而礼不行，势近而法莫举。（方孝孺：《家人箴·序》）

司马光也认识到追逐财富最终会导致家族的衰败，但这又是个很矛盾的事情，因为任何人都希望造福于后代，希望将利益永久地留给子孙，结果却导致了恶行。他说：

> 为人祖者，莫不思利其后世。然果能利之者，鲜矣。何以

言之？今之为后世谋者，不过广营生计以遗之。田畴连阡陌，邸肆跨坊曲，粟麦盈囷仓，金帛充箧笥，慊慊然求之犹未足，施施然自以为子子孙孙累世用之莫能尽也。然不知以义方训其子，以礼法齐其家。自于数十年中勤身苦体以聚之，而子孙于时岁之间奢靡游荡以散之，反笑其祖考之愚不知自娱，又怨其吝啬，无恩于我，而厉虐之也。始则欺绐攘窃，以充其欲；不足，则立券举债于人，俟其死而偿之。观其意，惟患其考之寿也。甚者至于有疾不疗，阴行鸩毒，亦有之矣。然则向之所以利后世者，适足以长子孙之恶而为身祸也。（司马光：《家范·祖》）

先祖没有不希望能够造福于后代的，可是真能造福于后代的却很少，为什么这样说呢？因为现在为后代谋利益的那些人，只懂得多积钱财留给后代子孙。田地连阡陌，商铺遍布街巷，粮食堆满了仓库，财物塞满了箱子，仍然觉得不够，还在苦心谋求。他们只有这样做心里才踏实，以为子子孙孙世世代代都可以享用不尽了。但是这些祖辈们却不懂，更重要的是应该用做人的道理来教育子孙，也不懂得用礼法来管理家庭。他们自己几十年辛勤劳作所积累起来的财富，被那些没有教养的子孙们在短时间内就挥霍殆尽了，子孙们还反过来讥笑祖辈们愚蠢，不会享受，还埋怨祖辈吝啬小气，曾经对自己不好，虐待了自己。那些家里广有钱财但却没有得到良好教育的后代子孙，一开始便欺骗盗窃，以满足自己的私欲，不够的时候，就向他人立券借债，打算等到祖辈死后再来还债。仔细考察一下这些子孙们的心思，发现他们只是盼望祖辈早死。更有甚者，祖辈有病不但不给治疗，反而在暗中投毒，以求早一些得到家里的财产。那些为后代谋利益的祖辈们，不但助长了子孙的恶行，也给自己带来了杀身之祸。

司马光认为，只有坚持勤俭才能使家族保持长久的兴旺。

> 有德者皆由俭来也，夫俭则寡欲，君子寡欲，则不役于物，可以直道而行；小人寡欲，则能谨身节用，远罪丰家。故曰：俭，德之共也。侈则多欲，君子多欲则贪慕富贵，枉道速祸；小人多欲则多求妄用，败家丧身。是以居官必贿，居乡必盗。故曰：侈，恶之大也。（司马光：《温国文正司马公文集·训俭示康》）

有德行的人都是从节俭做起的，"俭"就是寡欲，君子做到寡欲就可以不受物欲的支配，遵循自然之道了；小人如果做到寡欲，也可以远离罪恶使家庭富裕起来。所以说，节俭是各种美好品德的共性。与"俭"相反的概念就是"侈"，奢侈就多贪欲，君子如果多贪欲，就会贪恋爱慕富贵，不循正道而行，招致祸患；小人多贪欲就会多方营求，随意挥霍，败坏家庭，甚至丧命。做官的人如果奢侈必然贪污受贿，平民百姓如果奢侈必然盗窃别人的钱财。所以说，奢侈是最大的恶行。

叶梦得（1077~1148），字少蕴，南宋文学家，苏州人。绍圣四年（1097）登进士第，历任翰林学士、户部尚书、江东安抚制置大使等官职。晚年隐居湖州弁山玲珑山石林，故号石林居士，所著诗文多以石林为名，如《石林燕语》《石林词》《石林诗话》等。他对"勤俭"二字也有深刻的见解，认为只有"勤"才能够捕捉到机会，才不会荒废事业，一个人如果不努力，怎么会有所收获呢？"俭"也是很重要的，宁可有些盈余也不可耗尽。他认为奢侈者的特点是欲望强烈，顺利时志满意得，一旦陷入贫穷后又会不顾廉耻。

> 要勤。每日起早，凡生理所当为者，须及时为之，如机之

发、鹰之搏,顷刻不可迟也。若有因循,今日姑待明日,则废事损业,不觉不知,而家道日耗矣。且如芒种不种田,安能望有秋之多获?勤之不得不讲也。

要俭。夫俭者,守家第一法也。故凡日用奉养,一以节省为本,不可过多。宁使家有盈余,毋使仓有告匮。且奢侈之人,神气必耗,欲念炽而意气自满,贫穷至而廉耻不顾。俭之不可忽也若是夫。(叶梦得:《石林治生家训要略》)

袁采也认为勤俭是使家业能够长远维持的好办法,因为人的开销总会越来越大,如果入不敷出,衰败就是必然的。

起家之人,易于增进成立者,盖服食器用及吉凶百费,规模浅狭,尚循其旧,故日入之数,多于日出,此所以常有余。富家之子,易于倾覆破荡者,盖服食器用及吉凶百费,规模广大,尚循其旧,又分其财产立数门户,则费用增倍于前日。子弟有能省悟,远谋损节,犹虑不及,况有不之悟者,何以支梧?古人谓"由俭入奢易,由奢入俭难",盖谓此尔。大贵人之家,尤难于保成。方其致位通显,虽在闲冷,其俸给亦厚,其馈遗亦多,其使令之人满前,皆州郡廪给,其服食器用虽极于华侈,而其费不出于家财。逮其身后,无前日之俸给、馈遗、使令之人,其日用百费,非出家财不可。况又析一家为数家,而用度仍旧,岂不至于破荡?此亦势使之然,为子弟者各宜量节。(《袁氏世范·卷二·处己·用度宜量入为出》)

他认为创立家业的人,之所以能够把财富越积越多,就是因为他们在服装、饮食、器皿、用具以及红白喜事的操办和各种日常花费上都很节俭,遵循发家之前的规矩,从不铺张浪费,这样每天收入的钱财总要多于支出，就能经常有所剩余。富家子弟之所以容易倾家荡产，是因为他们在服装、饮食、器皿、用具上花费太多，操办红白喜事规模太大，总要依循旧制，并且数位兄弟又把财产分开，各立门户，这样日常花费就比从前增加了好几倍。子弟中有的人省悟了，马上节省费用，作长远打算，恐怕还来不及呢，何况有的子弟尚未省悟，这样如何能把家业维持下去呢？古人说，从节俭变奢侈容易，从奢侈再回到节俭就困难了，说的就是这种情况。权贵人家也不能保证子孙永不败坏家业。当他们身居高位的时候，即使不是主管要害部门，国家发给的俸禄供给也十分丰厚，别人赠送的礼物钱财也很多，差役仆从的费用都由州郡官方供给，他们的服饰、饮食、器皿、用具尽管极其豪华奢侈，但那些费用也都不是由自家财产中支出的。而这些权贵的后世子孙，没有了父祖辈做官时国家拨给的俸禄供给，也没有别人赠送的钱财礼物，差役仆从的薪水和日常生活所需的各种费用，都不得不从自家财产中支出。况且后世子孙又会分成好多家，而各种用度还和往昔一样，这怎么可能不倾家荡产呢？这种趋势是不可避免的。因此做子弟的都应量入为出，勤俭持家。

2. 忧患

袁采也反对那种单纯的守财，认为有些人不敢花钱，把财物封存起来，但最后还是破了产，这是因为不懂得量财力而为之，就算处处皆节省，然而有一处不节省，便会前功尽弃了。

> 人有财物，虑为人所窃，则必缄縢扃镝，封识之甚严。虑费用之无度而致耗散，则必算计较量，支用之甚节。然有甚严

而有失者，盖百日之严，无一日之疏，则无失；百日严而一日不严，则一日之失与百日不严同也。有甚节而终至于匮乏者，盖百事节而无一事之费，则不至于匮乏；百事节而一事不节，则一事之费与百事不节同也。所谓百事者，自饮食、衣服、屋宅、园馆、舆马、仆御、器用、玩好，盖非一端。丰俭随其财力，则不谓之费。不量财力而为之，或虽财力可办，而过于侈靡，近于不急，皆妄费也。年少主家事者宜深知之。（《袁氏世范·卷二·处己·节用有常理》）

人们有了财物后，因为害怕被他人偷盗，就用绳索捆上，再加上锁，严格地贴上封条；害怕日常花费没有计划而耗散家产，就会精心地计算一切花销。然而也有人虽然对日常花销精打细算，最后还是破了产，这是因为在花销方面必须一直坚持严格谨慎，没有一日疏忽，才能保证不会破产；如果长期在花销上严格谨慎，只有一次疏忽放任造成损失，那么这一次的疏忽放任便与之前一直不严格谨慎造成的后果是一样的。有的人十分节俭，但最后还是到了资财匮乏的地步，这就是因为哪怕在各种事情上都节俭，但只要有一样事情破费了，就与其他各种事情都不节俭的后果是一样的。所谓各种事情，即饮食、衣服、住宅、园林、馆舍、车马、仆人差役、器皿用具、古玩，等等。对于这些事物的使用，只要是按自己的财力来定丰俭，就不算是浪费；若不考虑自己的财力，或是虽然有这份财力却过于奢侈浪费，做非紧急必要之事，则都属于乱花费。主持家事的年轻人应该深深清楚这一点。

曾国藩也看到了勤俭在治家之道中的重要性，他在这方面的论述也是具体而有特色的。曾国藩曾告诫新婚的儿子纪泽，与新妇二人必须勤俭，坚持早起。他强调这不仅仅是二百年来朝廷办公的惯例，也是曾家悠久的家风。清晨早起，不仅能反映一个人的精神状态，同时也是勤俭的一个重要标志。

> 知喜事完毕，新妇能得尔母之欢，是即家庭之福。
> 我朝列圣相承，总是寅正即起，至今二百年不改。我家高曾祖考相传早起，吾得见竟希公、星冈公皆未明即起，冬寒起坐约一个时辰，始见天亮。吾父竹亭公亦甫黎明即起，有事则不待黎明，每夜必起看一二次不等，此尔所及见者也。余近亦黎明即起，思有以绍先人之家风。尔既冠授室，当以早起为第一先务，自力行之，亦率新妇力行之。（《曾国藩家书·与曾纪泽书》）

按照中国民间传统的理解，早起就意味着"勤"，早起必然要早睡，而早睡也意味着"俭"。为什么说早起就意味着"勤"呢？因为民间有"早起三朝当一工"的俗语，意思是说早起干活，连起三个早，早上干的活就相当于一天的活了。照此坚持下来，三天就可以干完一般人四天干的活，所以早起不就意味着"勤"吗？那又为什么说早睡意味着"俭"呢？早睡说明一个人白天干活的效率很高，晚上必须好好休息，不会在夜里东游西荡，在家浪费灯油，在外耗费钱财，白费精力，因此早睡也必然意味着"俭"了。

咸丰十年（1860）闰三月初四日，曾国藩在给儿子纪泽的信中又说：

> 昔吾祖星冈公最讲求治家之法，第一起早，第二打扫洁净，第三诚修祭祀，第四善待亲族邻里。……此四事之外，于读书种菜等事，尤为刻刻留心。故余近写家信，常常提及书蔬鱼猪四端者，盖祖父相传之家法也。（《曾国藩家书·与曾纪泽书》）

咸丰十一年（1861）八月二十四日，曾国藩在给儿子纪泽的家书中，谈了一些家务及女儿出嫁的事之后说：

> 居家之道惟崇俭可以长久，处乱世尤以戒奢侈为要义，衣服不宜多制，尤不宜大镶大缘，过于绚烂。尔教导诸妹，敬听父训，自有可久之理。（《曾国藩家书·与曾纪泽书》）

咸丰十一年（1861）九月二十四日，他在给儿子纪泽的信中再次强调：

> 遭此乱世，虽大富大贵，亦靠不住，惟勤俭二字，可以持久。（《曾国藩家书·与曾纪泽书》）

"有福不可享尽，有势不可使尽。"这是曾国藩的名言。同治二年（1863）十二月十四日，他在给其侄纪瑞的信中说：

> 吾家累世以来，孝弟勤俭。辅臣公以上吾不及见，竟希公、星冈公皆未明即起，竟日无片刻暇逸。竟希公少时在陈氏宗祠读书，正月上学，辅臣公给钱一百，为零用之需，五月归时，仅用去二文，尚余九十八文还其父，其俭如此。星冈公当孙入翰林之后，犹亲自种菜收粪。吾父竹亭公之勤俭，则尔等所及见也。今家中境地虽渐宽裕，侄与诸昆弟切不可忘却先世之艰难，有福不可享尽，有势不可使尽。勤字工夫，第一贵早起，第二贵有恒。俭字工夫，第一莫着华丽衣服，第二莫多用仆婢雇工。凡将相无种，圣贤豪杰亦无种，只要人肯立志，都可以做得到的。（《曾国藩家书·与曾纪瑞书》）

曾国藩具有很强的忧患意识，虽然自己的官做得不小，但是他很清醒地知道这只是一时的荣耀，家族的繁荣必须依靠长期恪守勤俭之道，因此他所强调的勤俭就有了许多具体内容，一是要通过勤俭来表现低调，"莫着华丽衣服"；二是要通过勤俭来参加家务劳动，"种菜收粪"，"莳蔬养鱼"；三是通过勤俭为自己留一后路，"势不可使尽"，"虽一旦罢官尚不失为兴旺气象"。

同治五年（1866）六月二十六日，曾国藩在致子纪泽、纪鸿的家书中说：

> 吾家门第鼎盛，而居家规模礼节未能认真讲求。历观古来世家久长者，男子须讲求耕读二事，妇女须讲求纺织酒食二事。……故吾屡教儿妇诸女，亲主中馈，后辈视之若不要紧。此后还乡居家，妇女纵不能精于烹调，必须常至厨房，必须讲求作酒作醯醢小菜之类。尔等可须留心于莳蔬养鱼，此一家兴旺气象，断不可忽。纺织虽不能多，亦不可间断。大房唱之，四房皆和之，家风自厚矣，至嘱至嘱。（《曾国藩家书·与曾纪泽、曾纪鸿书》）

"时时作罢官衰替"，这是曾国藩的忧患意识。同治五年（1866）十一月初三日，他又在信中对纪泽说：

> 家中兴衰，全系乎内政之整散。尔母率二妇诸女，于酒食纺绩二事，断不可不常常勤习。目下官虽无恙，须时时作罢官衰替之想，至嘱至嘱。（《曾国藩家书·与曾纪泽书》）

同治六年（1867）五月初五日，曾国藩又在致其欧阳夫人的信中说：

夫人率儿妇辈在家，须事事立个一定章程。居官不过偶然之事，居家乃是长久之计，能从勤俭耕读上做出好规模，虽一旦罢官尚不失为兴旺气象。若贪图衙门之热闹，不立家乡之基业，则罢官之后，便觉气象萧索。凡有盛必有衰，不可不预为之计。望夫人教训儿孙妇女，常常作家中无官之想，时时有谦恭省俭之意，则福泽悠久，余心大慰矣。(《曾国藩家书·与欧阳夫人书》)

同治九年（1870）六月初四日，他在致二子的家书中又强调：

历览有国有家之兴，皆由克勤克俭所致。其衰也，则反是。(《曾国藩家书·与曾纪泽、曾纪鸿书》)

石成金，字天基，号醒庵愚人，具体生平不详，世居江苏扬州，大致生活于康熙至乾隆初年。主要著作有《长生秘诀》《长寿谱》《传家宝》《养生镜》《延寿丹方》等，是一位著名的养生学家。他在勤俭方面也有独到的见解，认为"懒"与"贪"两种病造成了许多人（包括读书人）的败落：

世上不安分的，有两个病根：其一病在懒，其一病在贪。如何是病在懒？人若习成了骄傲，游手好闲，狐朋狗党，把自己的本分事业全不放在心上，有钱时纵酒贪花，赌钱摇嚼，横行无忌，弄得手内空虚，走投无路，遂至为非作歹，一切出乖露丑的事，都做将出来，重则招灾犯法，轻则流落饥寒，这都是懒惰之病，遗累无穷。如何是病在贪？丢了自己的事业，美慕别人的营生，得一望十，得百望千，这山看见那山高，顾东盼西，朝更夕改，耽误的这边也不成，耽误的那边也不就，千条计算，反弄得一事无成。……如读书为士的，要知诗书原是教人为圣为贤的路径，不是与人图名博利的阶梯。凡读书的务要立志潜心，下帏攻苦，但图正谊明道，不可谋利计功。就是困穷无藉，设馆训蒙，也要知继往开来，是学者分内事，不可借口束修，坏了礼义廉耻。（石成金：《传家宝·安分》）

五、修养

1. 立志

齐家的关键在于家庭成员要具有良好的修养，而人的修养是通过其外在的德行及志向表现出来的。

> 名之与实，犹形之与影也。德艺周厚，则名必善焉；容色姝丽，则影必美焉。今不修身而求令名于世者，犹貌甚恶而责妍影于镜也。上士忘名，中士立名，下士窃名。忘名者，体道合德，享鬼神之福佑，非所以求名也；立名者，修身慎行，惧荣观之不显，非所以让名也；窃名者，厚貌深奸，干浮华之虚称，非所以得名也。(《颜氏家训·名实》)

颜之推在《颜氏家训》中深刻地指出，名（外在的表现）与实（内在的修养）的关系，好比形与影的关系。德艺周厚，那名就一定好；容貌美丽，那影就一定美。不修身而想在世上留下好名声，就好比容貌很丑却强求镜子里现出美的影子一样。上士忘名，中士立名，下士窃名。一个人如果忘名，体道合德（名实一致），他就可以得到鬼神的保佑，这绝不是求名的结果；立名的人修身慎行，担心名声受到埋没，是很在意名声的；窃名的人外表朴实而内心奸诈，他们谋求浮华的虚名，但是他们不会获得真正的好名声。

颜之推指出：

> 《礼》云："欲不可纵，志不可满。"宇宙可臻其极，情性不知其穷，唯在少欲知足，为立涯限尔。先祖靖侯戒子侄曰："汝家书生门户，世无富贵；自今仕宦不可过二千石，婚姻勿贪势家。"吾终身服膺，以为名言也。（《颜氏家训·止足》）

《礼记》上说："欲不可以放纵，志不可以满盈。"宇宙还可到达边缘，人的情性却没有尽头，所以欲望必须要有范围，也要有一定的限度。先祖靖侯告诫子侄说："你们家是书生门户，世代没有出现过大富大贵，从现在起你们做官不可超过二千石，婚姻不能贪图权势之家。"我衷心信服并一直牢记在心，认为这是名言。

一个人要做好自身的修养，不必面面俱到，也不能够贪多。

> 铭金人云："无多言，多言多败；无多事，多事多患。"至哉斯戒也！能走者夺其翼，善飞者减其指，有角者无上齿，丰后者无前足，盖天道不使物有兼焉也。古人云："多为少善，不如执一。……"（《颜氏家训·省事》）

周朝的太庙前有一个铜人，其背上的铭文说："不要多话，多话会多过失；不要多事，多事会多惹祸。"这个训诫对极了！会跑的不让生出翅膀，善飞的就减少其指头，长了双角的必缺失利齿，后腿发达的便没有前足，大概是天道不叫这些动物兼具各种功能吧！古人说："能做得又多又好的人很少，还不如专心地做好一件事情。……"

石成金在励志和养生方面也有许多独到的见解：

> 予昔撰《读书十戒》，首一条曰："立志若坚，反难为易。"

要知不但读书,即士农工商,俱各有本分当尽之事,若不先立坚固之志,则易者亦能动摇,何况其难乎?所以人不立志,则无成功,徒为劳苦耳。是以人生在世,立志是第一件要紧事,不与事之可有可无者比。(石成金:《传家宝·立志是第一件事》)

人亦何常为志所造,一念激烈,则跬步千里;一念沉宴,则瞬息万年。曾子三自省,孟子三自反,皆从志上提醒。果能刻志励行,将精神归并一处,何坚之不破?何远之不到哉?故曰:志高品高,志下品下。(石成金:《传家宝·刻志励行》)

他指出齐家与养生的关键在于立志,而立志莫过于读书,这是无论从事任何行业的人都有条件做到的事情。立志在于决心,只要下决心去做,没有什么困难是克服不了的;如果不立志,则会永远困顿下去。因此,立志决定了齐家的品德,立志越高,则品德越高。

曾国藩也指出了读书对于立志的重要性,并认为读书不在于多而在于精,其中最基本的训诫是不可以缺少的,对于这些训诫既要熟读,也要实践,实践一条就是一条,实践十条就是十条。他在咸丰元年(1851)八月十九日信中说:

季弟有志于道义身心之学,余阅其书,不胜欣喜。凡人无不可为圣贤,绝不系乎读书之多寡。吾弟诚有志于此,须熟读《小学》及《五种遗规》二书。此外各书能读固佳,不读亦初无所损。可以为天地之完人,可以为父母之肖子,不必因读书而后有所加于毫末也。匪但四六古诗可以不看,即古文为吾弟所愿学者,而不看亦自无妨。但守《小学》《五种遗规》二书,行一句,算一句,行十句,算十句,贤于记诵词章之学万万矣。(《曾国藩家书·与曾国潢、曾国华、曾国荃、曾国葆书》)

有趣的是，与曾国藩同时代并且也是同乡的左宗棠（1812～1885），也在家书中强调了读书的重要性：

> 世之所贵读书寒士者，以其用心苦，境遇苦，可望成材也。若读书不耐苦，则无所用心之人；境遇不耐苦，则无所成就之人。（《左宗棠家书·致孝威书》）

曾国藩认为读书要专一，不可见异思迁。他在咸丰七年（1857）十二月十四日给弟弟的信中说：

> 凡人作一事，便须全副精神注在此一事，首尾不懈。不可见异思迁，做这样想那样，坐这山望那山。人而无恒，终身一无所成，我生平坐犯无恒的弊病，实在受害不小。当翰林时，应留心诗字，则好涉猎他书，以纷其志。读性理书时，则杂以诗文各集，以歧其趋。在六部时，又不甚实力讲求公事。在外带兵，又不能竭力专治军事，或读书写字以乱其志意。坐是垂老而百无一成。（《曾国藩家书·与曾国荃书》）

因此，读书、立志乃至齐家也要有顽强的意志，同治二年（1863）正月二十日，他在给弟弟的信中说：

> 至于"倔强"二字，却不可少。功业文章，皆须有此二字贯注其中，否则柔靡不能成一事。孟子所谓至刚，孔子所谓贞固，皆从"倔强"二字做出。吾兄弟皆禀母德居多，其好处亦正在"倔强"。若能去忿欲以养体，存倔强以励志，则日进无疆矣。（《曾国藩家书·与曾国荃书》）

他在同治二年（1863）四月二十七日，写信进一步鼓励弟弟：

> 至于担当大事，全在"明强"二字。《中庸》学、问、思、辨、行五者，其要归于愚必明，柔必强。弟向来倔强之气，却不可因位高而顿改。凡事非气不举，非刚不济，即修身齐家，亦须以明强为本。(《曾国藩家书·与曾国荃书》)

将立志、读书、办学与养生结合起来，提倡养生与力学"兼营并进"，是曾国藩齐家思想的一大特色，他列举了读书、养生及强身健体的具体做法，在同治十年（1871）十月二十三日给弟弟的信中，他说：

> 吾见家中后辈体皆虚弱，读书不甚长进，曾以养生六事勖儿辈：一曰饭后千步，一曰将睡洗脚，一曰胸无恼怒，一曰静坐有常时，一曰习射有常时（射足以习威仪强筋力，子弟宜多习），一曰黎明吃白饭一碗，不沾点菜。此皆闻诸老人，累试毫无流弊者，今亦望家中诸侄试行之。又曾以为四字勖儿辈：一曰看生书宜求速，不多阅则太陋；一曰温旧书宜求熟，不背诵则易忘；一曰习字宜有恒，不善写则如身之无衣，山之无木；一曰作文宜苦思，不善作则如人哑不能言，马之跛不能行。四者缺一不可。盖阅历一生，而深知之深悔之者，今亦望家中诸侄力行之。养生与力学，二者兼营并进，则志强而身亦不弱，或是家中振兴之象。(《曾国藩家书·与曾国潢、曾国荃书》)

张履祥认为，对于立志修身有三件事很重要，一是要知道劳动耕作的辛苦，二是要理解读书的宗旨，三是做人要有气节。做到这三点，就能避免出现当时人们所厌恶的"臭""滑""硬"。读书可以提高品位，所以不会太臭（缺乏教养）；知道劳动耕作的艰辛，处世就不会太顽固；有了气节就不至于在道德上滑坡。如果不从事士农工商中的一业，又沾染上酒色财气中的一种，这个家庭必然会衰亡。……因此读书明理，保持忠信笃敬，才是一生做人的根本。

> 高忠宪公有言，子弟能知稼穑之艰难，诗书之滋味，名节之堤防，可谓贤子弟矣。归安沈司空诫子孙曰："故家之子，切戒者三：曰臭，曰滑，曰硬。"时俗憎恶，呼为粪浸石卵，子孙类此，宁不痛心。予谓忠宪举贤者以为劝，司空指不肖以为戒。语虽不同，其指一也。欲免司空所戒，当佩服忠宪之言。知诗书滋味，乃免于臭；知稼穑艰难，乃免于硬；知名节堤防，乃免于滑。……士农工商无一业，酒色财气有一好，亡家丧身有余矣。其原皆始于游闲，成于比匪。世人恶闻亡命之詈，不知声色嗜欲，一有沉溺，即以其身行殆。若行险侥幸，决性命之情，以饕富贵，其为亡命，不亦甚乎。……忠信笃敬，是一生做人根本。若子弟在家庭不敬信父兄，在学堂不敬信师友，欺诈傲慢，习以性成，望其读书明义理，向后长进，难矣。（张履祥：《训子语》）

唐代的柳玭指出，社会中普遍存在着五种不良风气，会影响人的立志，使人走上邪道，甚至导致灾难，败坏名声，从而使家族衰落。一是只求自己的安逸享乐，只要求对自身有利，从不管别人的议论。二是不尊重儒学，不尊重传统，自己无知并不以此为耻，反而还讨厌别人有学问，谈论时事只是为了娱乐。三是讨厌比自己强的人，喜欢讨好自己的人，听到别人的优点便嫉妒，听到别人的丑闻则到处宣扬，观点偏激，乱发议论，不明事理。四是好酒贪杯，游山玩水，夸夸其谈，不肯下功夫，荒废了学问还不知道后悔。五是做官心切，攀附权贵，即使可以获得一官半职，也会招致各种怨恨，很少能够长久。具有这种风气的家族是很难成功的，而且很容易惹上祸患，多少名门望族的子弟都是这样重蹈覆辙的，看见这些人的行为真是很令人痛心呀！

> 批尝著书戒其子弟曰：……夫坏名灾己，辱先丧家，其失尤大者五，宜深志之。其一，自求安逸，靡甘淡泊，苟利于己，不恤人言。其二，不知儒术，不悦古道，懵前经而不耻，论当世而解颐，身既寡知，恶人有学。其三，胜己者厌之，佞己者悦之，惟乐戏谈，莫思古道；闻人之善嫉之，闻人之恶扬之，浸渍颇僻，销刻德义，簪裾徒在，厮养何殊。其四，崇好慢游，耽嗜麯蘖，以衔杯为高致，以勤事为俗流，习之易荒，觉已难悔。其五，急于名宦，昵近权要，一资半级，虽或得之，众怒群猜，鲜有存者。余见名门右族，莫不由祖先忠孝勤俭以成立之，莫不由子孙顽率奢傲以覆坠之，成立之难如升天，覆坠之易如燎毛。言之痛心，尔宜刻骨。(《旧唐书·列传·卷一一五》)

石成金也批评了读书人中普遍存在的不正之风，他说：

> 为士的既知读孔孟之书，就要遵孔孟之教。只因士习不端，有一种荡检逾闲的人，串通讼师地棍包告包诉，叫作刁笔秀才。用尽刁钻，逞尽伎俩，或是起灭词讼的，或是抗粮不纳的，或是武断乡曲的，或是滥冒衣顶名色、借端生事的，因这般败类，把那潜修好学、有品行的士子都带累得不好了。所以有司衙门不分泾渭，见了秀才，一概不加礼貌……为士的岂可不以儒学

自重？如何叫作自重？第一件是要端心术。心术宜正大不宜偏私，宜宽容不宜刻薄，宜诚实不宜诈伪，宜谦逊不宜狂妄。若实在端方的，平日能把圣贤的道理参透于胸中，自然此心操持得定，把固得稳，岂肯做那非礼非义之事？……第二件是要端品行。品行宜廉洁不宜贪污，宜爱惜不宜菲薄，宜端庄不宜轻佻，宜朴茂不宜虚浮。务须修身以立命，正己以无求。……第三件是要端学问。学问宜沉潜不宜浮躁，宜实落不宜剽窃，宜静养不宜奔兢，宜勤苦不宜安逸。务须道理淹贯才是通儒，德业精醇方称名宿。若一味炫己之长，攻人之短，或吟诗作赋，自谓班马齐名；或镂板灾梨，谬冀洛阳纸贵，这样人鹜华鲜实，作无益以害有益，断断非圣贤之徒。……为士的俱要洗涤陋习，……也不要管闲事，也不要赚赃钱，也不要欺天理，也不要灭人伦，也不要伤风俗，也不要犯名分，也不要恃才傲物，也不要导欲宣淫，也不要趋奉权势，也不要附会豪门。（石成金：《传家宝·重儒》）

2. 养生

修养也包括养生方面，老子早以其深邃的洞察力看到了不能节制欲望所造成的危害，一方面会使人的心性紊乱，损害人的健康；另一方面也会使人失去淳朴品性，诱导人任意妄为。他说：

> 五色令人目盲，五音令人耳聋，五味令人口爽，驰骋畋猎令人心发狂，难得之货令人行妨，是以圣人为腹不为目，故去彼取此。（《老子·十二章》）

缤纷夺目的光彩会使人的眼光失灵，强烈的音响会使人耳朵失去辨别力，味重的食物会伤害人的味觉，沉溺于猎场的游乐会使人心涣散，珍贵的物品会使人失去理智。因此，圣人认为争取生存是必要的，但是不要贪得无厌地去追求感官的刺激。

元代的张养浩（1270～1329）说：

> 自古居相位者，未闻死于冻饿，而死于财、于酒、于色、于逸乐者，无代无之。（《三事忠告·庙堂忠告》）

自古以来，官做到宰相一级的人，没有听说过他们有死于饥寒的，但是在每个朝代中都有死于钱财的、死于酒色的和死于安闲舒适的高官。

色欲对养生的伤害，清代的石成金说得更为具体而明确：

> 色欲一事，世人未有不好者。当时我夫子已说："吾未见好德如好色者。"可见，古人亦然，不独今人而已矣。此事原不可禁戒，亦不必禁戒也。即如夫妻一道，乃五伦之一。假使尽戒，不几恩爱断绝而宗祧后代俱无乎，非吾儒训世之言也。但不可不加省节尔。予见《保命切要书》八节、九夏、三元、六腊诸神佛生辰，以及甲子本命、人神在阴日，犯之俱主损寿。此无他，不过欲人省节房事，养惜精神之意尔。妙则妙矣，似觉琐碎难记。予性惰懒，凡事多忘，安能查记如许日期乎。因立简便一法，只八字，曰：寒、暑、雷、雨、恼、怒、醉、饱而已。上四字乃天时所忌，下四字乃人体所忌也。其衰老疾病原须禁绝，能依行，足可保延寿命。至于人之疾病由房事而起者大半，即如风寒暑湿偏是虚弱人所中，而壮实者精神充足，虽触无伤。人有恼怒，血气未定而交合者，发痈疽诸毒。远行

> 疲乏而交合者，成虚劳，无子。恐惧中交合者，阴阳偏虚，发厥自汗。勉强交合者，精耗、肾伤、惊悸、梦泄、便浊、阳痿、小腹裏急、面黑耳聋。服脑麝交合者，关窍开通，真气走散，重则虚弦，轻则脑泻。服丹石热药交合者，心火如焚，肾水枯竭，五脏干燥，必存痨瘵诸症。饱食交合者，血气流溢，渗入大肠，多成便血、腹痛、肠癖等症。醉后交合，五脏俱伤。忍大便交合者，成肠癖。忍小便交合者，得淋浊、茎痛、胞转、脐下急痛诸症。可见，种种病根多始于色欲之不慎。若夫无知妄作，恣意沉醉，更须切戒。（石成金：《传家宝·色欲部》）

他认为交合的生理活动本身并没有什么不好的，也不应当禁止，但是要注意环境与心态，如避开寒、暑、雷、雨、恼、怒、醉、饱等。养生就是要注意各种因素的作用，如果这些因素之间不和谐，就一定会危害人的健康。他的观点也符合现代医学的理念，具有很强的现实意义。

齐家的思想内容不仅影响着人的心理健康，与人的生理健康也有密切的关系。家庭生活氛围的好坏与健康疾病之间是有关系的。吵架当然是不好的，但是不吵架的家庭也不一定就好。"小吵天天有，大吵三六九"肯定不好，但冷战、生闷气，甚至半个月都不说话，也不利于人的情感宣泄。有调查表明，离婚人士与丧偶人士的寿命偏短，可能是有科学依据的。良好的道德修养行为必定对于生理健康是有利的，传统道德思想不乏这方面的论述，孔子说："君子坦荡荡，小人长戚戚。"（《论语·述而》）胸中坦荡，肯定对健康是有好处的，而小人心中常常计较，忧虑重重，必定也对健康不利。荀子指出：

> 凡用血气、志意、知虑，由礼则治通，不由礼则勃乱提僈；

食饮、衣服、居处、动静，由礼则和节，不由礼则触陷生疾。（《荀子·修身》）

人的血气运行、意志与思考活动，由礼乐引导就会通达，如果不顺从礼乐就会出现错乱和不畅的情况；人的饮食、衣着、起居活动等，遵循礼义就会谐调适当，不遵循礼义就会触犯禁忌而生病。

《皇帝内经》中也有相关的论述：如果放弃名利而无所追求，生命的元气就会牢牢地跟随你，守住了精神，疾病就不会入侵……所以人应当满足于简单的饮食、简单的衣服，安于朴素的民俗，不去计较高低得失，保持民风古朴。这样，欲望就不会伤害人的眼睛，淫荡邪恶的东西就不会损伤人的心志。一个人无论愚笨或贤明，只要他的行为是合乎大道的，他就不会受到物欲的干扰，即使到了百岁也能够动作敏捷，这是因为他的德行完备，所以没有疾病的危险。

> 恬惔虚无，真气从之，精神内守，病安从来？……故美其食，任其服，乐其俗，高下不相慕，其民故曰朴。是以嗜欲不能劳其目，淫邪不能惑其心，愚智贤不肖，不惧于物，故合于道，所以能年皆度百岁而动作不衰者，以其德全不危也。（《黄帝内经·素问·卷一》）

道德修养的关键在于平日生活中对心性的调整，王夫之曾经高度赞扬了诸葛亮"淡泊明志"的方法，认为只有心理上的清静和淡泊才能使自己远离名利，使天然的本性显示出来，进一步明确忠孝的志向，这样无论身处贵贱，都不会受到各种干扰的影响了。

> 诸葛公有云："非淡泊无以明志。"又云："学须静也。"唯淡与静，以养廉耻之心，以明取舍之节，以昭忠孝之志，纯一

于天性,终远于利名。故可贵、可贱、可履虎尾而不咥、可乘高墉而射隼,居震世之功,而不愧于屋漏。无他,无欲故静。皎然白其志于天下,流俗不能移,妻子不能乱。(王夫之:《读通鉴论·卷四》)

传统道德修养的境界是要经过磨炼意志才能达到的。孟子说:

> 故天将降大任于是人也,必先苦其心志,劳其筋骨,饿其体肤,空乏其身,行拂乱其所为,所以动心忍性,曾益其所不能。(《孟子·告子下》)

上天若要把重要的使命交给某个人,必定要先磨炼他的意志,使他筋骨劳累,让他忍饥挨饿,要他身受穷困,做事总是遭到挫折打击,这样才能震动他的心灵,坚韧他的性格,增长他的才干。

石成金说:

> 天地间,万事万物,唯善可以养性,唯善可以延寿命,避夭折。吾人大纲,凡忠孝节义须要夙夜矢慎,又要以善行惠及于人;即举一念,出一言,行一事,先存心思想曰:此念可利益于人乎?此言此事可无损于人乎?有利于人者即毅然措之。……人邪我正,人恶我良;人生事,我息事;人害人,我为人赤心诚意。纵有凶灾夭折,亦心安理得。"善"之一字,真生生世世受用不尽。(石成金:《长生秘诀·心思·长存良善想》)
>
> 君子以太和元气为主,乃极确之论。心思之切忌者,莫如忧愁、恼怒伤人最烈。但身居斯世而忧愁恼怒必难避免,亦当巧自安排,必要避免。凡遇急暴事,我须以安静心应之。遭拂

逆事，我须以谦虚意受之。错误事既往勿究。恶毒言浮词勿听。事至则应，事过则止；毋暴怒，毋焦思，谅尽人力，余听天命，胸中何等快乐，心上何等欢悦！若或事所不能定要强为，力所不及决然勉行，心多忧虑，性又急暴，必致心火上炎，烁伤肺金，血液泛为痰涎，肌肉消作疲羸。此时虽卢扁再生，亦难以草木药石复又滋补身中之真元。所以，忧虑之害较之酒色伤人更甚。至于恼怒损人，有三害：伤肝则气昏肋痛而成胀满，伤肺则气逆吐血而成虚损，伤脾则气结减食而成鼓膈。总之，忧愁恼怒只灾己身，于事何济，于人何尤？及染病，虽悔何益？岂不愚痴太甚耶？（石成金：《长生秘诀·心思·长存和悦想》）

石成金认为，养生其实就是养性，而最好的养性就是养善，一个人如果能够坚持善行，就可以避祸，并且延寿延福。反过来说，不善引起的焦虑及紧张对人的伤害也是最大的。

曾国藩对于养生即养性，也提出了具体的方法，认为人体的五脏与道德的"五常"是对应的关系：肝对应仁，心对应礼，肺对应义，脾对应信，肾对应智。道光二十四年（1844）三月初十日，他在信中说：

一阳初动处，万物始生时。不藏怒焉，不宿怨焉。——右仁，所以养肝也。内而整齐思虑，外而敬慎威仪。泰而不骄，威而不猛。——右礼，所以养心也。饮食有节，起居有常。做事有恒，容止有定。——右信，所以养脾也。扩然而大公，物来而顺应。裁之吾心而定，揆之天理而顺。——右义，所以养肺也。心欲其定，气欲其定。神欲其定，体欲其定。——右智，所以养肾也。（《曾国藩家书·与曾国华、曾国荃书》）

关于养生，颜之推反对相信那些超自然的玄妙方法，他说：

> 神仙之事，未可全诬；但性命在天，或难钟值。人生居世，触途牵絷；幼少之日，既有供养之勤；成立之年，便增妻孥之累。衣食资须，公私驱役；而望遁迹山林，超然尘滓，千万不遇一尔。加以金玉之费，炉器所须，益非贫士所办。学如牛毛，成如麟角。华山之下，白骨如莽，何有可遂之理？考之内教，纵使得仙，终当有死，不能出世，不愿汝曹专精于此。若其爱养神明，调护气息，慎节起卧，均适寒暄，禁忌食饮，将饵药物，遂其所禀，不为夭折者，吾无间然。（《颜氏家训·养生》）

他认为，流传的那些关于得道成仙的事情，基本上是没有什么道理的，因为人的性命长短取决于天，很难说会碰上好运还是遭受厄运。人生在世，到处都有牵挂羁绊，少年时候要尽供养侍奉父母的辛劳，成年以后又增加了养育妻子儿女的拖累，要为衣食需求，为公事、私事操劳奔波，而希望隐居于山林，真正超脱尘世的人，千万人中遇不到一个。求得道成仙之术，要耗资黄金宝玉，还需要炉鼎器具，绝不是贫士所能办到的。学道的人多如牛毛，成功的人稀如麟角。华山之下，白骨多如野草，哪里有都顺心如愿的道理？再认真考察道家的内教，即使能成仙，最后也是难逃一死，不可能摆脱人世间的羁绊而长生。他不愿意让人们痴迷于这些事情。如果能爱惜保养精神，调理护养气息，起居有规律，穿衣冷暖适当，饮食有节制，吃些补药滋养，顺着本来的体质，保住元气不至于夭折，这样，就没有异议了。

曾国藩对于服药养生也有独到的见解，他在同治五年（1866）十月初六日给弟弟曾国潢的信中说：

> 服药之事，余阅历极久，不特标病服表剂最易错误，利害参半，即本病服参茸等味亦鲜实效。如胡文忠公、李勇毅公以参茸燕菜作家常酒饭，亦终无所补救。余现在调养之法，饭必精凿，蔬菜以肉汤煮之，鸡鸭鱼羊豕炖得极烂，又多办酱菜腌菜之属，以为天下之至味，大补莫过于此。《孟子》及《礼记》所载养老之法、事亲之道皆不出乎此。岂古之圣贤皆愚，必如后世之好服参茸、燕菜、鱼翅、海参而后为智耶？星冈公之家法，后世当守者极多，而其不信巫医、地仙、和尚，吾兄弟尤当竭力守之。（《曾国藩家书·与曾国潢书》）

曾国藩认为药补不如食补，举例说有人将补药当作家常便饭服用，最后也是没有效果的，最好的办法就是将各种有营养的食物炖烂了吃，这样对身体的补养才是最有效的，不要相信那些巫医及江湖骗子的方法。

养生的目的是为了保全性命，颜之推认为做事不要与这个目的背道而驰，不要去做徒劳无益的事情，以及看上无关却是伤害生命的事。他说：

> 夫养生者先须虑祸，全身保性，有此生然后养之，勿徒养其无生也。单豹养于内而丧外，张毅养于外而丧内，前贤所戒也。嵇康著《养身》之论，而以傲物受刑，石崇冀服饵之征，而以贪溺取祸，往世之所迷也。（《颜氏家训·养生》）

他认为，养生的人首先应该考虑避免祸患，先要保住身家性命，有了这个生命，然后才能保养它，不要白费心思地去保养不存在的所谓长生不老的生命。单豹这人很重视养生，结果却被外界的饿虎吃掉了；张毅这人很重视防备外来侵害，但死于疾病。

这些都是前人留下的教训。嵇康写了《养生》的论著，但是由于傲慢无礼而遭杀头；石崇希望服药延年益寿，却因积财贪得无厌而遭杀害。这都是前代人糊涂行事的例子。

然而珍惜生命不意味着贪生怕死。为了贪欲和邪恶丧生是非常不值得的，但是，在大是大非面前还是要坚持君子的操守，在国家利益及忠孝仁义面前，是应当把生命放在次要位置的。颜之推说：

> 夫生不可不惜，不可苟惜。涉险畏之途，干祸难之事，贪欲以伤生，谗慝而致死，此君子之所惜哉！行诚孝而见贼，履仁义而得罪，丧身以全家，泯躯而济国，君子不咎也。(《颜氏家训·养生》)

一个人既不能不珍惜生命，也不能苟且偷生。君子应该避免走上邪恶危险的道路，卷入祸难的事情，追求欲望的满足，进谗言、藏恶念而致死，这些都是不应该做的事；但因做仁义之事而获罪，丧一身而保全家，丧一身而利国家，因尽忠孝而被害，这些都是君子所应担负的责任。

六、和睦

1. 良善

从儒家的思想看，齐家最终要实现的目标并不是最后谁压倒了谁或谁服从了谁，而是家庭成员之间的和睦。

> 齐晏婴曰："君令臣共、父慈子孝、兄爱弟敬、夫和妻柔、姑慈妇听，礼也。"君令而不违，臣共而不二，父慈而教，子孝而箴，兄爱而友，弟敬而顺，夫和而义，妻柔而正，姑慈而从，妇听而婉，礼之善物也。（司马光：《家范·治家》）

司马光在《家范》中指出，君主和善而又不违礼法，臣下忠君没有二心，父亲对子女慈祥并好好教育，子女对父母孝顺且能规劝其过错，兄长对弟弟爱护且友善，弟弟对兄长敬重而顺从，丈夫对妻子和气，妻子对丈夫温柔，婆母对媳妇慈祥，媳妇听命而又温婉——这些都是礼法中最规范的表现，同时也是礼法治家的最好结果。

家庭和睦的核心就在于爱，只有从父子之爱出发，才能够延伸到兄弟之爱、家庭之爱及宗族之爱，最后延伸为可以抵御外患的民族之爱。司马光说：

> 是故圣人教之以礼，使之知父子兄弟之亲。人知爱其父，则知爱其兄弟矣；爱其祖，则知爱其宗族矣。如枝叶之附于根

干,手足之系于身首,不可离也。岂徒使其粲然条理,以为荣观哉!乃实欲更相依庇,以捍外患也。(司马光:《家范·治家》)

所以贤德之人教给人们礼法,告诉人们父子兄弟应该相亲相爱。一个人如果爱戴他的父亲,就同样会爱他的兄弟;一个人如果敬爱他的祖宗,就同样会爱他的宗族。人与自己家族的关系,就如同枝叶依附于根干,手脚长在身体上,不可分离。这哪里只是为了清楚明白和秩序井然以达到表面上的荣耀呢?更是为了互相保护,抵御外敌啊!

只有相互之间爱的力量,才能够将人们团结起来。司马光说:

彼戎狄也,犹知宗族相保以为强,况华夏乎?圣人知一族不足以独立也,故又为之甥舅、婚媾、姻娅以辅之。犹惧其未也,故又爱养百姓以卫之。故爱亲者,所以爱其身也;爱民者,所以爱其亲也。如是则其身安若泰山,寿如箕翼,他人安得而侮之哉!故自古圣贤,未有不先亲其九族,然后能施及他人者也。(司马光:《家范·治家》)

连戎狄之人都知道宗族必须互相保护才能够强大的道理,何况我们中原内地的人呢?古代贤德之人明白仅靠本宗族的力量太单薄,所以又用甥舅关系、婚姻关系、亲家关系来作为辅助,即便如此,仍觉得不够,所以又爱护和抚恤百姓,让百姓拥护自己。由此看来,爱护自己的亲戚,就等于爱护自己;爱护天下的民众,就等于爱护自己的亲戚。如此,自己就会安如泰山,永无危殆,别人如何能够侵犯、侮辱自己呢?所以,自古以来的圣贤之人,都是先和睦自己的本族远亲,然后再去保护天下百姓的。

袁采认为,真正的家庭和睦不是装出来的,而是源于发自内心的真诚。

> 人之孝行，根于诚笃，虽繁文末节不至，亦可以动天地，感鬼神。尝见世人有事亲不务诚笃，乃以声音笑貌缪为恭敬者，其不为天地鬼神所诛则幸矣，况望其世世笃孝而门户昌隆者乎？苟能知此，则自此而往，应与物接，皆不可不诚，有识君子，试以诚与不诚者。较其久远，效验孰多？（《袁氏世范·卷一·睦亲·孝行贵诚笃》）

人们的孝行，如果根源于真诚笃信的情感，即使有某些繁文缛节没有做到，仍可以感动天地鬼神。很多人侍奉父母并不真诚笃信，只以声音笑貌假装得非常恭敬，他们这种行为不被天地鬼神所诛杀就算是万幸了，又怎么能期望世代子孙都做到至孝，并且使家族昌盛兴隆呢？人们如果真能明白这个道理，那么从此以后，接人待物，侍奉双亲，切不可不真诚。有见识的君子们，试着将真诚的行为与不真诚的行为做个比较，看怎样能更持久一些，哪种做法的效果更好一些。

关于家庭和睦，张履祥认为最关键的是要做善事，尽量不要去作恶。

> 《易》曰："积善之家，必有余庆；积不善之家，必有余殃。"又曰："善不积，不足以成名；恶不积，不足以灭身。"人之为善，修其孝悌忠信，只是理所当为，其不为不善，亦由此心之良，不敢自丧，非欲徼福庆于天也。然论其常理，吉凶祸福，恒亦由之。积之之势，不可不畏也。父子兄弟，心术念虑之微；夫妻子母，幽室墙阴之际，勿谓不足动天地、感鬼神也。天地鬼神，不在乎他，在吾身心而已。……子孙只守农士家风，求

为可继，惟此而已。切不可流入倡优下贱，及市井罡棍，衙役里胥一路。（张履祥：《训子语》）

周易认为家庭的吉凶福祸是与善恶相关的，许多人误以为动动坏心思，暗地里做些坏事，也不是什么大不了的事，不至于影响到家族。这样考虑问题就错了，天地鬼神其实就在你的思想和行为之中。因此，他告诫自己的子孙最好守住本分，在乡间老老实实地过着耕读的生活，千万不要从事娼妓、打手之类的下流行业。

> 吕东莱先生曰，大凡人资质各有利钝，规模各有大小，此难以一律齐，要须常不失故家气味，所向者正。凡圣贤前辈，学问操履，我力虽未能为，而心向慕之，是谓所向者正。若随俗轻笑，以为世法不须如此，不当如此，则所向者不正矣，所存者实。如己虽未免有过，而不敢文饰遮藏；又如处亲戚朋友间，不敢不用情之类。信其所当信，谓以圣贤语言，前辈教戒，为必可信；而以世俗苟且，便私之论，为不可信。耻其所当耻，谓以学问操履，不如前辈为耻；而不以官职不如人，服饰资用不如人，巧诈小数不如人为耻。持身谦逊，而不敢虚骄；遇事审细，而不敢容易。如此，则虽所到或远或近，要是君子路上人也。子孙苟能佩服此训，君子路上人多培植得几辈，家世安得不绵长？正蒙云："子孙贤，族将大。"未有子孙不贤，家族不至倾覆者。子孙以忠信谨慎为先，切戒狷薄，不可顾目前之利，而忘他日之害；不可因一时之势，而贻数世之忧。（张履祥：《训子语》）

张履祥认为，在家庭中，由于每个人的天性资质不同，很难做到要求一致，但必须要有一个导向，即使比不上圣贤前辈的道德学问及操守，也仍然要朝这个方向去努力，这就是导向的作用。如果坚持向君子看齐，家庭中的贤者就会越来越多，家族也会随之兴旺起来。

  一族之人，有贤有不肖，在贤者当体祖宗均爱之心，曲加保护，不使一人失所，毋论富贵贫贱，无不如之，孟子所谓亲爱之而已矣。若专己自私，不相顾恤，有伤一体之谊，是为得罪祖宗，不孝孰大焉！……宗族亲戚之人，或贤或否，此由天定，无可取舍。贤者自当爱而敬之，否者无失其亲而已。至于师友，一入家门，子弟志尚，因之以变，术业因之以成。贤则数世赖之，否亦害匪朝夕，不可谓非家之所由存亡也。择之又择，慎之又慎，夫岂不宜，而可随人上下乎！人无论贵贱，总不可不知人。知人，则能亲贤远不肖，而身安家可保。不知人，则贤否倒置，亲疏乖反，而身危家败，不易之理也。然知人实难，亲之疏之，亦殊不易。贤者易疏而难亲，不肖者易亲而难疏。贤者宜亲，骤亲或反见疑；不肖者宜疏，因疏或至取怨，所以辨之宜早。略举其要，约数端：贤者必刚直，不肖者必柔佞；贤者必平正，不肖者必偏僻；贤者必虚公，不肖必私系；贤者必谦恭，不肖必骄慢；贤者必谨慎，不肖必恣肆；贤者必让，不肖必争；贤者必开诚，不肖必险诈；贤者必特立，不肖必附和；贤者必持重，不肖必轻捷；贤者必乐底，不肖必喜败；贤者必韬晦，不肖必表暴；贤者必宽厚慈良，不肖必苛刻残忍；贤者嗜欲必淡，不肖势利必热；贤者持身必严，不肖律人必甚；贤者必从容有常，不肖必急猝更变；贤者必见其远大，不肖必见其近小；贤者必厚其所亲，不肖必薄其所亲；贤者必行浮于言，不肖必言过其实；贤者必后己先人，不肖必先己后人；贤者必见善如不及，乐道人善，不肖必妒贤嫉能，好称人恶；贤者必不虐无告，不畏强御，不肖必柔则茹之，刚则吐之。若此等类，正如白黑冰炭，昭然不同，总不外公私义利而已。（张履祥：《训子语》）

张履祥深刻地指出，一个家庭能否做到和睦，作为家长一定要有辨别能力。家长对待家族成员里的每个人，应本着对得起祖宗的原则，无论其品德好坏，一般都是要加以保护的，否则也是一种不孝。所以，品德好的人在家族中可以形成风气，甚至影响几代人；品德坏的人也会造成恶劣影响，时刻腐蚀着家庭。因此对人的辨别和选择应当是慎之又慎的事情。所以，辨别贤者与不贤者，任用贤者而远离不贤者，就成为齐家的一项重要内容，而且是越早辨别越好。当然辨别贤者与不贤者也不是一件容易的事情，贤者往往不容易接近，如果你接近得太快，反而会引起他的不安；不贤者却不容易疏远，一旦疏远了，他就会怨恨你。贤者与不贤者的表现有很多，但最根本的一点就是——在利益面前，他是为公还是为私。

一个家庭的和睦，也离不开周围环境的影响，因此，亲邻之间的关系也非常重要。宋代人林逋在其《省心录》中说："内睦者家道昌，外睦者人事济。"这里所说的"外睦"，显然包括邻里之间的和睦及友好相处。其实早在孔孟的时代，人们就非常重视邻里的和睦关系，认为这对于齐家是具有重要意义的。孔子认为居住的人文环境很重要，他说："里仁为美，择不处仁，焉得知？"（《论语·里仁》）居住在有仁德的地方才是好的，选择住处，不住在有仁德的地方，怎么能算是聪明智慧呢？孟母三迁的故事也说明了邻里的重要性。为了将儿子培养成才，孟母搬了三次家，最终选择了与学校为邻，为儿子成才奠定了基础。《太平御览·州郡部》中说："买邻之直，贵于买宅也。"选择一个好邻居，比买一座好宅院还要重要。《名贤集》中也指出："居必择邻，交必良友。""结有德之朋，绝无义之友。"清代人马辉在《简通录》中说，宁可惹恼远方亲戚，也不可惹恼左右近邻，指出和邻居和睦相处十分重要："愚谓处世之道，具宜如此，而族邻尤要。族邻一有嫌隙，即不至仇怨相寻不了，朝夕出门相见，何以为情！语云：'宁恼远亲，不恼近邻。'甚言邻之不可不睦也。"民间也有"远亲不如近邻"之说。

2. 交友

古人有云：

> 朋友之交，近则谤其言，远则不相讪。一人有善，其心好之；一人有恶，其心痛之。货则通而不计，共忧患而相救。生不属，死不托。(《白虎通义·卷七》)

朋友之间的关系应当在这样一个范围之内——关系近的可以相互批评而毫不在意，关系远的则不会轻易相互嘲笑。一个人如果遇到好事情，作为朋友都会为他感到高兴；一个人如果遇到不幸，作为朋友也都会为他痛心。朋友在利益上彼此之间不计较，有患难必定出手相助，但是相互之间没有依赖和从属的关系。这段话表明，朋友之间不存在相互负责的问题，朋友之间没有家庭血亲之间出于某种社会职能所规定的责任关系，朋友之间是"生不属，死不托"的，彼此之间没有人身依附的属性。虽然朋友之间没有责任，但是应当有真情，可以与朋友们共享情感上的哀乐。朋友之间如果有困难，一定会出手相助。

古人对问题的理解有时比现代人更为准确，现代人往往只以为能够担当责任才叫够朋友，这就大错特错了，反而可能将真朋友吓跑。子女对父母有尽孝的责任，而朋友没有为别人尽孝的责任；战争时人们有为国牺牲的社会责任，但是朋友没有为你牺牲的责任。古人在责任问题上区分得很明确，该是谁的责任就是谁的责任。虽说没有责任，却在患难的时候帮助你，在利益关系上也不与你计较，这样的朋友才是真正的朋友，这是古人对朋友定义的本义。

  曾子曰："吾日三省吾身：为人谋而不忠乎？与朋友交而不信乎？传不习乎？"（《论语·学而》）

  曾子说："我每天多次反省自己的言行，为人家出谋划策有没有尽心竭力？和朋友交往是不是诚心诚意？从老师那里学到的知识有没有时常温习？"曾子是孔子的学生，他认为每天要检查和反思的事情，除了是否认真学习和做事之外，还要考虑的就是作为朋友是不是真诚，是否守信用，可见交友之重要了。

  能交到一个好朋友，是人生一件幸事。孔子因此说：

  学而时习之，不亦说乎？有朋自远方来，不亦乐乎？人不知而不愠，不亦君子乎？（《论语·学而》）

  学习并时常复习，不也很令人愉悦吗？有志同道合的朋友从远方来，不也很令人高兴吗？不因别人不了解自己而生气，不也可以算是道德上有修养的人吗？如果以朋友为核心，这段话也可以这样来理解：与一个好朋友之间的关系是真诚的，同时也是可以共享美好情感的，例如在一起讨论学习的心得以及实践中的应用，是多么愉快的事情啊！彼此之间不会因为一些小小的误解而生气，所交的朋友不正是真正的君子吗？这样的朋友来了，真是令人高兴呀！

  任何一个人及家庭的发展都离不开朋友的帮衬，因此，交友也是齐家的一个重要的因素。朋友可以帮助一个家庭，使之繁荣兴旺，也可以毁掉一个家庭，使之陷入灾难之中，即所谓"交友不慎"。真正的朋友应当是品德高尚、志向高远的君子，而那些口蜜腹剑、满口义气的朋友很可能只是有所图谋而已。那些为了私利争夺权力，排斥异己互相勾结而成的"朋友"，古人不认为那是真正的朋友，而只是"朋党"。古人说，英明的君主不会多疑而听信谗言，而是抵制流言蜚语，堵塞结党营私之门。"臣闻明王绝疑去谗，屏流言之迹，塞朋党之门。"（《战国策·赵策二》）也就是孔子所说的，君子以公正之心对待天下众人，不徇私护短，没有预定的成见及私心，而小人则会结党营私搞小集团。"君子周而不比，小人比而不周。"（《论语·为政》）

孔子认为朋友中有好的也有坏的，因此要严格加以区分。

> 益者三友，损者三友。友直，友谅，友多闻，益矣。友便辟，友善柔，友便佞，损矣。（《论语·季氏》）

孔子认为，有益的和有害的朋友各有三种。与正直的人、诚信的人、知识广博的人交朋友是有益的，而与谄媚逢迎的人、表面奉承而背后诽谤的人、善于花言巧语的人交朋友则是有害的。

> 子贡问友。子曰："忠告而善道之，不可则止，毋自辱焉。"曾子曰："君子以文会友，以友辅仁。"（《论语·颜渊》）

子贡问交友的道理。孔子说："朋友有了过失，要尽心尽力地劝告他，并引导他向善。但朋友要是不接受劝导就算了，不必再自讨没趣。"曾子说："真正的君子用道义去交朋友，通过交友来辅助仁德。"

朋友对于个人、家庭及环境的作用是很大的。

> 故曰与善人居，如入芝兰之室，久而不闻其香，即与之化矣；与不善人居，如入鲍鱼之肆，久而不闻其臭，亦与之化矣。丹之所藏者赤，漆之所藏者黑。是以君子必慎其所与处者焉。（《孔子家语》）

经常和品行高尚的人在一起，就像沐浴在种植芝兰散满香气的屋子里一样，时间长了便闻不到香味，但本身已经带有香气了；而总和品行低劣的人在一起，就像进了卖咸鱼的店铺，时间长了便闻不出臭味，也是因为融入环境里了。藏丹（朱砂）的地方时间长了会变红，藏漆的地方时间长了会变黑，所以真正的君子必须谨慎地选择自己身处的环境。

那么，怎样去识别人以及环境的好坏呢？孔子对此回答得很明白，他说：

> 不知其子，视其父；不知其人，视其友；不知其君，视其所使；不识其地，视其草木。（《孔子家语》）

想要了解一个孩子将来如何，观察他的父亲就大概有个判断了；想了解一个人的情况，观察他周围的朋友就可以了；想了解君主，观察他派遣来的使者就可以了；想了解一个地方的情况，看当地的草木就可以了。

刘廙（180～221），字恭嗣，南阳（今河南南阳）人，汉末魏初名士，西汉长沙定王刘发之子安众康侯刘丹之后。初从荆州牧刘表，后投奔曹操，甚受器重，为黄门侍郎。曹丕继位，擢为侍中，并赐爵关内侯。为政主张先刑后礼，且通天文历数之术，与司马徽、丁仪等名流相齐。他给弟弟留下了一段关于交友的论述：

> 夫交友之美，在于得贤，不可不详。而世之交者，不审择人，务合党众，违先圣人交友之义，此非厚己辅仁之谓也。吾观魏讽，不修德行，而专以鸠合为务，华而不实，此直搅世沽名者也。卿其慎之，勿复与通。（刘廙：《诫弟伟书》）

意思是说，交朋友的好处，在于得到贤良之人的帮助，因此交友时不能不持仔细慎重的态度。可是现在一些人交友，不仔细选择对象，只是极力结党成群，违背了圣人关于交友的本义，这便不是使自己受益又辅助他人的交往了。我看魏讽（字子京，三国时魏国人，因潜结徒党，被曹操所杀）这个人不注重修养品行，专注于结党营私的勾当，华而不实，是个扰乱社会、沽名钓誉的人，你可要谨慎，不要与他交往了。

袁采对于远离小人也有精辟的论述。他认为一个人除了受父母家庭的影响之外，最大的影响就来自于朋友了，如果朋友比较厚道，这个人以后经历事情时，也会不自觉地厚道处理；如果朋友刻薄，那他日后遇事也会不自觉地刻薄起来，这就是交友不慎。袁采说：

> 人之平居，欲近君子而远小人者。君子之言，多长厚端谨，此言先入于吾心，及吾之临事，自然出于长厚端谨矣；小人之言，多刻薄浮华，此言先入于吾心，及吾之临事，自然出于刻薄浮华矣。且如朝夕闻人尚气好凌人之言，吾亦将尚气好凌人而不觉矣；朝夕闻人游荡不事绳检之言，吾亦将游荡不事绳检而不觉矣。如此非一端，非大有定力，必不免渐染之患也。（《袁氏世范·卷二·处己·小人当敬远》）

在日常生活中，人们都想结交君子而远离小人。君子的言论大多忠厚老实、端庄严谨，有长者之风。这种言论先进入我们心中，日后我们在处理事情的时候，自然而然就会有忠厚老实、端庄严谨的长者风度；而小人的言论多为刻薄浮华之言，如果这种言论先进入我们心中，我们再遇到事情时，自然而然就也会做出刻薄浮华的反应。正如早晚耳边充斥的都是盛气凌人之言，人就变得盛气凌人而不自知；一直听着那些游荡之人目无法纪的言论，自己也会变得喜欢游荡，目无法纪却不自知。这样的情况经常发生，如果没有很强的自控能力，必然免不了逐渐沾染上许多不良习惯。

> 坤之象曰："厚德载物。"是厚也者，万物之生气也。……天下之人情世道，有至平等而人不肯行，至便宜而人不肯就者，可惜。"忠厚"二字是也。……士人轻薄，大都见之行事者少，见之口角者多。尝见朋侪聚首，名曰"文会"，实为谈薮。或卮酒相邀，横恣笑傲，抑风朝雨夜，抵掌夷犹，当斯之时。则有攻发阴私，掀揭微暧，言人之无以为有，传人之假以为真。每喜谈人死亡之灾，未讦而密耳以报讦；最喜说人帷薄之事，无奸而信口以捏奸。嗟呼！若将妄语诳众生，自招拨舌尘沙劫，士方以为赏心乐事，顿足拍肩，相笑而莫逆也。呜呼！亦足悲矣。（石成金：《传家宝·存厚》）

石成金指出为人应当厚道，尽量远离那些轻薄的朋友，好友之间聊天调侃是正常的，但是不可以议论别人的隐私，更不可以无中生有，造谣生事，如果以此为乐，便是缺乏厚道的轻薄之人了。他的观点对于如今在社交网络上乱发议论的人来说，也是具有现实意义的。

> 不谈人闺闱，不说人密事，不臧否人之品藻，不犯人忌讳，

不伤人父母，不破人一切好事，不起人事端，不笑人相貌，不数子弟家人罪过，不惯好戏谑，不发誓，不当面破人不是，不疾恶太过，不直言自信，不造语陷害人，不夸富，不哭穷，不说与富贵人交往，不厉色说话，不鄙人贫贱，不挽夺人说话，不说自己才能，不说谎，不赞助人做坏事，不说歪文，不讲嫖赌事，不说话有头无尾，不咒人骂人，不说男女伎俩，不评论衣食精粗，不诉苦，不间人妙谈，不讪谤圣贤。（石成金：《传家宝·惜言》）

石成金认为，朋友之间说话，要管住自己的嘴，许多是非的产生就是因为说话不注意引起的；作为明白事理的人，要尽量避开一些无聊的话题。当年孔子就不愿意谈论那些怪异、勇力、悖乱等道听途说及鬼怪之类的事，因为谈论这些事情无益，而且会引发许多是非。

在历代的家训中，对于交友的问题都非常重视，因为任何一个人从家庭走向社会，交友都是其中一个重要的环节，尤其在今天家庭趋于小型化、独生子女一代居主导的情况下，朋友对于一个人的影响更为重要。在天水赵氏家训《戒条四则》中的第一戒就是"子孙不可随众结盟"，指出如果朋友之间形成结盟关系是非常危险的，不但容易走向犯罪，而且彼此之间一旦反目成仇，便连路人的关系都不如了。

> 近习以结盟为广交，不知所结之人其善恶臧否，非一见可决。常有剧盗逃奴，假扮商贾，忽被官司缉获，执盟书株连坐陷，甚至亡身败家。大都多游手无赖之徒，引诱赌博酗饮，恃其孤群狗党，武断乡曲，无非犯罪之由，至于转眼成仇，与趋炎而始如密契，贫薄而遂如路人，更不足道矣。（赵氏家训：《戒

条四则》）

既然朋友所产生的不良影响如此之大，那么是否就要因此将孩子与世隔绝起来，关在家里，以杜绝"酒色博弈之事"呢？袁采认为这也是不可取的，他认为年轻人必须要有一定的阅历才能提高对小人和坏事的免疫力。他说：

> 世人有虑子弟血气未定，而酒色博弈之事，得以昏乱其心，寻至于失德破家，则拘之于家，严其出入，绝其交游，致其无所闻见，朴野蠢鄙，不近人情。殊不知此非良策，禁防一弛，情窦顿开，如火燎原，不可扑灭。况拘之于家，无所用心，却密为不肖之事，与出外何异？不若时其出入，谨其交游，虽不肖之事，习闻既熟，自能识破，必知愧而不为。纵试为之，亦不至于朴野蠢鄙，全为小人之所摇荡也。（《袁氏世范·卷二·处己·子弟当谨交游》）

意思是说，世上有人担心年轻人尚未成熟，血气不足，酒色赌博这些事会扰乱他们的心神，以至于丧失品德，败坏家业，于是要把年轻子弟拘留在家里，严防他们出入，断绝他们和外界的往来，结果使这些年轻子弟缺乏见闻，愚蠢鄙陋，不懂得人情道理。其实这样做并非良策，因为一旦对他们的管教稍有松弛，这些年轻子弟便会情窦顿开，如同野火燎原，不可扑灭。况且把他们拘留在家里，整天无所事事，就会偷偷地做些不该做的事，这样一来和让他们外出有什么区别呢？不如按时让他们出去，教育他们交朋友要谨慎，对于那些不该做的事，他们眼见耳闻，心中有数，自然能够看得出来，以之为耻而不去做那样的事。即使试着去做一些不太好的事，也不至于愚蠢鄙陋，完全被小人愚弄。

第四章
古今体现齐家思想的事例

一、正气篇

1. 毛泽东

毛泽东一生都主张与传统观念决裂,但是他的行为却表现出传统的孝道。在他1919年10月8日写的《祭母文》中,毛泽东感怀母亲养育恩情的心情油然可见。

《祭母文》原文:

呜呼吾母,遽然而死。寿五十三,生有七子。
七子余三,即东民覃。其他不育,二女二男。
育吾兄弟,艰辛备历。摧折作磨,因此遘疾。
中间万万,皆伤心史。不忍卒书,待徐温吐。
今则欲言,只有两端:一则盛德,一则恨偏。
吾母高风,首推博爱。远近亲疏,一皆覆载。
恺恻慈祥,感动庶汇。爱力所及,原本真诚。
不作诳言,不存欺心。整饬成性,一丝不诡。
手泽所经,皆有条理。头脑精密,劈理分情。
事无遗算,物无遁形。洁净之风,传遍戚里。
不染一尘,身心表里。五德荦荦,乃其大端。
合其人格,如在上焉。恨偏所在,三纲之末。
有志未伸,有求不获。精神痛苦,以此为卓。
天乎人欤?倾地一角。次则儿辈,育之成行。
如果未熟,介在青黄。病时揽手,酸心结肠。

但呼儿辈，各务为良。又次所怀，好亲至爱。
或属素恩，或多劳瘁。大小亲疏，均待报赉。
总兹所述，盛德所辉。以秉悃忱，则效不违。
致于所恨，必补遗缺。念兹在兹，此心不越。
养育深恩，春晖朝霭。报之何时，精禽大海。
呜呼吾母！母终未死。躯壳虽隳，灵则万古。
有生一日，皆报恩时。有生一日，皆伴亲时。
今也言长，时则苦短。惟挈大端，置其粗浅。
此时家奠，尽此一觞。后有言陈，与日俱长。
尚飨！[1]

译文如下：

我深切哀悼我的母亲，她突然过世，享年五十三岁，曾生下过七个子女。

七子中只剩下三个，也就是毛泽东、毛泽民、毛泽覃，其余的都夭折而去。

为了养育我们三个兄弟，母亲真是历经艰辛，生活的磨难使她的身体受到了很大的损害，并且积劳成疾。

母亲此生所经历的种种事情，说起来真是令人伤心。心情是这样的激动而难以下笔，只能等我平静下来后才可以慢慢表达。

今天我要说的，只有两个方面：一是她伟大的品德，二是她内心的遗憾。

在我母亲高尚的品格中，首先是她的博爱胸怀。无论远近亲疏的人，她都会尽力去照顾关怀。

她慈祥而富于同情心，感动了许许多多的人。她无处不体现出

---

[1] 徐四海编著：《毛泽东诗词全集》，东方出版社2016年版，第382~383页。

来的关爱，其核心就是真诚。

她从来不说谎话，也不存有半点欺人之心。她天性严肃端正，没有一丝一毫的虚伪。

她生前亲手操办的事情，全部有条有理。她头脑精确缜密，处理事情合情合理。

她做事能明察秋毫，没有什么事情能够欺瞒她。她清洁干净的良好习惯，在亲戚邻里中也是闻名的。

她一尘不染，外表与内心始终如一。她仁、义、礼、智、信五德鲜明，正是做人的典范。

她的道德品行与性格是完全一致的，可以说是非常高尚的人。她最遗憾的地方，就是所谓君臣、父子、夫妇三纲中的最后一个。

她有自己的志向未能实现，有抱负而未能舒展。母亲精神上的痛苦，最主要的就表现在这上面。

这究竟怪天还是怪人呢？悲痛得连大地也塌陷了一角。其次她所遗憾的是儿女们，未能完全把他们养育成人。

我们兄弟三人就像还未成熟的果实，正处于青黄之间。她在病中拉着亲人的手，内心忧愁充满了酸楚之情。

她呼呼儿子们，各自务必要做好人。最后母亲所遗憾的，就是她的至爱亲朋。

这些亲戚和朋友，有的人的恩情尚未报答，有的处在病苦之中需要关照。无论亲疏远近，母亲都认为需要她的帮助。

所总结的这一切叙述，都由她伟大的品德辉映着。我会禀受母亲的诚意，效法她而不违背她。

至于母亲的抱恨，我定要加以弥补。铭心刻骨记住这些，绝不忘怀。

母亲的养育深恩如同春日的朝晖云霞。怎样才能回报母亲呢？要以精卫填海的雄心来报答。

悲哉我的母亲！母亲终究是不死的。躯体虽然毁灭，灵魂却万古长青。

只要我活着一天，每一天都会报母亲之恩。只要我活着一天，都如同母亲陪伴在身旁。

今日想说的实在是太多了，然而时间与文章都是很有限的。因此这篇祭文只能提纲挈领，在主要方面扼要陈述母亲的事迹。

此时在家中祭奠，就敬您一杯酒吧！以后对母亲的怀念，将随着岁月的逝去而增长。

请享用祭品吧！

还有一段文字记录了毛泽东在1959年回乡去父母墓前祭奠的经过。

> 6月26日清晨，天刚蒙蒙亮，毛泽东就悄然起床了。……
>
> "今天，我先要到父母坟上看看。"毛泽东微笑着握住"叔老子"的手轻声地说。
>
> 于是，毛继生带路，领着毛泽东踏着露珠串串的草地，向茅封草长的山坡上走去。路过南岸坪时，毛泽东深情地朝自己的故居看了看，然后转身朝故居对面的山上大步攀去。
>
> 这时，警卫战士也立即将毛泽东起来的消息告诉了罗瑞卿等人："快！毛主席已出去了！"
>
> "主席没说有什么安排啊！"罗瑞卿、王任重、周小舟等人面面相觑，然后急忙跑出招待所去追毛泽东。
>
> …………
>
> 毛泽东在毛继生的带领下，一言不发地顺着弯弯曲曲的山间小路，径直向小山上登去。
>
> 罗瑞卿、王任重、周小舟等几大随员以为毛泽东在散步或探幽访古，他们不便多问，尾随着毛泽东攀援而上。

这时，毛泽东身后的人越来越多。……

将近山顶时，枝繁叶茂的林中突然现出一小片空地，空地上有一座不大的坟包。毛继生指着坟包说："这就是。"

毛泽东也好像记了起来，低声说了一句："是的。"

大家看了墓碑才知道这里是毛泽东父母亲的合葬墓。……

毛泽东停步墓前，静静地默立片刻，然后恭恭敬敬地行了三鞠躬礼，并深情地说："前人辛苦，后人幸福。"那声音低沉凝重，但所有在场的人都听得清清楚楚。那一刻，所有的人都随着毛泽东向着坟包深深地低头鞠躬……

毛泽东事先从没向任何人透露过他要为父母扫墓的心愿。因此，工作人员没有丝毫的准备。这时，几大随员也觉得有点过意不去。幸而聪明机灵的毛继生、毛华松等人手脚利索，迅速折了几根松枝，摘了几朵杜鹃，用青草扎成个花束递给了毛泽东。

毛泽东接过松枝花束，轻轻地放在父母墓前，又默默地站立了一会儿。

…………

离开坟墓时，毛泽东既像对自己说，又像对大家说："生我者父母，教我者党、人民、师长、同志和朋友也。"

"主席，是不是把坟墓修整一下？"在下山的路上，毛继生问毛泽东。

毛泽东摆摆手，说："不要啦，只要填补些土就可以了。"……

"每年清明节就请你们替我培培土吧。"毛泽东神情深沉。[1]

---

[1] 萧心力、王春明主编：《老一代革命家故园行》，中央文献出版社2000年版，第11～14页。

"生我者父母,教我者党、人民、师长、同志和朋友也。"以家庭为起点,最终要融入社会之中,这正是齐家思想的精髓。

2. 佟麟阁

佟麟阁(1892～1937),原名凌阁,字捷三,直隶高阳(今属河北)人。他是我国抗日战争中为国捐躯的第一位高级将领,毛泽东同志曾对他给予高度评价。

1937年7月27日,宋哲元通电表示:日人欺我太甚,不可再忍,拒绝日方一切无理要求,为国家民族生存而战。同日,敌人由廊坊进犯团河,由通县、丰台调集陆空军于28日进攻南苑。当时南苑守军有二十九军卫队旅、骑兵第九师留守的一部、军事训练团、平津大学生军训班等共五千余人。

佟麟阁誓死坚守。他说:"既然敌人找上来,就要和它死拼,这是军人天职。没有什么可说的。"日寇集中火力,钢步炮射击、飞机狂炸,战斗激烈。守军虽炮械装备不如敌军,但士气却异常高昂,争夺由拂晓至过午,双方均伤亡惨重。战斗中忽报大红门又发现敌人,佟麟阁恐敌截断北路,乃分兵亲往堵击。因寡不敌众,部队被敌四面包围,只能利用地形,继续与敌苦战。佟麟阁在指挥右翼部队向敌突击时,被敌机枪射中腿部,部下劝他先处理伤情,他说:"情况如此紧急,抗敌事大,个人的安危事小,赶快带领队伍向外突围最要紧,不要管我!"[1]执意不肯,益奋勇当先。官兵感泣,拼命冲杀。日军见久攻不下,便派飞机前来助战,在敌机的狂

---

[1] 谈涛编著:《佟麟阁》,中国国际广播出版社1996年版,第19～20页。

轰滥炸中，带伤指挥作战的佟麟阁头部又受重创，终于壮烈殉国，时年45岁。

佟麟阁对父母极为孝顺，父母有病，必亲奉汤药，休假必回家看望双亲。但自"七七事变"以后，他为国而忘家，虽南苑与北平城内寓所近在咫尺，却从未返回。激战前，其父病重，家人多次促其归省。他挥泪写信给夫人彭静智说："大敌当前，此移孝作忠之时，我不能亲奉汤药，请代供子职，孝敬双亲。"佟麟阁常以"饿死事小，失节事大"和"真爱民，不扰民"的道理，勉励该营官兵，严守军纪，同甘共苦，共渡难关。

3. 赵登禹

赵登禹（1898～1937），字舜臣，山东菏泽人，中国国民党爱国将领。1937年7月7日，卢沟桥事变爆发，日寇进攻宛平城，第二十九军奋起反击。二十九军军长宋哲元任命赵登禹为南苑指挥官，坐镇南苑，与副军长佟麟阁一起负责指挥南苑的所有军事力量。7月28日，日寇调集重兵并动用三十多架飞机向二十九军阵地发起猛攻，由于敌我力量悬殊，我方伤亡较大，日寇从东、西两侧攻入南苑，双方陷入肉搏战。此时，赵登禹临危不惧，亲自率卫士三十余人，指挥二十九军卫队旅和军训团学生队与日寇进行激烈的厮杀。这时，突然接到上级命令，要赵登禹指挥部队后撤到大红门一带。日寇窥出赵登禹准备退到大红门的意图，抢先一步在南苑至大红门的公路两侧架起了机枪，以火力封锁道路。

为激励将士，赵登禹乘坐车子指挥部队向大红门方向撤退，不幸的是，车子行到大红门附近的御河桥时被炸弹击中，车被炸毁，赵登禹身受重伤，警卫劝其立即撤退到安全地方，赵登禹不肯，反而带领部队向日寇反击。这时，又一枚炸弹飞来，炸断了他的双腿使其昏迷过去。从昏迷中苏醒过来的赵登禹对随员说："不要管我！军人战死沙场原是本分，没什么值得悲伤的，只是北平城里还有我的老母，你们回去告诉她老人家，忠孝不能两全，她的儿子为国而死，也算对得起老祖宗了……"[1] 话音未尽便停止了呼吸。

赵登禹极孝。每睹父亲所留的"孝思维则"遗墨，其女赵学芬都感慨万端："爷爷早故，父亲精心照顾奶奶。军务虽繁，父亲仍不忘每日嘘寒问暖。奶奶生病时，他更亲自煎汤喂药。""父亲一生中只有一件事没听奶奶的话，"赵学芬说，"当时堂叔叔赵登舜在营中违逆军纪，奶奶希望父亲不要严罚。但父亲还是当众人面打了叔叔四十军棍。随后便带着棍子跪在奶奶面前，让母亲打自己。"[2] 受赵登禹的影响，其部下也多为孝顺男儿。每逢领了军饷，众官兵便尽快寄返家里。

1946年将军忌日，北平各界为赵登禹及同日殉国的二十九军副军长佟麟阁举行了隆重的入祠仪式。中华人民共和国成立后，中国共产党给赵登禹将军的家属颁发了由毛泽东签署的烈士证书。毛泽东曾高度评价赵登禹等国民党抗日将领，称赞他们在执行抗击日本侵略者的"神圣任务中光荣地壮烈地牺牲了"，他们"给了全中国人民以崇高伟大的模范"。

---

[1] 武俊玲编著：《赵登禹》，中国国际广播出版社1996年版，第21页。

[2] 石耿立、朱瑞莲：《大刀向鬼子头上砍去：赵登禹传》，天津古籍出版社2012年版，第69页。

4. 许世友

许世友（1905～1985）是个出了名的孝子。每当许世友自己做错事，他便会跪在母亲面前，痛哭流涕地认错。许世友自参加红军后，睡梦中常常因思念母亲而泪流满面。他的部队两次路过敌占区的家乡，他都冒险回到家中探母。1952年许世友担任山东军区司令员，他请假回家看母亲，这距他上次回家已经过了20年，母子二人已经20年没有相见了。

那天，许世友翻身下马，见自家的门口有一位老婆婆，一身褴褛，灰白的乱发犹如一堆乱草窝，脚上穿着露出脚趾的破棉鞋，身上背着一捆柴，许世友在那苍老的脸上寻找着20年前的记忆，却面目全非。还是母亲认出了儿子："你是友德娃吧？""娘，我是友德啊！"许世友扑通一声，跪倒在老人家面前，母子抱头痛哭。许世友为母亲擦擦眼泪，站起身，从母亲那弱小的肩头卸下那捆树枝。他想到自己年迈的老母至今还着这种艰苦的日子，实在有愧，便又扑通一声跪倒在母亲面前，母子俩再次抱头痛哭了半个小时。"友德娃啊，你大老远来家一趟不容易，俺替你烧水喝。"许母颤颤地起身，回屋里烧水。而跪在地上的许世友没有母亲的发话，就一直跪在那里。

1957年冬天，这时已是国防部副部长兼南京军区司令员的许世友又一次回到老家。此时，许母已是78岁高龄。那天，许世友到了家，许母正在喂猪。许世友在她的背后轻轻地喊了一声："娘，俺回来看你了。"许母回头，满是皱纹的脸上笑出了一朵花，然而，那朵"花"很快没有了，她说："友德娃啊，俺已是78岁的人了，咱母子俩是见一次少一次了。"她双手颤抖着，抱着许世友痛哭起来。许世友这位全国闻名的将军，在母亲面前却像个孩子，他伴随着母亲，呜呜地哭。1959年许世友探亲，许母已经作古。许世友跪在母亲的坟边，喃喃自语："娘，忠孝难全，你老人家健在时我未能服侍你，我死后，一定来为你守坟。"

1979年10月22日，许世友决定死后回到母亲身边，他有了土葬的想法。于是，他给大儿子许光写了一封信："许光：邮去现金伍拾元整，用这笔钱给我买一口棺材。我死后不火化，要埋到家乡去，埋到父母身边，活着精忠报国，死了要孝敬父母。我今年74岁了，身体很好，活到八九十岁，也只有十多年了，你们可以先作准备。"1985年刚过了元旦，许世友交代秘书给党中央写了报告，说自己来日不多，对组织别无他求，只求党中央在他死后实行棺葬，理由是自幼参加革命，报效生母不足。活着尽忠，死了尽孝，希望葬在老母坟边以尽孝道。时间一天天过去了，将军的病情一天天地恶化，他经常在朦胧中询问报告是否有了回复。许世友要求棺葬的报告送到北京，中央领导和中央军委领导传阅。中华人民共和国成立后，除了任弼时没有火葬，谁有这个胆量要求土葬？谁也做不了这个主。最后，报告送给了邓小平，请他拍板。

邓小平最了解许世友，他思前想后，最后感到许世友毕竟是许世友，全中国只有一个，便在报告上批示："照此办理，下不为例。"10月26日上午，中顾委副主任王震受邓小平委托来到南京军区，郑重地传达了邓小平的意见。他说："许世友在60年的戎马生涯中，战功赫赫，百死一生，是一位具有特殊性格、特殊经历、特殊贡献的特殊人物。邓小平同志签的特殊通行证，这是特殊的特殊。"王震一连说了七个特殊，在中国领导层中，还有谁能有这种评价和待遇呢？鉴于邓小平对许世友的这些高度评价，谁还能提什么意见呢？10月31日下午，党和国家领导人在南京向许世友遗体告别时，刚刚还是万里无云的天空瞬间突变，电闪雷鸣，持续了20分钟后，天空又是一片晴朗。有人神秘地说："老天爷哭了，它这是为许司令送行啊！"[1]

5. 三过不入

上古时候，洪水泛滥，舜帝派大禹去整治洪水。大禹一去十三年，"三过家门而不入"。第一次是在治水四年后的一个早晨，大禹走进家门，听见妻子的骂声和儿子的哭声，大禹想进去劝解，又怕更惹恼了妻子，唠叨起来没完，耽搁了治水的时辰，于是就悄悄地走开了。

治水六七年后，大禹第二次经过家门。那天中午，大禹刚登上家门口的小丘，就看见家里烟囱冒出的袅袅炊烟，又听见妻子与儿子的笑声，大禹放心了。为了治水大业，他还是绕过家门，赶紧向工地奔去。又过了三四年，一天傍晚，大禹因治水又来到家附近。突然天下起了滂沱大雨，大禹在自己家的屋檐下避雨，只听见屋里妻子在对儿子说："你爹爹治平了洪水就回家。"大禹听得非常感动，更坚定了治水的决心，立刻又转身上路了。

这些记载都是颂扬大禹一生为公，竭尽全力治理洪水，解除民众受水患所苦的崇高行为。据说，禹妻涂山氏生启时，禹也一直在外治水。禹的这种大公无私的精神，受到了民众的赞扬，也为舜所重视。所以舜在晚年举荐禹为继承人，并把首领的位置禅让给禹。可见，尽忠不仅仅是对臣的要求，也是对君主的要求，君主的忠就

---

[1] 选摘自孙晓、宋梅编著：《一代名将许世友》（下册），黄河出版社2004年版，第562～607页。

是要为民众尽力。

6. 绝粒而死

在抗日战争期间,冀中地区的回民在马本斋的领导下成立了回民抗日义勇队,奋勇杀敌,日军闻之如同惊弓之鸟。驻河间的山本联队长为消灭回民支队,抓走了马本斋的母亲白文冠,并用各种手段对其进行折磨作为要挟,要马本斋投降。马母毫不屈服,为了让儿子一心抗日,绝食七天,光荣殉国。

7. 四知

杨震(? ~124),字伯起,东汉时代弘农华阴人。他五十多岁时,连续被贬,先到荆州当刺史,后到东莱当太守。赴任时途径昌邑,他以前举荐过的荆州茂才王密,此时担任昌邑县令,王密在晚上怀揣十斤银子来送给杨震。杨震说:"我们是老朋友了,我了解你,你却不了解我,为什么还要行贿呢?"王密说:"天黑夜深,没有人知道。"杨震说:"天知,地知,我知,你知,怎么能说没有人知道呢!"王密便惭愧地离开了。

8. 子孙遗产

庞德公,东汉名士。荆州刺史刘表数次请他进府,皆不就。刘表问他如不肯接受官禄,将什么留给后世子孙?他回答说:"世人都把有危害的留给后世子孙,我却把没有危险的留给后世子孙,所留不同罢了。""'先生苦居畎亩而不肯官禄,后世何以遗子孙乎?'庞公曰:'世人皆遗之以危,今独遗之以安。虽所遗不同,未为无所遗也。'"(《后汉书·逸民传·庞公》)

9. 靖节

陶渊明(约365～427)由于淡泊功名,为官清正,不愿与腐败官场同流合污,因而过着时隐时仕的生活。陶渊明最后一次做官,是在义熙元年(405)。那一年,已过不惑之年的陶渊明在朋友的劝说下,再次出任彭泽县令。

到任81天后,遇到浔阳郡派遣督邮刘云来检查公务,此人以凶狠贪婪远近闻名,每年两次以巡视为名向辖县索要贿赂,每次都是满载而归,否则便栽赃陷害。县吏劝告说:"当束带迎之。"意思是让陶渊明穿戴整齐,备好礼品,恭恭敬敬地去迎接督邮。陶渊明叹道:"我岂能为五斗米向乡里小儿折腰。"说完,挂冠而去,辞职归乡。此后,他一面读书为文,一面躬耕陇亩。

10. 群犬惊吠

祖籍东海郯县(今山东郯城)的徐勉(466～535),从小笃志好学,早励清节。梁天监二年(503),他被梁武帝任命为给事黄门侍郎、尚书吏部郎,参掌大选。此时梁朝建立才一年多时间,梁武帝又兴师北伐,朝中政务军务十分繁忙。徐勉这时虽然已是吏部的重要官员之一，但因为他是秘书出身，极有文才，为了不延误军机，梁武帝于是让他"参掌军书"。徐勉本来就是一个十分勤勉的人，工作本身也确实繁忙，因此他往往要隔几十天才能回家一次。他家养了一群狗，因为他回来得少，家畜都不认得自己的主人了，他每次回来，都要引起它们的狂吠。家畜完全把主人当成了陌生人，徐勉既感到好笑，又觉得无奈。有一次他感叹说："我死后，如果有人写我的传记，这群犬惊吠倒是件值得一记的轶事。""吾忧国忘家，乃至于此。若吾亡后，亦是传中一事。"（《南史·徐勉传》）

天监六年（507），徐勉被任命为吏部尚书。吏部是古代六部之首，主管全国的组织人事工作，其主官便是尚书。跑官现象不仅现代有，古代也有。徐勉做了吏部尚书，掌握了官吏的任免大权之后，他家可热闹了，有事没事来套近乎的人不晓得有多少。有些脸皮厚的人，甚至干脆伸手要官。徐勉的态度是一律不给。有一个叫虞暠的人，仗着与徐勉有些旧交，有一次提出要"求詹事五官"（相当内务部主管官员）。徐勉正色回答道："今夕止可谈风月，不宜及公事。"虞暠讨了个没趣，只得讪讪告辞了。史载："勉居选官，彝伦有序"，"故时人咸服其无私"（《南史·徐勉传》）。一个古代的"中组部长"，在用人方面能让众人服其无私，是不容易做到的。韩非子说"私仇不入公门"（《韩非子·外储说左下》），意思是私人之间的事情，是不能够用来干扰公务的。徐勉在家里要求来客"只谈风月"的方法，可以说是很得体的，既照顾了朋友情分，也杜绝了私情游说，是值得现代人借鉴的。

11. 守信娶妻

宋代的刘廷式读书时，与邻居老翁有约，参加科举后娶他的女儿为妻。后来他考中了进士，回到乡里，便寻访邻居老翁，而老翁已经去世，他的女儿因为得病双眼失明，家境极其困顿。刘廷式让人前去说明从前的约定，但女方家里借有病推辞，答应可以做刘廷式的佃户，不敢和官员结亲。刘廷式坚持原先的承诺，说："我与老翁有约定，怎么能因为他死了、女儿残疾了而背弃婚约呢？"最终和老翁的女儿成了婚。

结婚后两人非常和睦，共同养育了好几个子女，其中两个儿子参加科举考试也都登第。刘廷式因为小过失，监察部门打算罢免他，但鉴于他的品行很好，就不再追究了。后来刘廷式担任江州太平宫的地方官，妻子去世时，他哭得非常哀痛。苏轼钦佩他的义举，写了《廷式娶妻》的文章来赞颂他。

12. 阿寄治家

明朝嘉靖年间，有一户徐家弟兄分家，老大得到一匹马，老二得到一头牛，老三已故，只有寡妇在，她也分得一个叫阿寄的奴仆，阿寄这时已经五十多岁了。寡妇哭着说："马可以用来骑，牛可以用来耕地，老仆人只会白白地耗费我的粮食。"阿寄回答说："主人真的认为我连牛马都不如吗？"于是替主人谋划生财之道。寡妇把自己的簪子、耳环等首饰都卖了，得到十二两银子。阿寄以此为本钱到山里去贩卖漆，只一年，利润就翻了三倍。又过了二十年，寡妇的家产已达好几万。阿寄替寡妇安排，把三个女儿都嫁给了很好的人家，又请老师来教育两个儿子，后来他们都娶了名门大户家的姑娘，陪嫁的东西多达千两银子，两个儿子还进了太学。

阿寄对待徐家的人，即使年纪小，也必定要下拜。他生平不曾斜眼看过一次寡妇，家中女仆虽然幼小，阿寄也不和她们在一起。

当阿寄生了重病,快死的时候,他把大小账目全部拿出来,交给寡妇,说:"您的两个儿子可以世世代代拥有这些财富,老奴作为牛马一般的报答就算结束了。"死后,人们看到阿寄自己居住的地方,没有留下一寸丝、一粒米,妻子和一个儿子也只有几件遮体的衣服而已。杭州名士田汝成在为阿寄写完小传后,感慨地说:"阿寄只是个普通年迈的老人……却能够做到公而忘私,毙而后已,这不是一般人所能比得上的!"

13. 义母

战国齐宣王当政的时候,齐国发生了一件事情。有人在路上被打死了,身上受到了致命一击,而旁边站着兄弟二人,官吏审问他们两个是谁杀了人,兄弟两个都争着说是自己杀的。这样过了一年,案子仍然不能了结,于是就上报到齐王那里,齐王说:"如果将两人都放了,这是纵容犯罪;将两个人都杀了,必有无辜者。最好是由他们的母亲来决断吧。"

母亲知道了情况,便哭泣着说:"将弟弟杀了吧。"齐王奇怪地问她:"一般人都喜欢幼子,你却为何选择小的呢?"母亲回答说:"大儿子是前妻所生,小儿子是自己所生,丈夫临死前希望养育好两个儿子,当时便做了承诺,既然有了承诺就不能不讲信用,如果杀死了哥哥而留下弟弟,那么我就是背信弃义,对不起死者,又怎能有脸面活在世上呢?"说完已经是泪湿前襟了。齐王听后很受感动,便下令赦免兄弟二人,并且表彰她为"义母"。

14. 救父

在汉文帝时代,淳于意被人告状,说他错治了病,当地的官吏判了要切断他肢体的"肉刑",并要押解到长安去受刑。淳于意最小的女儿缇萦要求陪父亲一起去长安,家里人再三劝阻也没有用。缇萦到了长安,托人写了一封奏章,到皇宫门口递给守门的人。

汉文帝接到奏章,知道上书的是个小姑娘,倒很重视。那奏章上写着:"我叫淳于缇萦,是太仓令淳于意的小女儿。我父亲给国家当差的时候,齐国的人都说他廉洁正直。现在他犯法获罪,按律当处以肉刑。我不但为父亲难过,也为所有受肉刑的人伤心。一个人砍去脚就成了残废,以后就是想改过自新也没有办法了。我情愿进入官府充当奴婢,用身体来替父亲赎罪,好让他有个改过自新的机会。"汉文帝看了缇萦的诉状,悲悯她的心意,于是赦免了淳于意,并在当年正式下令废除了肉刑。

从此例可以看出"孝"所具有的人道主义精神。缇萦上书救父体现了孝心,汉文帝废除肉刑体现了仁政,二者都是以人为本。

15. 责子受金

田稷子是战国时期齐国的宰相。有一次,田稷子收到了属下送来的百镒黄金,就拿去供奉母亲。母亲看到后很惊讶,问他:"你做了三年的宰相,所受的俸禄从来没有这么多,你是不是拿了哪位士大夫的钱?要不然怎么会有这么多?"田稷子为人诚实,对母亲很孝敬，便老实地告诉母亲，的确是接受了属下的黄金。

母亲听后很生气，训斥田稷子说："你难道不知道吗？读书人最注重的就是自己的品德修养。你身为齐国的宰相，应当以身作则，洁身自爱，廉洁奉公，怎么可以接受贿赂？况且读书人应当要言行一致，表里如一。现在君王这么信任你，给你很高的官位和丰厚的俸禄，对于如此深重的恩德，你应知恩图报。忠诚是为人臣的本分，即使去死也不能违背忠义。作为臣子，对待君王就像孩子对待父亲一样，要竭尽心力去侍奉。现在你收取这些不义之财，已经违背了你的忠诚。为人臣的不忠，好比儿子的不孝。这不义之财，不是我应该得到的，不孝的儿子也不是我的儿子，你走开吧！"

田稷子听了母亲义正词严的教训后，顿时感到万分羞愧与自责，冒了一身冷汗，急忙向母亲告退，将黄金如数归还原主。接着，又主动到齐宣王那儿去请罪，把此事报告给君王，说自己犯了死罪，应当处死，以正国法，以严家规。齐宣王了解事情的原委之后，非常赞赏田母的德行，于是赦免了田稷子的罪，恢复了他的宰相职位，并且表彰、赏赐了田母。

田稷子的故事值得许多为官者深思，其中有两点是很明确的：一是借亲属的名义敛财是不可取的行为，二是不能以"舍大取小"的方式去损害国家利益。

16. 深明大义

战国时代的齐国发生了淖齿之乱，淖齿杀死了齐闵王，闵王的儿子田法章逃走了。王孙贾是齐闵王的随臣，他找不到主子的下落，只好回到家中。母亲责备他说："你早出晚归，我倚着大门盼望；你夜出不回，我靠着街门等待。你如今服侍君王，君王离开了，你却不知道他的下落,你还回来做什么!"受到母亲的激励,王孙贾便来到集市振臂高呼:"淖齿搞乱齐国,杀害齐王。愿意和我一起去干掉他的,请卷起衣袖,把右臂伸出来!"集市上立即有四百多人响应号召,一起去把淖齿杀掉了。之后齐国的大臣们也找到了田法章,并且立他为王,这就是齐襄王。

如果说"一言可以兴邦",那么王孙贾母亲的话便是最典型的了。可是,对于这位深明大义的母亲,我们所了解到的,也只是这寥寥几笔。

17. 割席

管宁(158~241)是管仲的后人,字幼安,北海朱虚(今山东临朐)人,三国时代的高士,自幼好学,饱读经书,一生不慕名利。他幼时非常好学,与华歆坐在同一张席上读书。一天,管宁和华歆同在园中锄菜,见地上有一小片黄金,管宁挥锄不停,与看到瓦片、石头一样没有区别,华歆拾起金片,而后又扔掉了。他们坐在一张席上读书时,有个坐着华贵车辆的官员从门前经过,管宁还像原来一样读书,华歆却放下书出去观看。管宁于是将席割成两半,与华歆分开坐,对他说:"你不是我的朋友。"

志不同道不合,便难以成友。真正的友谊应该建立在共同的思想基础和奋斗目标上,实现共同进步。如果没有内在的精神默契,只有表面上的亲热,这样的朋友是无法真正沟通和相互理解的,也就失去做朋友的意义了。

二、品行篇

1. 秉笔直书

太史书曰:"崔杼弑其君。"崔子杀之。其弟嗣书而死者,二人。其弟又书,乃舍之。南史氏闻太史尽死,执简以往。闻既书矣,乃还。(《左传·襄公二十五年》)

崔杼杀了国君之后,齐国的史官秉笔直书"崔杼弑其君"的事实,崔杼便杀了史官。然后史官的弟弟继任兄职,照样写下"崔杼弑其君",崔杼又杀了他。史官的三弟在两个哥哥接连被杀之后,继续照样写,崔杼无可奈何了,只好停止了杀戮。而在齐国南部还有一位叫"南史氏"的民间史家,听说太史一家接连被害后,手拿简册来到宫中,听说已经如实记载了,才回去。齐国史官所表现出的秉笔直书的精神,不正是忠于职守的表现吗?

史官在那个时代是世袭的,史官忠实于史实的精神也是世袭的。因此,孔子说:"父在观其志,父没观其行,三年无改于父之道,可谓孝矣。"(《论语·学而》)可能指的就是这类事情吧。

2. 刺背

岳飞(1103~1142),字鹏举,南宋抗金名将,相州汤阴(今属河南)人。据传,母亲在他的背上刺了"精忠报国"四个字,先是用毛笔在岳飞脊背上书写，再用绣花针刺就，然后涂以醋墨，使之永不褪色。岳飞于北宋末年投军，任下级军官，后随宗泽守开封。金兀术率军渡江南进，他在江南坚持抵抗。金兵后撤时，他攻击金军后队，收复建康（今江苏南京）。

1140年，金兀术又大举南进，他在郾城（今河南郾城县）大败金军，但高宗、秦桧一意求和，以十二道金牌命他退兵。回临安后，岳飞被解除兵权，不久又被诬陷企图谋反，以"莫须有"罪名与子岳云及部将张宪一同被杀害。后被平反，追谥"武穆"，又追封鄂王。

3.《史记》父子

传统道德的最高境界就是以生命来保全节义，不为利益甚至生死所摇动，正如《礼记·儒行》所言"见利不亏其义……见死不更其守"，司马迁的父亲司马谈很推崇这种精神，他临终前对司马迁说：

> 余先周室之太史也。……汝复为太史，则续吾祖矣。……余死，汝必为太史；为太史，无忘吾所欲论著矣。且夫孝始于事亲，中于事君，终于立身。扬名于后世，以显父母，此孝之大者。……今汉兴，海内一统，明主贤君忠臣死义之士，余为太史而弗论载，废天下之史文，余甚惧焉，汝其念哉！（《史记·太史公自序》）

司马迁的父亲对他说："我们的祖先是周朝的太史。……你如果能做太史，就可以继承祖业了。……我死了，你必定做太史，做了太史后，不要忘记我打算写的著作啊。所谓孝道始于侍奉父母，中行于侍奉君王，最终还要树立声名。扬名于后世，使父母分享光荣，这是孝道中最重要的方面。……现在汉朝兴起，天下统一，明主、贤君、忠臣、死义之士辈出，我做太史如果不评述记载，则恐断绝了天下的历史文献，我很惶恐不安，你多加考虑吧！"

4. 待刃

甄济（？～约766），字孟成，定州无极（今河北无极县）人。唐代天宝十年（751），甄济以左拾遗的官职应召，还没有到任而安禄山入朝，向唐玄宗请求把甄济给他，任命他为范阳掌书记。安禄山到了卫州，让太守郑遵意到山中拜访他，甄济不得已出山，安禄山向他下拜行礼。

后来，安禄山反叛，又派了蔡希德携带封刀去召他，说："如果甄济不出山，就砍下他的头来见我。"甄济面色不改，用左手写道："无法出行。"使者拿着刀走到他跟前，甄济伸出脖子等他来砍，蔡希德叹息不止，收起了刀，回去告诉安禄山说，甄济确实在病重之中。

5. 舜待家人

舜，传说中的远古帝王，五帝之一，姓姚，名重华，号有虞氏，史称虞舜。相传他的父亲瞽叟、继母及异母弟象多次想害死他：让舜修补谷仓顶时，从谷仓下纵火，舜手持两个斗笠跳下逃脱；让舜掘井时,瞽叟与象却下土填井,舜掘地道逃脱。事后舜毫不怀恨,仍对父亲孝顺,对弟弟慈爱。

舜的孝行感动了天帝。他在厉山耕种时,大象替他耕地,鸟代他锄草。帝尧听说舜非常孝顺,也有处理政事的才干,便把两个女儿娥皇和女英嫁给他。经过多年的观察和考验,尧选定舜做他的继承人。舜登天子位后去看望父亲,仍然恭恭敬敬,并封象为诸侯。

这是二十四孝的第一个故事,具有典型意义——父母为人很好,子女尽孝也很自然,顺理成章;但如果父母不好,是否应当尽孝呢?回答是肯定的,仍然要尽孝。

这不禁使人联想到原壤的故事。原壤是孔子的老友,但是这个人不好,他母亲去世时,孔子帮他买椁,他却站在椁上唱歌。有一天,他很不恭敬地伸着腿坐着等孔子到来,孔子见了他之后就说:"你年幼时不知尊重别人,长大后没有什么可以称道的德行,现在老了还赖着活在世上,这就叫作害人虫。"孔子说着就用拐杖敲敲他向前伸出的那条腿。面对这样的老人,作为他的儿女是否还应当尽孝呢?回答也是肯定的,仍然要尽孝。

6. 义田

范仲淹(989~1052),字希文,吴郡吴县(今江苏苏州)人,北宋时期名臣,杰出的政治家、思想家和文学家,宋真宗大中祥符八年(1015)进士,官至参知政事(副宰相)。淳化元年(990),父亲范墉因病卒于任所,母亲谢氏贫困无依,只得抱着两岁的范仲淹改嫁淄州长山人朱文翰,范仲淹也改从其姓,取名朱说。大中祥符四年(1011),范仲淹得知家世,伤感不已,毅然辞别母亲,前往应天府(今河南商丘)求学,投师戚同文门下。数年寒窗生涯后,范仲淹已博通儒家经典的要义,有了慷慨兼济天下的抱负。大中祥符八年(1015),范仲淹以"朱说"之名,登蔡齐榜,中乙科第九十七名,由"寒儒"成为进士,被任命为广德军司理参军,掌管讼狱、案件事宜,官居九品。鉴于有了朝廷俸禄,范仲淹便把母亲接来奉养。天禧元年(1017),范仲淹以治狱廉平、刚正不阿,升为文林郎,任集庆军节度推官,便归宗复姓,恢复范姓。

范仲淹身居高位,俸禄丰厚,但却克勤克俭,省下余资,买了近城的好田十余顷,称为义田,用来赡养和救济族里的许多人。凡是有缺衣少穿的、嫁女儿的、娶媳妇的或亡故安葬的,种种事情都可以通过义田的收入进行贴补。其子范纯仁说,父亲范仲淹"于苏州吴、长两县置田十余顷,其所得租米,自远祖而下诸房宗族,计其口数,供给衣食及婚嫁丧葬之用,谓之义庄"(《范文正公文集·义庄规矩》)。范仲淹置义田、办义学是他的"先天下之忧而忧,后天下之乐而乐"精神的延续。

7. 任公家风

梁启超(1873~1929),字卓如,号任公,共育有九个子女,皆学有所成。他们在文学、经济、图书馆学、自然科学等领域各领风骚,其中有三位院士:建筑学家梁思成、考古学家梁思永和火箭控制系统专家梁思礼,可谓是"九子皆才俊,一门三院士"。

梁启超十分崇拜墨子的人格,自号"任公",取意墨家的根本精神,以天下为己任,吃苦耐劳,不断努力奋进。民国初年,梁家已经进入了上层社会,但他希望子女养成"寒士家风",仍然要像"寒士"一样勤俭,好学上进。梁启超教导孩子们"莫问收获,但问耕耘","磨炼人格"是其陶养家风的重点。

8. 扇枕温衾

黄香（约68~122），东汉江夏安陆（今湖北云梦县）人，九岁丧母，事父极孝。酷夏时为父亲扇凉枕席，寒冬时用身体为父亲温暖被褥。少年时即博通经典，文采飞扬，京师广泛流传"天下无双，江夏黄香"。安帝时任魏郡（今属河北）太守，魏郡遭受水灾，黄香尽其所有赈济灾民。著有《九宫赋》《天子冠颂》等。

9. 慈母

魏时的芒母，是孟杨氏的女儿，芒卯的后妻。她与芒卯生了三个孩子，芒卯的前妻留下五个孩子，他们都不能接受后母。尽管芒母对他们五人非常好，但他们仍然不爱戴她。于是，芒母让自己的三个孩子不能与前妻的五个孩子穿一样的衣服，吃一样的饭食，起居、进退都对前妻的五个孩子给予特殊的照顾。可是前妻的孩子们仍然不能认可她。正在这时，前妻的一个孩子违犯了魏王的命令，要被处死。芒母为此忧愁悲哀，消瘦了许多。她一天到晚奔波，想办法拯救这个孩子。有人对芒母说："儿子不爱他的母亲已经到了这个地步，你为什么还这样为他忧愁操劳呢？"芒母说："假如是我的亲生孩子，即使他不爱我，我也肯定会救他于危难之中。单单对非亲生子不这样做，那与不懂礼数的一般人有什么区别呢？况且他们的父亲因为他们失去了母亲，才把他们托付给我。继母就是母亲，为人母却不能爱自己的孩子，这能算得上是慈爱之举吗？只爱自己的亲生子而偏废前妻的孩子,这能算是义举吗?既失了慈又不讲义,还怎么立身于世上呢?尽管他们不喜爱我,而我又怎么能不顾道义呢?"

于是,她为前妻的孩子诉讼辩罪。魏安厘王听说了这件事后,赞叹芒母的德行义举,并说:"后母有这样的高义,怎么能不赦免她的孩子呢?"于是赦免了那个孩子,恢复他们完整的家庭。从此之后,这五个孩子都非常亲善孝顺后母,芒母也以礼义来教育引导他们。在芒母的训导下,芒母家的八个孩子都成了魏国的大夫卿士。

10. 倡义完城

唐代建中四年(783),李希烈谋反,以数千兵马攻打项城县。县令李侃慌作一团,企图逃跑。他的妻子杨氏说:"你是县令,大敌当前,应当死守,守不住,还有一死,这是你的职责。你如果逃走,谁还会守城呢?"李侃说城中无兵,没法守。杨氏说:"如果不守,县城被贼攻破,城内的财物都归了贼人,百姓也成了他们的士卒。不如现在就将城中财物用于守城,重赏之下必有勇夫。"

她将百姓召到县衙大厅前,对他们说:"我们的县令虽然任满后便要辞官,与大家略有不同,但他毕竟是一县之主。大家都是这座城里土生土长的,城中有各家的祖坟,应该誓死守城才对,难道要我们甘心做贼人的俘虏吗?"众人皆落泪,答应与县令死守县城。杨氏当众宣布:"用砖瓦石块打中敌人的赏钱一千,用刀箭兵器打中敌人的赏钱一万。"当场就有数百人报名守城,杨氏便亲自为他们做饭。

她又让李侃写信给敌军的统帅,告诉他:"项城百姓全都决心死守县城,你就是破了城也不足以吓倒他们,不如赶快离去。否则一旦攻城失利，对你们没有好处。"贼人不听，大举攻城。李侃手上中箭，他带着伤跑回县衙，杨氏见了大怒道："你不在城上，谁还能拼死固守！死在城上，不比死在家中好吗！"李侃羞愧，忍着伤痛再次登城率众杀敌。正好贼将中箭而死，就退兵了，县城终于得到保全。朝廷下诏令升迁李侃为绛州太平县令。后来，韩愈的学生李翱为这件事写了《杨烈妇传》。

这个事例叙述了一名普通女子的决心和勇气，说明刚勇之义行并非是男人的专利，也说明了对于"烈妇"这个概念不能作狭义的理解。到了清代似乎只对以死守贞的女子才称为烈妇，这就过于褊狭了，这位杨氏的作为难道不能称得上是刚烈吗？

11. 陆绩怀橘

陆绩，三国时期吴国人，古代科学家。他六岁时随父亲陆康到九江谒见袁术，袁术拿出橘子招待他们，陆绩往怀里藏了两个橘子。临行时，橘子滚落地上，袁术嘲笑道："陆郎来我家做客，走的时候还要怀藏主人的橘子吗？"陆绩回答说："母亲喜欢吃橘子，我想拿回去送给母亲尝尝。"袁术见他小小年纪就懂得孝顺母亲，十分惊奇。陆绩成年后，博学多识，通晓天文、历算，曾作《浑天图》，注《易经》，撰写《太玄经注》。

12. 曾子杀彘

曾子之妻之市，其子随之而泣。其母曰："女还，顾反为女杀彘。"妻适市来，曾子欲捕彘杀之。妻止之曰："特与婴儿戏耳。"曾子曰："婴儿非与戏也，婴儿非有知也，待父母而学者也，听父母之教。今子欺之，是教子欺也。母欺子，子而不信其母，非所以成教也。"遂烹彘也。(《韩非子·外储说左上》)

曾子的夫人去集市上赶集，儿子哭着也要一起去。母亲对他说："你先在家等着，待会儿我回来杀猪给你吃。"夫人从集市上回来后，看见曾子正准备捉小猪宰杀。她就赶忙劝止说："我只不过是跟孩子开玩笑罢了。"曾子说："这可不能开玩笑啊！小孩子没有思考和判断能力，要向父母亲学习，听从父母亲给予的正确的教导。现在你欺骗他，这就是教孩子骗人啊！母亲欺骗儿子，儿子就不再相信自己的母亲了，这不是教育孩子的正确方法啊。"于是把猪杀掉吃了。

这个事例说明了父母身教的重要性，明代人吕得胜在其编的《小儿语》中有这样的话："老子终日浮水，儿子做了溺鬼；老子偷瓜盗果，儿子杀人放火。"古往今来，由于父母的行为不端，不自觉地将子女引向歧途的例子是不胜枚举的。

13. 昏晨不废

据《后汉书》上的记载，在安帝的时候，汝南有位叫薛包的人，字孟尝，喜爱学习，行为诚实，母亲已去世，他以孝顺闻名。他父亲娶了后妻，就憎恨薛包，让他分家别住。薛包日夜放声痛哭，不肯离开，以致被父亲用棍棒殴打。他不得已只得在外过夜，到了清晨进家清扫房屋，父亲更加生气，又赶他出门。薛包只好在门外搭了间茅屋暂住，但仍然不忘记早晚向父母问安。

过了一年多，父母感到羞愧，让他回家。父母死后，薛包守丧六年，超过了丧礼的要求。不久，弟弟要求分家，薛包不能劝止，就把家产平均分配，但是奴婢却要老的，他说："她们与我共事时间长，你使唤不了。"田地房屋要那些荒废了的，说："我年轻时都经营过，已经有感情了。"器物也要破旧的，说："我平时用惯了。"弟弟几次败家，薛包都屡次接济。建光年间，朝廷要举他做侍中的官职，但薛包生性恬淡，声称自己卧病不起，只求一死，朝廷只得下诏让他回家养病。

14. 亲涤溺器

黄庭坚（1045～1105），字鲁直，号山谷道人，晚号涪翁，洪州分宁（今江西修水）人，北宋著名诗人、书法家，是盛极一时的江西诗派开山之祖，与杜甫、陈师道和陈与义素有"一祖三宗"之称。英宗治平四年（1067）进士，历任叶县尉、北京国子监教授、校书郎、起居舍人等官职。他虽身居高位，侍奉母亲却竭尽孝诚，每天晚上，都亲自为母亲洗涤马桶，没有一天忘记作为儿子应尽的职责。

15. 委屈全主

周朝时卫国有一个大夫，他在周朝国都里做官两年后，回到原籍，这时他的妻子早已和邻人通奸，预备好毒酒打算害死他。他一回到家，妻子就叫陪嫁来的婢女拿酒进来给他喝，婢女知道这酒里有毒，心里暗想，假使送进去给主人喝了，主人必死无疑；如果说明了这个情况，那么主妇也必定要死。于是，她就假装跌了一跤，把酒打翻了。主人并不知情，盛怒之下，把婢女痛打一顿。他的妻子也明白婢女已经靠不住了，为了避免留下口实，便想借着这件事把婢女打死。后来主人的弟弟听说了这件事后，就将实情告诉了主人。于是主人就休了他的妻子，并想收纳这个婢女来取替。但是，这个婢女不答应，很坚决地拒绝了。主人只得用丰厚的妆奁，把婢女正式嫁出去了。

明代思想家吕坤（1536～1618）对这件事曾有精彩的评论：

忠婢此举，无一不协于善者。不彰主母之恶，厚也；不忍主父之毒，忠也；佯僵覆酒，智也；笞将死，终不言，贞也；不敢居主母之处，礼也。此可以为士君子之法，而况妇人乎？

他指出婢女的举止是很完美的：她不彰显主妇的丑事，这是厚道的表现；不忍心让主人中毒被害，这是忠诚的表现；故意将酒泼洒在地，这是智慧的表现；被痛打时也不说出实情，这是贞节的表现；不取替主妇的地位，这是品德的表现。吕坤认为，这个婢女的行为不但有仁有义，而且非常聪明机智，她甚至可以成为君子的楷模了。

三、风范篇

1. 情之所钟

王戎丧儿,山简往省之。王悲不自胜。简曰:"孩抱中物,何至于此?"王曰:"圣人忘情,最下不及情;情之所钟,正在我辈。"简服其言,更为之恸。(《世说·伤逝》)

王戎的儿子去世了,朋友山简前去探望他,看他过于悲痛,便安慰他说:"只不过是个小孩子,不必太过于伤心了。"王戎回答说:"圣人是可以超越情感的,而俗人又不懂得真正的情感,能够情有所钟的,正是我这样的人。"山简听了很佩服他说的话,更加感到悲哀了。

2. 泣杖

韩伯俞非常孝顺。一次犯了过错,母亲打他,他哭泣不止。母亲问他:"前次我打你,你不哭,这次为什么哭了呢?"韩伯俞回答说:"母亲您上一次打我,我能够感觉到身体的疼痛,说明母亲您的身体康健有力。今天您打我,我不觉得疼痛,说明母亲您老了,力气也小多了。我是因为这个才悲泣的呀!"

韩伯俞挨了母亲的打,不但不怨恨,还在关心母亲的健康。这不是作秀，也不是愚孝，而是出自于孝的真情。

3. 收舆

原谷的爷爷老了，原谷的父母很讨厌他，就想抛弃他。原谷此时十五岁，他劝父亲说："爷爷生儿育女，一辈子勤俭度日，你怎么能因为他老了就抛弃他呢？这是忘恩负义啊。"父亲不听他的劝谏，做了一辆小推车，载着爷爷扔在野外。

原谷在后边跟着，就把小推车独自带了回来。父亲问他："你带这个不祥之物回来做什么？"原谷说："等将来你们老了，我就不必另外再做一辆了，所以现在先收起来。"父亲听了以后大为惭愧，对自己的行为感到后悔，于是去把爷爷接回来赡养。

这使人想起《一个木碗》的故事，说的是有一对中年夫妇对年迈的父母很不孝顺，他们把老人撵到一间破旧的小屋里居住，每顿饭用小木碗送一些不好吃的东西给老人。一天，他们看到自己的儿子在雕刻一块木头，就问孩子刻的是什么，孩子说："刻个木碗，等你们年纪大时好用。"这时，这对中年夫妇猛然醒悟，赶紧把父母请回正屋同自己一起居住，并扔掉了那只小木碗，拿出家里最好吃的东西给老人吃。

4. 陶答子妻

周朝时候，有个名叫答子的人，他在陶这个地方做了三年官，做官的口碑不好，可是家财却比以前富了三倍。他的妻子规谏了他几次，他却不肯听从妻子的话。他在陶住了五年，跟从他的车子达到一百乘。休官归来的时候，宗族里的人杀了牛来招待他，唯独他的妻子抱着儿子在哭，婆婆很生气，认为这种情形是不吉祥的。妻子说："丈夫在陶做官，家里富了，国却穷了，最后上下的人都要唾弃他的。败亡的现象，已经可以看得见了，我情愿和小儿子一同逃难。"婆婆听了很生气，就把她赶走了。过了一年，答子犯了罪，被杀死了。他的母亲虽因为年老免了罪，可是却没有了依靠，答子的妻子就回来把婆婆赡养到老。

这个事例是值得贪官们借鉴的。有这样一段话描述了贪官的败亡之兆：

> 犬彘不择食以肥其身，坐而须死耳。……家富国贫，君不敬，民不戴，败亡之征见矣。(《列女传·贤明传·陶答子妻》卷二)

当猪狗不择食地将自己养肥，也就到了被杀的时候了。……家中富有而国却贫乏，君主讨厌他，民众也不爱戴他，败亡的征兆就显现出来了。

5. 虚荣心

晏子做齐相的时候，有一次乘车出门，车夫的妻子从门缝里窥视她的丈夫，只见他坐在大伞盖下，扬鞭驱马，意气扬扬，很是自我满足。回家后，车夫的妻子请求离开他，丈夫问她是什么原因，妻子说："晏子身长不满六尺，做了齐国的相国，名声显赫于诸侯。今天我看他出门，是一副思虑深远、态度谦和的样子。而你身长八尺，只做了人家的仆从和车夫，却得意扬扬，自感满足了，所以我要离开你。"后来，丈夫便自觉地控制自己，晏子感到奇怪，便问车夫，车夫如实地回答，晏子就推荐他做了大夫。

这个事例对于虚荣心强的人来说，恐怕会有一定的清醒作用。

6. 内举不避子

《吕氏春秋》中"外举不避仇，内举不避子"的记载，是说明在选拔人才时能够忠于职守、超越利害关系的典型事例。

> 晋平公问于祁黄羊曰："南阳无令，其谁可而为之？"祁黄羊对曰："解狐可。"平公曰："解狐非子之仇邪？"对曰："君问可，非问臣之仇也。"平公曰："善。"遂用之。国人称善焉。居有间，平公又问祁黄羊曰："国无尉，其谁可而为之？"对曰："午可。"平公曰："午非子之子邪？"对曰："君问可，非问臣之子也。"平公曰："善。"又遂用之。国人称善焉。孔子闻之曰："善哉！祁黄羊之论也，外举不避仇，内举不避子。祁黄羊可谓公矣。"（《吕氏春秋·孟春纪》）

晋平公问祁黄羊："南阳地方上没有长官了，谁适合去补这个缺？"祁黄羊回答："解狐很合适。"平公说："解狐不是你的仇人吗？"他回答："您问的是谁合适，并不是问谁是我的仇人呀。"平公说："很好。"于是就任命了解狐，结果大家都赞同这一任命。隔了一段时间，平公又问祁黄羊："国家缺少一名军事官员，谁适合担任这个工作？"祁黄羊回答："祁午适宜。"平公说："祁午不是你的儿子吗？"祁黄羊回答："您问的还是谁合适，并不是问谁是我的儿子呀。"平公说："很对。"又依着他任命了祁午，结果大家也都很支持这个任命。孔子听说了此事，便说："祁黄羊的建议很好啊。举荐人才，在外不排除仇人，在内不回避儿子，祁黄羊可以说是很公道的人了。"

7. 义不违友

汉桓帝时，颍川人荀巨伯远行去探望生病的朋友，正赶上胡族攻打城池，友人对他说："我现在快死了，你赶快离开吧。"巨伯回答说："我特地远道而来探望你的病情，你却让我离开，使我只为求生而违背信义，这哪里是我应当做的呢？"这时，胡兵已经攻进城中来，很快发现了荀巨伯以及卧病在床的朋友。胡兵很纳闷，问巨伯："大军到来，一郡尽空，你是干什么的，胆敢留在这里？"巨伯回答说："友人有病，不忍离开，宁愿以我的性命来换取友人的性命。"那些胡兵听完荀巨伯的话后，感慨地说："我们这是无义之师攻入了有义之邦啊。"于是便班师而退。荀巨伯以他的义行保全了一郡的百姓。

8. 出入家门

入其国，观其士大夫，出于其门，入于公门，出于公门，归于其家，无有私事也，不比周，不朋党，偶然莫不明通而公也，古之士大夫也。(《荀子·强国》)

荀子说，到了秦国后，我观察了那里的官吏，他们走出自己的家门就直接进入公家的衙门，走出衙门就直接回到自己家里，没有做任何个人的私事，不去走家串户勾结死党，也不去拉帮结伙广交朋友，明智通达而又廉洁奉公，真是令人敬佩，古代圣王治理下的官员不过就是如此吧。

9. 拔葵出妻

公仪休任鲁国相时，有一天他办完公事回家，吃饭的时候，问起葵菜的价钱，家里人说不要钱，是自己家种的。他听后很生气，说："我们拿了俸禄，还要自己种菜，这不是夺了菜农的利益吗？"说完就到菜园里，把葵菜都拔掉了。还有一次他回家，看见夫人正在织布，认为她夺了女工的利益，就把夫人休了。这是有名的"拔葵出妻"的故事。

公仪休爱吃鱼，有人投其所好，给他送鱼来，他不接受。了解他的人说："您不是很喜欢吃鱼吗？给您送鱼，为什么不要呢？"公仪休说："我若收了鱼，以后便当不成国相，就没有人给我送鱼，我就吃不上鱼了。我不收鱼，一直当着国相，还怕没有鱼吃吗？正因为我爱吃鱼，所以我不收别人送的鱼。"

看完这个事例的人可能会说，公仪休真是"小气"，很会算计。他不愿意因小便宜而吃亏，其实是很懂得珍爱自己的表现。我们现在的为官者也应该这样珍爱自己，何必去为了一点小利而污了一生清白呢？

10. 拾葚

蔡顺，汉代汝南（今河南汝南县）人，少年丧父，事母甚孝。当时正值王莽之乱，又遇饥荒，柴米昂贵，他只得拾桑葚为母亲和自己充饥。一天，他偶遇赤眉军，赤眉军士兵问他："你为什么把红色的桑葚和黑色的桑葚分开装在两个篓子里？"蔡顺回答说："黑色的桑葚供老母食用，红色的桑葚留给自己吃。"因为黑色的桑葚熟而甘甜，红色的桑葚生而酸涩。赤眉军怜悯他的孝心，送给他二斗白米、牛蹄一个，以示敬意。

11. 行佣

江革，东汉时齐国临淄人，少年丧父，侍奉母亲极为孝顺。战乱中，江革背着母亲逃难，几次遇到匪盗，贼人欲杀死他，江革哭告："老母年迈，无人奉养。"贼人见他孝顺，不忍杀他。后来，他迁居江苏下邳，去做雇工以供养母亲，自己贫穷赤脚，而母亲所需甚丰。明帝时被推举为孝廉，章帝时被推举为贤良方正，任五官中郎将。

12. 拒妇

春秋时的鲁国，有一个单身汉，他的邻居是一个寡妇，一日深夜，狂风怒吼，暴雨如注，寡妇的草坯屋倒塌了，她无处栖身，在又惊又怕的情况下，希望单身汉开门容她避寄一下，但是这个男子硬是不纳。女人责问："雨大屋塌，为什么不让我进你家？"男人回答说："我听说，男女年龄不超过60岁，在一起就会惹来口舌，你还年轻，我也不大，所以我不能收留你。"女人反问："你怎么一点不像柳下惠，怀抱着一个女人，却没有人说他胡作非为。"他回答："柳下惠可以那样，我不可以这样，我要以我的'不可以'，学习柳下惠的'可以'！"（"柳下惠则可，吾固不可，吾将以吾之不可，学柳下惠之可。"）就这样，她始终没有进入这个男子的房内。

孔子听说此事后，就称赞这鲁国男子说：

善哉！欲学柳下惠者，未有似于此者。期于至善，而不袭其为，可谓智乎？（《孔子家语·好生》）

意思是说：没有人能像他这样，学习柳下惠学得这么好的。既达到了至善，又根据自己的情况不盲目效仿，这难道不是明智的表现吗？后人有诗称赞说："坐怀不乱谁能及，希圣休言在变通。"从这个事例可以看出，"节"不仅仅是对妇女的要求，同样也是对男子的要求。

13. 恐得罪后世

宋朝士大夫的气节是出了名的，可是普通百姓的重义更令人感动。蔡京当政时，大肆陷害元祐老臣（司马光、苏轼等），宋徽宗亲自手书元祐党人姓名，立碑于宫中，这就是后世所称的"元祐党人碑"。当时蔡京命令全国郡县都要按汴京式样立一座党人碑，以扩大对元祐党人的迫害。

当时长安有一个叫安民的石工,当地官府接到朝廷的命令后,令他刻碑,可是安民拒绝做这样的工作。官员问讯他原因,他恳切地说:"小民虽然十分愚昧,却也知道立碑的意义。像司马公(司马光)这样的人,全天下的人都知道他是真君子!现在却斥责他为第一奸人,让小民无法理解,所以不能篆刻。"

官员闻言大怒,叱道:"你知道什么?朝廷有命,我等尚不能违抗,你区区一个石工,被官府调来服役,难道还想违抗朝廷吗?"安民哭泣着说:"当然不敢不接受服役,但是恳请大人不要按照惯例将我的贱名刻在石碑上,免得为后人所骂。"官员又叱责道:"你不过是猪狗一样的人,哪个让你把自己的名字刻上?"安民这时才勉强遵命,完工后痛哭而去。

安民只不过是一个石工,没有地位也没有文化,但是他却深明大义,知道什么是忠,什么是奸,可见坚守传统道德也是人人可为的事情。

14. 鹿车共挽

鲍宣小的时候家里很穷,年少时就学于桓少君之父门下。桓父对自己的这个学生非常欣赏,因为他虽然出身贫苦,但品性高洁,立志高远,刻苦勤学,经过长时间的考察之后,桓父对其更加满意。

桓父看出鲍宣是个可造之才,很想将女儿桓少君许配给鲍宣,在征得女儿同意后,桓家准备了丰厚的嫁妆。鲍宣知道这件事后很不安心,托人告诉桓少君:"你是富家小姐,而我只是穷书生,我怎么能配得上你。"桓少君听了之后,为向鲍宣表明心志,就将嫁妆中的绸衣换成了粗布衣。结婚当天,桓少君与鲍宣一起推着小车嫁到了夫家。过门之后，她对婆婆和丈夫很尊敬，每天都按时恭恭敬敬地拜见婆婆，提着水瓮到门外的水井中打水，家中生火做饭这样的杂事也都由她全权负责，使得鲍宣对她敬爱有加。她因为品行美好且谨守妇女规范，乡里的人都称赞、敬重她。

桓少君的孙子，鲍永的儿子鲍昱在空闲的时候问桓少君："奶奶您是否还记得拉小车时的情景？"桓少君回答："我去世的婆婆说过：'活着的时候不能忘记死亡，平安的时候不能忘记危险。'我怎敢忘记呢！"

成语"鹿车共挽"就出自这个故事，其中"鹿车"指的就是他们当初结婚时拉的小车。这个故事充分体现了择偶重德，夫妻同甘共苦的齐家思想。

四、和睦篇

1. 孟母

孟子的母亲，世人称她孟母。孟子小时候居住的地方离墓地很近，因此孟子学了些祭拜之类的事，玩起办理丧事的游戏。他的母亲说："这个地方不适合孩子居住。"于是将家搬到集市旁，孟子又学了些做买卖和屠杀的样子。母亲又想："这个地方还是不适合孩子居住。"又将家搬到学宫旁边。于是孟子开始学习和模仿朝廷上鞠躬行礼及进退的礼节。孟母说："这才是适合孩子居住的地方。"就在这里定居下来了。

孟子小时候，有一天他背诵诗文，他的母亲在旁边织布。孟子停顿了一会儿，又继续背诵下去。孟子的母亲知道他遗忘了书中的内容，于是把他叫来问道："为什么中断背书？"孟子回答说："有所遗忘，后来又想起来了。"孟子的母亲便拿起剪刀割断了布，问他："我把布剪断了，还能继续织吗？"从这以后，孟子再不遗忘书中的内容了。

这就是《三字经》中的典故："昔孟母，择邻处；子不学，断机杼。"

2. 孔子的真情

孔子从来不否认人的情感,他批评宰予说:

> 予之不仁也!子生三年,然后免于父母之怀。夫三年之丧,天下之通丧也。予也有三年之爱于其父母乎?(《论语·阳货》)

意思是:你对父母不够仁厚!父母将你生下之后,不是在怀里抱了三年吗?难道你连遵循守丧三年的惯例都做不到吗?你回报父母的感情至少也应当有三年吧?

朱熹对此评论说:

> 所谓教之以孝弟者如此。盖示之以至情之不能已者,非强之也。(朱熹:《四书章句集注》)

儒家以孝悌对人进行教育的关键,是要揭示出人与人之间真实的自然之情,而这种情感不是由外界强制的。

貌似严肃的孔子也不乏对真情的赞赏:

> 曰:"莫春者,春服既成,冠者五六人,童子六七人,浴乎沂,风乎舞雩,咏而归。"夫子喟然叹曰:"吾与点也!"(《论语·先进》)

曾点说:"到了春末的季节,穿上刚做好的轻薄衣裳,约上五六位朋友,再带上六七个孩子,到沂水之中沐浴,在舞雩的高坡上吹吹风,然后唱着歌回来。"孔子听后感慨地说:"我赞同曾点的看法。"

3. 戏彩

老莱子是春秋时期楚国的一位隐士,为躲避乱世,他自耕于蒙山南麓。他孝顺父母,尽力寻找美味供奉双亲,七十岁尚不言老,常穿着五色彩衣,手持拨浪鼓如小孩子般戏耍,以博父母开怀。一次为双亲送水,进屋时跌了一跤,他怕父母伤心,索性躺在地上学小孩子哭,逗得二老大笑。

老莱子戏彩娱亲的故事,曾被鲁迅批评为把"肉麻当有趣",这个看法多少有些片面。从心理学的角度说,老莱子这种做法没有什么不妥,他并没有在众人面前作秀,只是在家里想要让老人开心,也是一种尽孝的表现。古人认可老莱子的行为,说明他们已经很重视心理关怀对老年人的作用了。

4. 林宗过茅

茅容,字季伟,东汉时期名士,陈留郡(今河南开封)人。茅容四十多岁时,仍辛勤耕种奉养老母。有一天,茅容正与邻居们耕作于田间,暴雨忽降,众人都到大树下躲避。此时大家席地围坐,高声说笑,茅容却独自一人正襟危坐,静而不语,仿佛鹤立鸡群。恰好大学士郭林宗路过此处,见此情景很是奇怪,便上前以礼相见,二人交谈甚为融洽。

雨过天晴，夕阳西下，鸟雀归林，众人也相继散去。林宗觉得二人很是投缘，不忍话别，茅容便邀林宗到家中一宿，林宗欣然应允。晚餐前，林宗见茅容杀鸡，以为是待客之用，不料晚餐时茅容却捧入室内请老母独用，而只以山肴野蔬与林宗共享。林宗顿时肃然起敬，感叹道："我家中虽不富足，但款待宾客仍备三牲之膳，不敢以美食独敬父母，而你竟能不因待客而冷落老母，如此孝行出于天性，林宗自愧不如。"

从此二人结为良友。茅容接受林宗的指点，耕耘之余，勤奋读书，学识日长，名声渐大，州里都以官职相聘，而茅容唯乐道于求学，不愿为官，真可谓清高洒脱不慕名。以后就有了"林宗过茅"这个典故。

5. 阮籍处世

阮籍的日常生活虽不拘形式，但是不违背道德。

> 籍嫂尝归宁，籍相见与别。或讥之，籍曰："礼岂为我设邪！"邻家少妇有美色，当垆沽酒。籍尝诣饮，醉，便卧其侧。籍既不自嫌，其夫察之，亦不疑也。兵家女有才色，未嫁而死。籍不识其父兄，径往哭之，尽哀而还。其外坦荡而内淳至，皆此类也。(《晋书·阮籍传》卷四十九)

史书说阮籍的嫂子回娘家探亲，阮籍不但与她见面，临走时还去送别。大家知道这事后，对他有些非议，因为《礼记》上说"男女授受不亲"。阮籍听到议论后便说："难道礼就是为我而设的吗？"邻居家漂亮的少妇开了一个小酒馆，阮籍去那里买酒喝，喝醉了便睡到旁边，毫无顾忌，美妇的丈夫看见后，也不对此表示怀疑。有一位军人家庭出身的女子，美丽而有才华，还没有出嫁就去世了。阮籍并不认识这个女子及其父兄，但他听说这件事后竟然前去哭吊，尽情宣泄了感情后就走了。如果有能将自然朴实的内心表现为坦荡行为的人，那么阮籍就属于这一类人。

6. 朝寝

周文王姬昌作为儿子是很孝顺父亲的，每天都要看望父亲三次。早晨第一次鸡叫时他就起床穿好衣服，来到父亲季历的寝室门外探望，怕打扰父亲，只是轻声询问寝室的内侍："今天父亲是否安康？"内侍回答："安康。"周文王就很高兴。到了中午，忙了半天公务的周文王又来到父亲的寝室门外，也像早晨一样询问内侍，得到满意的回答才高兴地离去。到了傍晚，周文王第三次来探望父亲季历，情形同前两次一样。

7. 芦衣

闵损，字子骞，春秋时期鲁国人，是孔子的弟子，其德行与颜渊并称。孔子曾赞扬他说：闵子骞真是孝顺呀！人们对于父母兄弟称赞他的话，都没有什么异议。"孝哉，闵子骞！人不间于其父母昆弟之言。"（《论语·先进》）他的生母早死，父亲娶了后妻，又生了两个儿子。继母经常虐待他，冬天，两个弟弟穿着用棉花做的冬衣，却给他穿用芦花做的"棉衣"。

一天，父亲出门，闵损牵车时因寒冷打战，将绳子掉落地上，遭到父亲的斥责和鞭打，芦花随着打破的衣缝飞了出来，父亲方知闵损受到虐待。父亲返回家，要休逐后妻。闵损跪求父亲饶恕继母，说："留下母亲只是我一个人受冷，休了母亲三个孩子都要挨冻。"（"母在一子寒，母去三子单。"）父亲听后十分感动，就依了他。继母知道后也悔恨知错，从此对待他如亲子。

8. 仁厚

曹节，素仁厚。邻人有失猪者，与节猪相似，诣门认之，节不与争。后所失踪猪自还，邻人大惭，送所认猪，并谢。节笑而受之。（许名奎：《忍经》）

曹节一向为人仁慈宽厚。邻居家的猪走失了，这只猪与曹节家的猪样子相似，邻居就到曹家要猪，曹节也不和他争辩。后来那只走失的猪自己回来了，邻居很是惭愧，亲自偿还错认的猪，并表示抱歉，曹节便笑着收回了猪。

9. 嫁故人女

南宋丰有俊，字宅之，绍熙年间进士，先后任职扬州和镇江两处的知府，他勤政爱家，很讲义气。一天，他遇见了一名年幼的妓女，怀疑是老朋友的女儿，一问果然是被人拐卖到青楼的，便花重金赎回，一直把她当自己的女儿看待。当时任京都尹的王佐非常赞赏他的义举，并且帮助丰有俊，将女子嫁给了一户读书人家。

第四章 古今体现齐家思想的事例

10. 功臣之子

汾阳王郭子仪（697～781）曾经为唐代社会的稳定立下了赫赫战功，但是他的儿子郭晞（？～794）却纵容属下士兵在地方上为非作歹，每天成群结队地在市场上勒索，不能满足时，就用暴力打断人家的手足，砸碎锅、鼎、坛子、瓦盆，把它们丢弃在路上，袒露着臂膀扬长而去，甚至还撞死了过路的孕妇。但是，碍于郭子仪的功勋和威望，地方官吏往往不敢干涉。

段太尉（段秀实，718～783）便在这样的情况下接任了地方长官，刚上任一个月，就有郭晞手下的士兵十七人入城拿酒，又用刀刺伤了酿酒的技工，打坏了酿酒的器皿，酒流入路边的沟中。太尉便布置士兵逮捕了这十七人，随后把他们的头都砍下来挂在长矛上，竖立在城门外。郭晞全营士兵听说后大肆喧哗，全部披上铠甲准备闹事。大家都非常惊恐，便询问太尉："你打算怎么办？"太尉回答说："不要紧，请让我到军营中去劝说。"地方官打算派几十个人跟从保护太尉，太尉却将他们全部辞退了。他解下佩刀，挑了一名年老而跛脚的随从牵着马，来到郭晞军门下，营内全副武装的士兵冲了出来，太尉笑着走了进去，说："杀我一个老兵，又何必动用全副武装？我已经提着脑袋来了。"这时，剑拔弩张的士兵们惊愕了，郭晞出来面见太尉，太尉便开导他说："您这样放纵士兵去做凶暴不法之事，必然会导致社会动乱，也给天子制造麻烦，最终还会败坏你们郭家的名声，这样的结果对您有什么好处呢？"话还没说完，郭晞便一再拜谢说："有幸蒙您用大道理来教导我，恩惠很大，我愿意带领全军听从您的命令。"回头就呵斥手下的士兵回到队伍中去，当晚太尉便留宿在营中，这一夜郭晞没有脱衣睡觉，还告诫警卫要专门保护太尉。从这以后，地方上再没有发生祸乱。这件事也记录在了柳宗元的一篇著名文章之中，即《段太尉逸事状》。

段秀实处理此事的方法是值得借鉴的：一是他自己主动解除武装，只身前往军营，从而避免了暴力的升级；二是他从家族荣誉的角度来说服对方，赢得了对方的理解和支持。郭晞的部下之所以为非作歹，是倚仗着郭氏家族的功勋和势力，以败坏郭家的名声来谴责他们的错误，是准确而到位的。

11. 尝药

汉文帝刘恒是汉高祖的第三子，薄太后所生。高后八年（前180年）即帝位。他以仁孝之行闻于天下，侍奉母亲从不懈怠。母亲卧病三年，他常常目不交睫，衣不解带；母亲所服的汤药，他必亲口尝过后才放心让母亲服用。

他在位二十四年，重德治，兴礼仪，注意发展农业，使社会稳定，人丁兴旺，经济得到恢复和发展。他与汉景帝的统治时期被誉为"文景之治"。

12. 浣中裙

石建为郎中令，每五日洗沐，归谒亲。入子舍，窃问侍者，取亲中裙厕牏，身自浣涤。（《史记·万石张叔列传》）

汉代的石建做到了郎中令的官职，但他每次回家都要到偏室里取出父母的内衣之类，亲自洗涤。

尽孝不在于做的事情大小，为父母洗涤内衣，看似小事，又有几个人能够做到呢？

13. 二义

珠崖县的县令去世了，他前妻的女儿名字叫初，十三岁，后妻的儿子九岁。县令夫人与儿女三个人一起回乡办理安葬的事情。珠崖这个地方盛产珍珠，所以当地规定，如果私带珍珠出境，要被处以死刑。所以，县令夫人就事先把系在臂上的珠串取下，丢弃掉了。九岁的小儿子不太懂事，觉得好玩，偷偷又捡回来，放到母亲的梳妆匣子里。

守关的官吏在检查时，发现了珍珠，说："唉，这可是死罪呀，是谁放进去的？"女儿初担心继母因此获罪，便立即说："是我有罪，应当一死。"官吏询问说："具体是什么情况？"初回答说："先父不幸去世，夫人解下系臂的珠串并丢弃了，我心里很爱惜它，所以捡回来放在了夫人的匣子里，夫人根本就不知道。"

继母以为初说的是事实，心中很不忍，就对官吏说："我愿接受死罪，请你们千万不要追究我的女儿，她并不知道珠子的事情。这些珍珠是我带在手臂上的随身之物，亡夫不幸去世后，我取下放到了梳妆匣内，因为忙于护送灵柩的事，加上此行道路遥远，又只有弱女孤儿相依为命，心中实在万分痛苦，竟把处置珠子的事忘记了。这件事，是我有罪，应当受死。"

女儿却坚持着说："夫人实在是因为怜悯我，想要救我，为我开脱罪责。事实上，夫人确实不知道事情真相啊！"继母又说："孩子只不过替我开脱罪责罢了,实在是我带来的珠子。"就这样,母女两个人边哭边陈诉,旁观者无不为之落泪。最后连守关的官吏也不忍心了,竟然无法记录一字,他说:"宁可我来承担责任,也不能让你们这样的慈母孝女去死。"就将三个人放走了。

14. 饮酒

> 钟毓兄弟小时,值父昼寝,因共偷食药酒。其父时觉,且托寐以观之。毓拜而后饮,会饮而不拜。既而,问毓何以拜,毓曰:"酒以成礼,不敢不拜。"又问会何以不拜,会曰:"偷本非礼,所以不拜。"(《世说新语·言语》)

钟毓兄弟小时候趁父亲午睡时一起偷药酒喝。他们的父亲恰巧醒来,暂且故意装睡观察他们。钟毓行礼后才喝酒,钟会只喝酒不行礼。随后父亲问钟毓为什么要行礼,钟毓回答说:"酒是用来完成礼仪的,不敢不行礼。"父亲又问钟会为什么不行礼,钟会说:"偷酒本来就是非礼的行为,所以用不着行礼。"

兄弟两个人偷酒喝,父亲发现后,并没有责怪的意思,反倒是奇怪两个小家伙各自的行为。两个孩子说出了自己的理由,都很聪明并且各具个性。古代的史伯曾经提出了"和实生物,同则不继"(《国语·郑语》)的观点,意为和谐使不同的万物都可以生长发育,如果完全相同一致,则无法发展、继续。家庭成员之间何尝不是这样呢?

15. 瘦不如肥

汉朝时候,赵孝与赵礼兄弟两人十分友爱。有一年遇上灾荒,粮食歉收,民不聊生,食人之风盛行。一伙强盗把赵礼捉去了,并且要吃他。赵孝就赶紧跑到强盗那里,恳求那伙强盗,说道:"赵礼是有病的人,并且他的身体又很瘦,不好吃的,我的身体生得很胖,我情愿代替我的弟弟给你们吃,请你们把我的弟弟放走吧。"强盗还没有开口说话,他的弟弟赵礼立即反对,说道:"我被将军们捉住了,就是死了,也是我自己命里注定的,哥哥有什么罪呢?"两兄弟抱着大哭了一番。强盗被他们感动了,就把他们兄弟俩都释放了。这件事传到了皇帝那里,就下了诏书,让他们兄弟两个都做了官。

16. 友爱媵子

明代的施成有三个儿子,最小的儿子施璞是侍妾所生,夫人生的儿子是施环、施琼兄弟二人,性情都很孝顺而厚道。施成在病危去世之前对两个儿子说:"我死了以后,施璞怎么办呢?如何关照他,最终只能由你们自己商量决定了。"施环、施琼兄弟一边哭泣,一边承诺。父亲去世后,他们为施璞添置了田宅,分给他的财产超过了兄弟二人。后来他们三人直到老年关系一直都很好。

17. 大被

姜肱是汉代人,字伯淮。姜仲海、姜季江是他的两个弟弟,他们兄弟三人相亲相爱,虽然各自娶了妻子,可是不忍分开了睡,所以他们就做了一张很大的被子,兄弟三个人常常一同睡觉。

有一次,兄弟们一同到府城去,晚上遇到了强盗要杀他们。他们每个人都抢着替其他两个兄弟去死。强盗被他们的感情感动了,就把三个人都释放了,只抢了一些衣服和金钱。到了府城里,大家看见兄弟三人都没有了衣服,就问这是什么缘故。他们就用别的话支开,终究不肯说明遇到强盗的事。强盗们后来得知了,很受感动并且悔悟了,就去姜肱那儿叩头谢罪,并把抢去的财物还给了他们。

18. 祭十二郎文

韩愈的父母去世很早,他是由寡嫂抚养成人的。他与侄儿韩老成亲密无间,在日后为官的日子里,他始终没有忘记寡嫂对他的照料与关怀,忘不了韩老成如何与他朝夕相处。当韩老成去世的噩耗传来时,韩愈几乎不能自已,写了一篇哀悼文,感情真挚,凄婉动人,兄嫂侄儿之情跃然纸上,其中有几句话接近于痛哭流涕:

> 呜呼!吾少孤,及长,不省所怙,惟兄嫂是依。中年,兄殁南方,吾与汝俱幼,从嫂归葬河阳;既又与汝就食江南,零丁孤苦,未尝一日相离也。吾上有三兄,皆不幸早世。承先人

后者，在孙惟汝，在子惟吾，两世一身，形单影只。嫂尝抚汝指吾而言曰："韩氏两世，惟此而已！"汝时尤小，当不复记忆；吾时虽能记忆，亦未知其言之悲也。(韩愈:《祭十二郎文》)

译文：唉，我自幼丧父，一直到长大了都不知道父亲是什么模样，只有依靠兄嫂抚养。哥哥正当中年时，因与犯罪的宰相关系密切而受牵连被贬为韶州刺史，次年死于贬所。我和你都还小，跟随嫂嫂把灵柩送回河阳老家安葬。随后又和你到江南谋生，孤苦伶仃，也未曾分开过一天。我上面本来有三个哥哥，都不幸早死。作为韩家的后代，在孙子辈里只有你，在儿子辈里只有我。韩家子孙两代各剩一人，孤孤单单。嫂子曾经抚摸着你的头对我说："韩氏两代，就只有你们两个了！"那时你比我更小，当然记不得了；我当时虽然能够记事，但也还不能体会她话中的悲凉啊！

《古文观止》在评论《祭十二郎文》时说："情之至者，自然流为至文。读此等文，须想其一面哭一面写，字字是血，字字是泪。未尝有意为文，而文无不工，祭文中千年绝唱。"（吴楚才、吴调侯：《古文观止》卷八）

19. 举案齐眉

东汉平陵人孟光，长得很肥胖，肤色黝黑，容貌欠佳，但力气极大，能力举石臼。许多人为她做媒，她都一一谢绝了，30岁了仍独居在家。

她父母问她不愿出嫁的缘故，才知道她已经有了意中人。原来，孟光早就听说同县有个叫梁鸿的，家贫而博学，在上林苑养猪时，因不小心造成火灾，使邻居受损。梁鸿不仅主动将全部养的猪送给邻居作为赔偿，还自己做佣工加以弥补。四邻责备那家遭灾户的索赔过高，而一致称赞梁鸿。遭灾的邻居也觉得梁鸿品德高尚，便要将原先收受的猪全数奉还。但梁鸿不受而去，回到了故里。孟光向父母表示，一定要找到品德像梁鸿那样的人才肯出嫁。此话传到了梁鸿的耳朵里，当时已有不少人家敬慕梁鸿的高风亮节，想将女儿嫁给他，梁鸿都谢绝了，但他听到孟光的志向后，却主动请人去行聘。孟光在出嫁前，不备金银罗缎，却制作了布衣、麻鞋、箩筐及织布的工具。大家都觉得很奇怪，但孟光却成竹在胸，自有主张。刚过门时，孟光像普通新娘那样，打扮得漂漂亮亮，谁知开头七天，梁鸿却对她爱理不理的。

孟光见状，主动与他搭话："我听说夫君高义，回绝了多门亲事。我呢，也谢绝了不少行聘之人。今天承蒙夫君娶了我，只是不知何处开罪了夫君，望能明告。"梁鸿说："我想娶的是一位简朴勤劳的女性，可以与我一起到深山里凭自己的劳作过隐居生活。现在见你穿着打扮如此讲究，还涂脂抹粉的，这哪里是我所希望的呢？"孟光一听，正中下怀："太好了，我这样穿着打扮，是故意考察夫君的志向啊！其实，我早就准备好了隐居所需的衣服及器具了。"于是她换了发式，穿上布衣，在梁鸿面前操持起家务来。梁鸿一见，高兴地说："此真梁鸿妻也！"后来，夫妇俩共入霸陵山中，以耕织为业，以诗琴自娱。他们有才学而不求富贵，安于劳作，自食其力，因而受到世人的颂扬。而孟光，也成为后世许多妇女效法的榜样。

"举案齐眉"的成语就出自于东汉贤士梁鸿和妻子孟光的故事。相传孟光随梁鸿至吴地为人佣工时，梁鸿归家，孟光每为具食，举案齐眉，表示对丈夫的敬重。

夫妻之间的相互尊重，应当发自内心而不是表面上做做样子，更不是出于色相和外貌。这种相互尊重的平等意识，不但被历史传统所肯定而流传为美谈，也是传统齐家思想中的应有之义。

20. 广席

宋朝时候，有个叫陈昉的人，他的祖上陈崇留下了不许分家的规矩，到了陈昉时，家里已经是13代合族同居了。这时家里的男女老幼一共有700多人，但是不雇用一个奴仆，上上下下的人彼此帮助，都很亲切和睦，没有人说三道四，搬弄是非。据有关文献记载，他们家里没有游手好闲的人，没有玩物丧志的人，没有不利世道人心的奇谈怪论，没有营私舞弊的邪恶，"室无私财，厨无异馔，大小知孝，内外如一"。家里人吃饭的时候，大家都坐在宽大的厅堂里，其中未成年人坐在旁边的席上。"每会食，群坐广堂，未成童者别为一席。"[1]

他家里还养了100多只狗，都在同一个槽子里饮食，如果偶尔有一只狗没有到位，那么其余的狗就一定等着，不肯先吃。因此乡里的其他人家也都被陈家的习俗所感化。那时的州官叫张齐贤，就将这个事情上奏朝廷，并且免除了他家里的徭役。

江州义门陈氏是我国南北朝时期陈国国主武帝陈霸先的后裔。陈国后主陈叔宝荒淫误国，导致了国家的灭亡，陈国被隋文帝所灭。陈国灭亡后，陈氏子孙散落各地。陈叔宝的弟弟陈叔明等随皇族陈叔宝入长安。江西德安县义门陈氏开派始祖陈旺就是陈叔明的后裔，陈旺因为做官于唐文宗中叶，徙居德安县太平乡常乐里永清村（今德安东轿乡义门陈村）后，以孝道治家，人丁日益繁盛，到唐朝中和四年（884），已经是数代同居50多年，唐僖宗李儇御笔亲赠"义门陈氏"匾额，写有御诗《赞义门陈氏》："金门宴罢月如银，环佩

---

[1] 彭立荣：《历代名人治家之道》，山东人民出版社2002年版，第151页。

珊珊出凤阍。问道江南谁第一，咸称惟有义门陈。"此后义门陈氏多次受到皇族表彰，闻名遐迩。

宋太祖开宝九年（976），义门陈氏历世130多年，共740口人。宋太宗至道二年（996）御封"真良家"，次年又赠"聚族三千口天下第一，同居五百年世上无双"一联，还御书"一犬未至百犬不食，牢内异物皆效义；一吠突起百吠齐怒，寨中同声共护门"一联。宋太宗咸平三年（1000），人口达1478人。至宋仁宗天圣四年（1026），达3700人。到了宋仁宗嘉祐七年（1062），陈氏已达3900余口，成为世界上人口最多、规模最大的家庭。宋朝裴愈题写了"天下第一家"匾额，因此世人皆称江州义门陈氏为"天下第一家"。《中华姓氏通书》称"义门陈氏天下奇，百犬同槽奇中奇"。

江州义门陈氏家族在200余年中有20余代人共处，最多时达3900余口人，正是因为有着严明的家规家法进行管理的缘故。

> 置库司以掌家财，立庄长以督赋租，学校以教童稚，道院以业焚修，巫法以备祈祷，医师以供药石，东佳书院以待学者，德安廨宇以奉公门。其余酒浆盐米之储，衣裳笲箱之具，三时饮食之节，四序宴会之期，长幼出入之仪，昏定晨省之礼，婚姻丧吊，送往迎来，赏以劝善，罚以惩恶，凡诸纤悉，莫不周详。（《陈氏族谱·义门记》）

义门陈氏拥有严谨的族规家训和严密的管理制度，拥有学校、藏书楼、接待馆、医院、祠堂、田庄、园林，自备生产生活的各种用品和设施，是中国古代传统的自给自足聚居式的田园制度的典型。

江州义门陈氏，族长具有权威，并严格执行家规家法，在族长的权威领导下，整个家族分工细密，各司其事，一切都规范得井井有条。这个大家族始终坚持"以治家之道为人伦之本，欲隆风教之原，必从孝悌始"[1]的治家方略。其33条家法，条条渗透了儒学的精髓，老幼皆知，成为每个家族成员的行为准则。因此，尽管子孙众多，代际复杂，却上下尊卑有序，和善相处，齐心协力，共同创建了家族的繁荣。

---

[1] 陈赞系维新公分谱编修小组编：《广东省兴宁市陈氏族谱 维新公分谱》，1997年，第1页。

参考文献

1. 侯外庐、赵纪彬、杜国庠、邱汉生. 中国思想通史 [M]. 北京：人民出版社，1957.
2. 任继愈. 中国哲学史 [M]. 北京：人民出版社，2003.
3. 张立文. 宋明理学研究 [M]. 北京：人民出版社，2002.
4. 张立文. 中国学术通史 [M]. 北京：人民出版社，2004.
5. 崔大华. 儒学引论 [M]. 北京：人民出版社，2001.
6. 费孝通. 乡土中国 [M]. 上海：上海人民出版社，2006.
7. 费孝通. 费孝通文集 [M]. 北京：群言出版社，1999.
8. 姜林祥. 中国儒学史 [M]. 广州：广东教育出版社，1998.
9. 梁漱溟. 东西文化及其哲学 [M]. 上海：商务印书馆，2005.
10. 司马云杰. 盛衰论：关于中国历史哲学及其盛衰之理的研究 [M]. 西安：陕西人民出版社，2003.
11. 刘泽华. 先秦士人与社会 [M]. 天津：天津人民出版社，2004.
12. 孔凡岭. 孔子研究 [M]. 北京：中华书局，2003.
13. 王晓锋. 礼与中国传统政治体制制度 [M]. 西安：陕西人民出版社，2003.
14. 刘泽华. 中国的王权主义 [M]. 上海：上海人民出版社，2000.
15. 吴江. 中国封建意识形态研究 [M]. 兰州：兰州大学出版社，2003.